浙江省普通本科高校"十四五"重点教材
21世纪高等院校创新课程规划教材

# 数字时代商业伦理实务

主　编　吴　宝　王　菁　张玉婷
副主编　许伟通　郭元源

中国财经出版传媒集团

 经济科学出版社
Economic Science Press
·北　京·

图书在版编目（CIP）数据

数字时代商业伦理实务／吴宝，王菁，张玉婷主编；
许伟通，郭元源副主编． -- 北京：经济科学出版社，
2024.7
浙江省普通本科高校"十四五"重点教材　21 世纪高
等院校创新课程规划教材
ISBN 978 - 7 - 5218 - 3140 - 5

Ⅰ.①数…　Ⅱ.①吴…　②王…　③张…　④许…　⑤郭
…　Ⅲ.①商业道德 - 高等学校 - 教材　Ⅳ.①F718

中国版本图书馆 CIP 数据核字（2021）第 253297 号

责任编辑：周胜婷
责任校对：蒋子明　王京宁
责任印制：张佳裕

数字时代商业伦理实务
主　编　吴　宝　王　菁　张玉婷
副主编　许伟通　郭元源
经济科学出版社出版、发行　新华书店经销
社址：北京市海淀区阜成路甲 28 号　邮编：100142
总编部电话：010 - 88191217　发行部电话：010 - 88191522
网址：www. esp. com. cn
电子邮箱：esp@ esp. com. cn
天猫网店：经济科学出版社旗舰店
网址：http://jjkxcbs. tmall. com
固安华明印业有限公司印装
787×1092　16 开　14.75 印张　350000 字
2024 年 7 月第 1 版　2024 年 7 月第 1 次印刷
ISBN 978 - 7 - 5218 - 3140 - 5　定价：52.00 元
（图书出现印装问题，本社负责调换。电话：010 - 88191545）
（版权所有　侵权必究　打击盗版　举报热线：010 - 88191661
QQ：2242791300　营销中心电话：010 - 88191537
电子邮箱：dbts@ esp. com. cn）

# 前　言

近年来，数字时代商业伦理实务成为国际管理学界极受关注的热门学科。企业作为当今社会最广泛的组织形式，数量众多，遍布各地。在这个新时代中，企业的角色不再局限于追求利润和为股东创造回报，而是被普遍认为应承担更广泛的社会责任，并受到伦理标准的衡量。然而，随着数字时代的发展，传统的伦理框架可能需要进行调整和重新评估，以更好地应对数字化环境中涉及的伦理问题。因此，我们需要思考如何将企业行为纳入伦理标准的衡量范围，并找到更好的方式回应利益相关者的诉求。这些问题常常使企业管理者感到困惑，甚至在管理学者中也存在不同的观点。我们必须认识到这些问题的复杂性和挑战性，同时也必须意识到它们是企业日常经营中不可忽视的重要议题。

随着科技的迅猛发展，数字时代带来了前所未有的便利和机遇，但与此同时也带来了一系列伦理问题。个人隐私、数据安全、公平竞争等问题引起了越来越多人的关注，并对企业的道德行为提出了更高的期望。市场竞争的加剧使得企业在追求利润和承担道德责任之间面临着更大的挑战。政府、新闻媒体等各方明确表达了对企业道德行为的期望，希望企业能够以道德方式行事，至少在特定情况和范围内具备道德观念。此外，会议、期刊和报纸文章也越来越关注企业在伦理中的角色。这种关注的增加反映出人们对商业活动的影响力和责任的日益认识。

《数字时代商业伦理实务》通过案例和相应的决策模型，对一些最基本的问题进行引导，帮助读者形成自己的决策。这些问题包括：在数字时代企业应该成为什么样的企业？应该怎么做决策？应该创建什么样的组织？等等。更重要的是，读者阅读本书形成的伦理推理能力和思维习惯，将有助于其在今后遇到有关商业行为或个人行为时，能够进行正确的伦理性思考，并做出正确的决策。这种正确的伦理性思考，有助于当代社会商业文明的进步和全社会的可持续发展。因为，企业不仅在经济中占有重要的地位，而且具有社会的、政治的和文化的巨大影响；企业活动所产生的后果是公共性的；企业不仅是商品和劳务的制造者，也是革新技术的倡导者以及社会准则和行为的塑造者。

本书在课程指导思想、内容结构、组成体系等方面都做了有益的改革尝试，其目的是适应本科、研究生教育，突出教育研究性与应用性相结合的特点，满足全国本科院校对与时俱进的"四新"教材的要求。在编写过程中，探索性地将习近平新时代中国特色社会主义思想有效融入教材，从实务的角度分析数字时代的管理者在企业经营和商业竞争中可能面临的各种伦理问题，力求理论联系实际，博采众长，并注意知识更新，充分吸收国内外实际的有用经验和最新管理研究成果。教材共设9章内容，具体包括认识数字时代商业伦理、伦理分析与决策、利益相关者及危机管理、环境与可持续发展、数字时代的相关伦理实践等内容。

本教材的主要特点体现在以下几个方面：

第一，内容更新。本教材根据数字经济新场景，全面重构伦理判断、伦理实践和责任履行的知识体系，大幅增加数字商业伦理的相关案例和教学素材。

第二，体系完整。本教材不仅阐述了企业各方面的伦理问题，也涵盖了从问题的出现到问题的解决等各方面，同时还包括了一些前沿研究。

第三，中国精神。本教材在紧扣主题的同时，注重同中国文化及国情相结合，试图构建富有中国特色的商业伦理学思想体系，让本书更加富有时代精神。

第四，注重实践。本教材注重为企业践行社会责任提供各种指导规范，并配有大量案例。

本教材的创新性主要体现在以下几方面：

第一，教材内容创新。本教材明确将数字经济工作场景作为伦理分析的基本背景，应用商业伦理分析框架讨论前沿的数字伦理问题，结合数字技术和商业模式创新讨论数字时代社会责任履行的新模式与新业态，从而实现教学内容的全面有机更新。

第二，"新形态"创新。按照"新形态"教材的编写要求，本教材在课后习题案例中根据教学需求，分别插入二维码，使教材与教学过程互动，为教材减量增质。

第三，编排体例创新。本教材在体例上做了全新的安排，每一章都设计了学习目标、引导案例、知识学习、工作示例、案例实践等板块。这种体例的安排，一方面使教材内容形象生动，提高了学生的学习兴趣，使学生做到"轻松学伦理"；另一方面实现了理论与实践的有机融合。无论是章首的"导入案例"，章中的"工作示例""案例实践"，还是章末的"练一练"，都是以培养学生的实践技能为出发点而设置的。在研究能力训练中，知识学习、工作示例和案例实践等充分体现了本科生教育的研究性与实践性。

第四，思政融入创新。本教材尝试将习近平新时代中国特色社会主义思想和党的二十大精神有效融入教材，将学科前沿、课程思政元素引入课程，特别是将中华传统商业伦理中的宝贵品质和优秀案例作为课程思政的关键要素。

本书在编写过程中，参阅了目前已经出版的国内外的许多优秀教材、专著和相关资料，引用了其中一些有关的内容和研究成果，恕不一一详尽说明，仅在参考文献中列出，在此谨向有关作者致以衷心的感谢！本书获得国家社科基金应急管理体系建设研究专项项目（20VYJ073）、国家社会科学基金项目（21BJY240）、浙江省哲学社会规划重大项目（20YSXK02ZD）、浙江省科协学会服务科技创新与科学素质提升（2020年软课题项目）的资助。本书从构思到写作完成，历经三年多的努力，是团队合作的成果。吴宝首先提供全书的写作大纲和讲义，然后大家分工合作，共同完成。吴宝、王菁共同编写第1章，张玉婷、刘子嘉共同编写第2章，许伟通、黄琼贤共同编写第3章，郭元源、沈心妍、夏源泽共同编写第4章，吴宝、王菁、曹多杰共同编写第5章，王菁、曹多杰共同编写第6章，吴宝、张玉婷、黄琼贤共同编写第7章，许伟通、高倩、沈心妍共同编写第8章，郭元源、刘子嘉、高倩共同编写第9章。最后，由吴宝对全部书稿进行总纂。

限于作者水平有限，书中难免有错误和不妥之处，请各位读者、前辈不吝赐教！

吴　宝

2024 年 5 月

# 目　　录

# 第 1 章 　认识数字经济时代下的商业伦理

## 【学习目标】

1. 解释商业伦理在数字经济时代非常重要的原因。
2. 理解商业伦理的相关基本概念。
3. 熟悉中国传统伦理思想的特点和发展历程。

## 【导入案例】

### 美团陷"杀熟"风波

2020 年 12 月 17~18 日，美团因涉嫌会员"杀熟"引起热议。一位名为"漂移神父"的作者，发出了《我被美团会员割了韭菜》的文章，指责美团会员"杀熟"。他称，开通美团会员后，用美团外卖点餐配送费上涨。按照他的描述，他经常在一家驴肉火烧店点外卖，此前，这家店的配送费没有超过 3 元的时候。就在他开通会员后，12 月 9 日 12 点 30 左右，配送费居然变成 6 元。17 日下午 5 点，美团回应说，配送费差异与会员身份无关，通过与用户进一步确认，发现是由于软件存在定位缓存，错误地使用了用户上一次的历史定位，与用户实际位置产生了偏差，导致了配送费预估不准。对于美团的回应，"漂移神父"认为，美团态度很诚恳，但他对于此后的美团方面的公开声明，却不认可，认为有点敷衍。他认为，12 月 9 日发生的配送费上涨可以用定位缓存解释，但 12 月 11 日依然存在的配送费差额，很难用位置缓存解释得通。之前美团酒店业务也被指控大数据"杀熟"。2018 年，新华社报道美团酒店存在不同账号不同价格的现象。2019 年，《科技日报》也称美团存在大数据"杀熟"情况。2020 年 12 月 18 日，美团股价下跌 2.18%。美团会员"杀熟"热搜下，多位网友站出来曝光自己被互联网公司大数据"杀熟"的案例。

2019 年 3 月，北京市消费者协会关于大数据"杀熟"的调查显示，大多数被调查者都认为，大数据"杀熟"现象很普遍。多次出现，却又屡禁不止。大数据杀熟为何难以禁止？一个客观事实是，大数据"杀熟"很难被发现。大数据"杀熟"技术原理是，通过平台收集的海量用户信息，对用户进行精准识别。对消费能力高、消费意愿强的用户展示更高的价格，以赚取更多的利润。《中华人民共和国电子商务法》规定，针对消费者个人特征提供商品、服务搜索结果的同时，要一并提供非针对性选项，通过提供可选信息，保护消费者的知情权、选择权。明确违反规定的，由市场监督管理部门责令限期改正，没收违法所得，可以并处罚款。

资料来源：任晓宁. 美团陷杀熟风波［N］. 经济观察报，2020－12－21（21）。

如何看待大数据杀熟现象？这种行为是否符合伦理？您给出判断的理由又是什么？为了更好地理解这一话题，本章将从认识数字经济时代下的商业伦理入手，继而展开进一步的论述和研究。

# 1.1　数字经济时代下的商业伦理

## 【任务目标】

- 为什么商业伦理在数字经济时代很重要？
- 为什么要学习商业伦理知识？
- 什么是伦理和商业伦理？
- 数字经济时代的商业伦理课程的重点是什么？

## 【任务描述】

通过本任务的学习，理解数字经济时代商业伦理以及学习商业伦理知识的重要性，掌握伦理和商业伦理的概念，了解数字经济时代商业伦理课程的主要内容。

## 【知识学习】

### 1.1.1　商业伦理在数字经济时代的重要性

数字时代的悄然来临，不仅带来了技术与产业发展的巨大变革，而且深刻影响着社会生产和人们生活的方方面面。企业运用大数据及其他数字技术，可以发现新机遇、创造新价值，全面提高企业竞争力。然而，进入数字时代后，隐私泄露、数据安全、数字鸿沟、数据独裁、数据垄断、数据真实性等诸多伦理问题也不断涌现。在新闻媒体上，我们经常可以看到很多关于虚假信息、信息泄露、大数据监控、网络诈骗、大数据"杀熟"、网络平台非法垄断等事件，魏则西事件①、阿里"二选一"式垄断②等更是其中臭名昭著的负面案例，在公众中造成强烈反响，不仅损害了公司形象，更给消费者带来了巨大损失。

随着科学技术的高速发展、人们对美好生活的渴求增强以及竞争的加剧，越来越多的人包括政府和新闻媒体等明确表示希望企业有道德地行事，至少在特定的情况下和特

---

① 王承前，丰帆. 基于伦理决策视角的百度"魏则西事件"分析［J］. 中国市场，2016（32）：278－279.

② 市场监管总局. 市场监管总局依法对阿里巴巴集团控股有限公司在中国境内网络零售平台服务市场实施"二选一"垄断行为作出行政处罚［EB/OL］. http：//www. samr. gov. cn/xw/zj/202104/t20210410_327702. html.

定的范围内要有道德。会议、期刊和报纸文章对企业在道德中的角色也日益关注。大量隐私保护主义团体、消费者权益保护主义者团体、反垄断组织等大众团体的形成和发展，也给企业施加了巨大的压力，使得企业不得不考虑他们的利益诉求。那些不道德和不关心用户数据保护、声名狼藉的公司很难再得到利益相关者的信任。企业管理者逐步认识到，在如今的时代，不再是企业是否应该对利益相关者的利益诉求做出响应，是否应该在决策时考虑到伦理问题，而是如何有效地响应利益相关者的利益诉求，尤其是如何在数字时代更加合乎伦理地行事。而这是很多企业正在面临的一个新困境。

在数字时代，伦理问题产生的原因是多方面的，主要包括数据伦理责任主体不明确、相关主体的利益牵涉、道德规范的缺失、法律体系不健全、管理机制不完善、技术乌托邦的消极影响和大数据技术本身的缺陷等。考虑到数字时代伦理问题的复杂性，要彻底解决数字时代伦理问题，单靠政府决策者、科学家或伦理学家都有局限性，在探讨治理对策时，应该通过跨学科视角构建治理的框架，进而提出全面性和整体性的治理策略。讨论数字时代下的商业伦理问题，加强数字时代的伦理规约构建，完善相关立法和伦理管理机制，引导企业坚持责任与利益并重，努力弘扬共享精神，化解数字鸿沟，倡导跨行业跨部门合作等都是具有重要意义的。

做正确的事，对企业所有者、管理层、员工、利益相关者和社会公众都很重要，尤其是步入情况更加复杂的数字时代，企业管理者更需要小心行事，企业行为也要更加符合商业伦理的要求。对于公司和企业所有者而言，行为合乎伦理、承担社会责任等，可以避免许多诉讼纠纷、增加供应商/合作者的信任和投资者的信心、提升公众接受度和员工绩效等，这样不仅有利于企业降低大量成本，而且对组织结构和效率具有积极作用。反之，公司行为有违伦理，则可能破坏商业关系，损害声誉，降低员工生产力、创造力和忠诚度等。另外，由于数字经济市场情况瞬息万变，商业节奏大大加快，正面或者负面的效应会快速传导。不符合商业伦理的决策，很有可能会给企业带来巨大且无法挽回的损失。例如，北京某公司由于"违规收集使用个人信息"，其旗下 25 款 App 被全部通报下架①。一时之间，关于滴滴"信息泄漏"一事闹得沸沸扬扬。另外滴滴还存在大数据"杀熟"现象，被消费者诟病已久。互联网平台其本质就是一个"大型中间商"，打车平台也不例外。如果想要在市场长期发展，保护用户信息就是基本前提，保障网约车司机和乘客的权益也是基本要求。在数字经济时代下，企业如果忽视商业伦理，肆意侵犯利益相关者权益，最终是要被市场抛弃的。

## 1.1.2 学习商业伦理知识的必要性

无论是学习何种专业、从事何种职业，我们都应该明确地认识到：学习商业伦理知识与学习其他课程一样都是非常必要的。

第一，学习商业伦理的相关知识有助于更客观地理解企业及其成员的责任。企业伦

---

① 中国网信网. 关于下架"滴滴企业版"等 25 款 App 的通报［EB/OL］. http：//www. cac. gov. cn/2021 - 07/09/c_1627415870012872. htm.

理学不是简单地宣称企业应该履行什么责任，更重要的是，要理解企业为什么不能单纯追求利润最大化，以及为什么企业社会责任不应该仅仅包括经济责任还应该包含道德责任。

第二，学习商业伦理的相关知识有助于纠正人们对企业伦理的一些片面认识。特别是在当代中国，有部分人对企业伦理的认识还存在一些误区。比如，企业履行社会责任时仅仅认为不违法即可；一个具有伦理责任的企业决策仅仅是遵从法律法规的决策，企业并没有义务去做更有道德的事情；还有一些人认为，我国企业目前还不具备讲伦理的条件，谁讲伦理谁吃亏，讲道德与追求利益总是对立的，现在要的是法律、制度而不是道德；等等。这些观点对当代中国经济和社会的发展起了相当大的负面作用。通过学习企业社会责任和伦理，我们可以认识到这些观点为什么是错误的，有助于增强对伦理问题的敏感度。

第三，学习商业伦理的相关知识有助于提高决策质量。通过商业伦理知识的学习形成伦理推理能力和思维习惯，有助于我们在今后遇到有关商业行为或个人行为的情景时，能够进行正确的伦理性思考，并做出正确的决策。这种正确的伦理性思考，有助于当代社会商业文明的进步和全社会的可持续发展。

第四，学习商业伦理的相关知识有助于培养企业核心能力，提升企业竞争力。基于卓越道德的竞争优势是一种可持续的竞争优势；企业的伦理道德资源也是企业的一种资本（例如，企业的商誉），属于社会资本的一类，它具有有价值、稀缺性、难以模仿性等几个特点，因此，可以运用企业的伦理道德资源来构建企业的核心能力，增强企业的竞争优势。①

### 1.1.3　伦理和商业伦理

什么是伦理？"伦"，就是人伦，指人与人的关系；"理"，就是道理和规则的意思。"伦理"就是处理人们相互关系应遵守的道理和规则。在我国古代典籍中，对这方面的解释很多。早在春秋战国时期，就先后产生了伦理思想极为丰富的《论语》《晏子》《孟子》《荀子》等著作。例如：《孟子·滕文公上》写道："使契为司徒，教以人伦"；《荀子·王制篇》写道："群道当，则万物皆得其宜，六畜皆得其长，群生皆得其命"。这里所提的"教以人伦""群道当"，讲的就是人们在社会中为生存和发展，必须处理好人与人之间的关系，应当遵循一定的道理和规则。到了秦、汉时期，又进一步把"伦"和"理"联系起来并用，才形成"伦理"这个概念，产生了包含有较系统的伦理思想、道德理论、行为规范和德育方法的《礼记》《孝经》等著作，揭示了伦理道德发展过程中若干客观规律，具有一定的科学性、合理性。在西方，早在荷马时代，人们就开始了道德思考。古希腊哲学家们赫拉克利特、德谟克利特、苏格拉底和柏拉图，都曾注重伦理思想的研究。公元前3世纪，亚里士多德就曾在雅典学园讲授道德品性的学问。他的学生根据他的讲授整理而成的《尼可马克伦理学》，对西方的伦理思想的发展

---

① 刘爱军，钟蔚，等.商业伦理学 ［M］.北京：机械工业出版社，2016.

有着重大影响，是外国最早的伦理学著作。

在商业领域中所形成的伦理规范就被称为"商业伦理"，即商业活动中各种行为的伦理道德问题，并讨论商业组织应该遵守什么样的道德标准，以及相关道德标准是如何应用于相关组织制度、员工活动的。

商业伦理作为社会道德的一个重要组成部分，它的本质和内涵必然随着人类社会和商业的发展而不断地丰富和完善。首先，商业伦理是一种观念系统。它体现的是商业领域的买者和卖者的经商观念，这种经商观念的形成一方面来源于商业从业人员自小所受到的社会道德和职业技术方面的教育，另一方面是商业从业人员在长期的经商实践中所累积的。因此不同的社会背景、风俗习惯、宗教礼法等条件下的商业伦理观也是不同的。商业伦理作为一种观念系统是随社会条件的变化发展而不断变化发展的，例如，从单纯"质量至上"的观念到"质量""服务"并重的观念。

其次，商业伦理是一种潜移默化的经商规则。这种道德方面的规则一方面是指商业领域的经商者所遵守的潜规则，另一方面是指对商业领域内的道德问题以法律条文的形式加以规定。如市场经济条件下，商业竞争越来越激烈，但市场经济、法治经济的本质要求经商者遵循的应该是有序的、良性的竞争，而一切破坏这种有序竞争的行为都会受到谴责或惩罚。如遵守商业合同的规则，任何违约行为都会使企业遭受经济和名誉损失。因此，我们说商业伦理是一种经商规则，在观念上进而通过法律形式来规范经商者的经营行为。

最后，商业伦理还是行业的特殊行为规范。商业是一个特殊的行业，因为它是从事产品购销的行业，是直接面对消费者的流通行业，直接影响和体现了一个国家、一个地区的社会风气和精神面貌。[①]

因此，要求商业从业人员具备很高的伦理道德素质。用伦理道德来约束商业企业及商业经营者的经商行为，可以使商业健康、稳定地发展。因此，商业伦理是商业领域的行为规范，是将商业伦理的观念具体化，形成商业行为规范，从而以规范、标准来约束商业行业的行为。

### 1.1.4 数字经济时代的商业伦理课程的重点

首先，伦理学是一门具有上百年历史的学科，伦理理论和历史将是伦理课程的主要学习目标之一。在数字经济时代，我们不仅要研究传统的伦理理论，还要理解它们如何适应和解释新的技术和社会现象。通过深入探索这一时代的挑战和机会，我们可以更好地理解前人的智慧和经验。

其次，特别是在数据隐私、算法伦理、在线行为规范等方面，将一般伦理学原理应用于这些新领域的具体案例和实践成为了不可或缺的一部分。解决这些新兴问题需要深入了解数字技术和商业实践，以及如何将伦理原则融入其中。同时，分析和讨论具体的数字经济中的伦理问题案例，可以帮助我们明确如何在未来的商业活动中做出更合乎伦

---

① 韩媛媛. 徽商的商业伦理观研究 ［D］. 南京：南京航空航天大学，2006.

理的决策。

最后，商业伦理学为我们提供了一套系统化的决策工具和方法，在数字技术快速发展的今天，它有助我们发现和应对那些容易被忽略的伦理问题。尽管它不能直接提升个人的道德修养，但通过深入分析数字经济中的伦理挑战，我们能够培育更有责任感和伦理意识的决策者。

## 【工作示例】

### 你认为企业经营应该受到伦理道德的约束吗？

企业经营需要受到伦理道德的约束以及企业需要承担社会责任等观点从提出之日起就一直充满了争议。反对者认为：第一，社会问题不是企业人士所要关注的，而应该由自由市场体系里不受约束的活动来解决。自由市场不能解决的社会问题，就应该由政府和立法来处理。企业管理者就是要尽可能地多赚钱，使企业所有者或股东利益最大化，但是这个过程要遵守社会规则。[①] 第二，管理者工作是以财务和运营为目标导向的，没有必要具有对社会问题进行决策的专长。企业的存在并不是为了处理社会活动问题，而履行社会责任则可能会造成企业把主要精力搁在与盈利等目的不相干的努力上。[②]

支持者则认为：第一，企业为了自身的长期利益，必须向社会负责。今天社会出现的许多问题与企业自身的失误有一定的关系，企业应该在解决这些问题的过程中起到自己的作用。企业要在将来有更好的生存和发展，社会状况的恶化就必须得到遏制。如果企业不去回应社会对企业自身的期望，那么它在社会中的作用就有可能为公众所改变，比如，政府可能出面调控，其他的商品生产商、服务与分销的系统就可能会替代这家企业。然而，有些持短期目标取向的管理者，认识不到他们在经济系统中的权利和作用是由社会来决定的；企业要顺应时代潮流或更好地生存，就必须长期地对社会的期望加以回应。[③] 第二，政府、社会公众支持企业对社会负责任。企业应该主动制定一些较高标准的行为规范，以减少政府监管并获得社会公众的支持。第三，由于企业拥有管理才能、职能专长和资本，应该给企业以解决比如工作场所中的公平、提供安全的产品、合理合法地做广告等这类社会问题的机会。虽然政府在这些社会问题的解决上也能够起到一定的作用，但最终还是要由企业来决定如何处理。第四，与其在问题已比较严重时才动手解决，不如主动地寻求改进，这样更有实际意义，而且代价更小。[④] 例如，企业是环境污染的主要制造者和环境资源的主要利用者，治理环境最明智的办法就是提升企业绿色发展观念和能力。

---

① Friedman M. The social responsibility of business is to increase its profits [J]. New York Times Magazine, 1970 (13): 122 – 126.

② Davis K. The Case for and against Business Assumption of Social Responsibilities [J]. Academy of Management Journal, 1973, 16 (2): 312 – 322.

③ Petit T A. The moral crisis in management [J]. McGraw-Hill series in management, 1967, 11 (2): 238 – 239.

④ 卡罗尔，巴克霍尔茨. 企业与社会：伦理与利益相关者管理 [M]. 黄煜平，等译. 北京：机械工业出版社，2004.

**讨论：**

值得注意的是，从上面所介绍的反对观点来看，很多观点表面上看颇有道理，但是经不起推敲。现在，不再是关于企业是否受到伦理道德的约束、是否应该履行社会责任的争论，而是企业应该如何履行社会责任的问题。接下来，请任选一份企业披露的社会责任报告，阅读完整的报告后请对该报告做出评价。您认为这是一家怎样的公司？判断的依据是什么？您的判断将对您日后的行为，比如购买、合作、监管、宣传等分别产生怎样的影响？

**【案例实践】**

### 大数据时代我们该如何保护个人隐私？

某平台的"2017 年账单"上线后，立刻在朋友圈和微博刷屏了。然而，立刻就有用户发现，在开启年度账单的首页左下方有一行不明显的小字"我同意《××服务协议》"，选择框已经帮用户默认选择同意，而很多人很可能并未注意到。事件随即引发大量网友吐槽，感觉自己被该平台"套路"了，"被同意"了一份协议，纷纷质疑该平台侵犯个人隐私。

事发当晚，××信用就"用户在查阅自己的年度账单时默认勾选'我同意《××服务协议》'"发表声明称，对该事件给大家带来的恐慌和误解，表示深深的歉意。

随后该平台年度账单做出更新，主要有以下三处：（1）年度账单首页下方的文字，由"我同意《××服务协议》"改为"同意《在年账单中查询并展示你的信用信息》"；（2）勾选框状态由默认勾选改为默认不勾选；（3）点击进入后，跳转页面的内容由《××服务协议》全文改为"授权内容及提示"。

**评述：**

该平台选择框已经帮用户默认选择同意服务协议的做法，是否有违商业道德呢？首先，商家应尽到明确说明和告知义务，但是该平台却在未取得明确授权的情况下，通过默认选中同意选项，使用户与其签订了协议。这违背了明确告知和用户自主选择的原则。其次，根据《中华人民共和国消费者权益保护法》的规定，经营者不得以格式条款、通知、声明等方式做出排除或者限制消费者权利、加重消费者责任等对消费者不公平、不合理的规定。该平台通过默认勾选的方式，可能在协议中包含了晦涩难懂的合同文本和隐藏的隐私收集条款，这侵犯了消费者的个人隐私及其他相关权益。

在大数据时代，保护个体隐私十分重要。以下是对个体隐私保护的几点建议：（1）手机功能限制。关闭不必要的手机功能，例如"附近的人""常去地点"等。同时，限制不必要应用的访问权限，特别是对于您的位置、相册和联系人信息。（2）在线购物。使用手机应用时，确保来源可靠。尽量避免使用非正规或来源不明的网站。一旦完成交易或浏览，确保从应用或网站中完全退出。（3）公共 Wi-Fi。尽量不要随意连接公共 Wi-Fi，更不要使用此类 Wi-Fi 进行网上银行、网购等操作。（4）支付安全。在进行在线支付时，确保使用正规的第三方支付平台，并避免保存过多的支付信息。（5）处理旧设备。不要随便丢弃旧手机或计算机，确保在处理前彻底清除所有个人数据。（6）隐私浏览。考虑使用隐私模式或匿名浏览工具，以减少个人数据的存储和追踪。（7）防病毒与钓鱼。不要随意打开来自不明来源的电子邮件链接或附件，特别是那些声称需要您紧急响应的邮件。（8）密码管理。定期更改密码，确保密码复杂并且不使用与个人信息相关的词汇。考虑使用密码管理器来帮助您记住复杂的密码。（9）持续学习。定期查看和学习网络安全和隐私保护的最新资讯，使自己始终保持警觉。以上只是一些基础的建议，您还有其他哪些网络安全和隐私保护的方法和建议吗？

# 1.2　认识中国传统伦理思想

## 【任务目标】

熟悉中国传统伦理思想的特点和发展历程。

## 【任务描述】

通过本任务的学习，熟悉中国传统伦理思想的特点和发展历程，以及其对践行社会主义核心价值观与建设社会主义道德体系的启示。

## 【知识学习】

### 1.2.1　中华民族传统伦理思想的主要内容和特色

中国传统伦理思想具有丰富的内容和自己的特色。它的主要内容有以下5个方面：第一，人性问题，主要包括了对人性善恶以及是否具有先天等级差别的探讨。在我国传统的伦理思想中，人性问题被认为是确立道德准则、道德教育和修养方法的出发点。因此，几乎各家各派都提出了自己的看法。第二，道德起源和道德本质问题。有的观点认为道德是以人际关系为基础的，有的观点认为道德是永恒的；有的观点认为道德只在一定社会历史阶段才存在，有的观点从人们的物质生活状况来解释道德行为，有的观点则认为道德是超越物质生活之上的，等等。第三，道德标准或行为规范的问题。道德标准或行为规范中，有一类只适用于一些特定的社会、家庭与个人关系，如"忠"通常是指臣对君的关系，"孝"是指晚辈对长辈的关系；另一类则是适用于一切人与人的关系，如仁义礼智、礼义廉耻等。对于后一类道德规范，不同派别所用的规范并不完全相同，据以作为出发点的基本规范也不一样。有以"仁"为本的，有以"礼"为本的。道德标准自然就是判别是非善恶的基本原则，围绕着如何辨别是非善恶，又有过"义利"关系与"理欲"关系的争论。第四，道德修养问题，即关于如何提高人的道德品质的学说。这一方面是指道德教育问题，另一方面是指个人修养问题。在个人修养中，又包括了外在的道德实践和内心道德情操的培养。第五,道德理想问题。其中包括对人生的目的和意义的探讨,以及对理想的道德境界的设想。随着社会的发展,对于上述这些问题的探讨,是逐步地深化和丰富的。前人留给我们的伦理思想遗产虽然有时代的局限性,却是极为丰富多彩的,对其进行认真的研究,并加以批判性的总结,是发展中国伦理思想的必然要求。①

### 1.2.2 中华民族传统伦理思想的沿革

中华民族传统伦理思想的发展,大体上可以分为以下几个时期。

**1. 产生阶段——春秋战国时期**

在甲骨文中,考古学家就发现了伦理道德的概念。西周初年,周公姬旦提出了以"敬德保民"为核心的伦理思想,同时也有了"孝""悌""敬"等道德规范或范畴,从而为中国伦理思想的发展奠定了基础。春秋战国时期,是中国从奴隶制向封建制过渡的社会大变动时期,与此相适应,思想界出现了百家争鸣的空前繁荣局面。根据所奉行的最高道德准则的不同可以分为四派。

以"仁"为最高道德准则的是孔子、孟子一派。孔子的"仁爱"学说就是对以往关于"仁"的思想的总结和发展,包含着多种具体的道德要求,孝、悌、恭、宽、敏、信、惠等都在其中。为了实现"爱人"之仁德,孔子的根本途径就是"忠恕之道",基本手段是"克己复礼"。当然,孔子所主张的"复礼"绝不只是原封不动地恢复传统的周礼,还包含着对传统的"礼"加以改良,使之重新发挥维护良好社会秩序的作用。天下秩序井然是最大的"仁",因此,在孔子的思想中"仁"是核心内容,是他所追求的目的,而"礼"是实现目的的手段;或者说,"仁"是"礼"的心理基础,"礼"是"仁"的行为规范。应该指出这是我国伦理史上第一个完整的体系。它对后世的伦理思想以至整个思想文化产生过重大影响。②

以"礼"为最高道德标准的最早提出者为管仲。《管子·牧民》中说:"国有四维。一维绝则倾,二维绝则危,三维绝则覆,四维绝则灭。倾可正也,危可安也,覆可起也,灭不可复错也。何谓四维?一曰礼,二曰义,三曰廉,四曰耻。"他把"礼"放在首位。广泛地说,"礼"包括了国家制度、等级秩序和典章仪式等内容;从伦理学上来说,"礼"是指个人所要遵循的社会规范和等级秩序。以"礼"为最高的道德规范,也就是把个人与社会的关系放在首位,把个人与个人之间的关系、个人品德的修养都放在从属地位。即道德的作用主要是个人遵循社会准则,遵循封建的等级秩序。

以"义"为最高道德标准的是墨子。墨子赋予"义"独立的内容,即所谓"兼相爱,交相利",并且把它作为人与人交往的基本准则。在具体阐述这一准则时,墨子提出了"兼爱""非攻"等许多著名的准则,对"王公大人"的剥削压迫和荒淫无耻进

---

① 劳拉·P. 哈特曼等. 企业伦理学:中国版 [M]. 北京:机械工业出版社,2015.
② 张晓昀. 中华民族传统道德的传承及其当代价值 [D]. 北京:北京交通大学,2018.

行了严厉的谴责。

以"道"为最高准则的是老子和庄子。他们的"道"首先是指宇宙的精神本体及其发展规律，他们认为人与人的关系应合乎这一规律，个人的修养要能通于"道"，才能达到尽善尽美的境地。从这一意义来说，"道"也就成为他们最高的道德准则。在具体阐述中，他们认为，当时的社会关系都是有悖于"道"的。因此，他们不是要求遵循那些社会准则，而是根本否定个人对社会的义务，或是主张回到"无知无欲"的太初社会去，或是追求绝对自由的"真人"境地。①

纵观整个先秦伦理思想，涉及道德的起源、人性的善恶、道德的最高原则、道德评价的标准以及道德与利益的关系等一系列伦理学的重要问题，它是中国古代伦理思想发展的一个高峰。

### 2. 发展、演变与成熟阶段——秦汉时期至1840年鸦片战争

这个时期是中国传统伦理思想进一步发展、演化和系统化的时期。在这个阶段，儒家伦理思想逐渐战胜了其他诸子的伦理思想而成为中国社会的主流伦理思想。这个时期大体上又可以分为以下几个阶段。

第一阶段是两汉时期。汉王朝建立后，害怕做"亡秦之续"，法家的政治、伦理思想也都随之失去了应有的地位，严刑峻法、奖励耕战等也都被否定，强调德治、强调仁义，道德的作用又在社会中重新受到重视。正是在这样的形势下，董仲舒在汉武帝的问策中大胆提出了把孔子思想作为唯一正统思想加以倡导的主张。总的来说，他们从神学目的论和阴阳五行说出发，将儒家伦理学说进一步理论化和系统化，建立了一套以"天人感应"为基础、"三纲五常"为核心、以维护封建大一统为目的的伦理思想体系。

第二阶段是魏晋南北朝隋唐时期。这一时期，儒家的伦理思想，经历了一个从否定到重新被肯定的过程。先是儒学"独尊"地位的丧失和魏晋"玄学"的兴起，在国家治理方面的基本策略体现为"以孝治天下"。同时，随着佛学的流行，佛学的伦理思想也得到了发展。然而，不论是玄学或者佛学，它们的伦理思想，都不能适应维护封建大一统的需要，因而，最终又回到了儒学。②

第三阶段是宋元明时期。从宋代到明代中叶，可以说是我国封建伦理思想的完备时期。这个阶段中国古代社会经济在进一步发展，专制统治在进一步强化，以"三纲五常"为核心的封建伦理道德体系进一步完备，在学术理论上，纲常被进一步神圣化，维护君权、父权、夫权的忠、孝、节进一步绝对化；在社会层面上，道德教化全面加强与普及，伦理道德纲常的严酷性进一步显现。后人指责、揭露的"以理杀人""礼教吃人"等就是对这一时期封建纲常礼教严酷性的深刻批判。

第四阶段是明代中叶至清代时期。明清时期社会的动荡、商品经济的萌芽、个性解放的需要促使了具有早期民主主义精神的启蒙思想的产生，他们对传统的"三纲"和义利观念进行了总结性的批判和揭露，其思想主张在中国古代思想史上具有极高的历史

---

① 劳拉·P. 哈特曼等. 企业伦理学：(中国版)[M]. 北京：机械工业出版社，2015.
② 朱贻庭. 中国传统伦理思想史[M]. 上海：华东师范大学出版社，2009.

地位，是近代道德革命的先声。但是，这股先进的思想理念被当时的统治者视为异端而严加打击，因此，他们对当时社会的实际影响非常有限，并没有动摇到以"三纲"为最高原则的旧道德体系的统治地位。[①]

### 3. 没落与新生阶段——鸦片战争后

从 1840 年第一次鸦片战争之后，我国沦为半封建半殖民地社会，严重动摇了当时人们对于传统伦理思想的信心，被迫进入社会转型的历史轨道。这一时期，由于民族矛盾上升为主要矛盾，因此，先进的中国人都把"民族大义"作为最高的道德准则。同时由于民族危机和社会危机的深化以及西方资产阶级社会伦理学说的传入，启蒙主义和民主主义的伦理思想，再度复兴。

"五四"爱国运动以后，反帝反封建的革命领导权逐渐转移到无产阶级手中，中国开始步入新民主主义革命时期。"五四"新文化运动是一场革命，是力图打破旧制度、旧思想的束缚，具有启蒙性意义的、建设现代民主国家的历史性尝试。因此，"五四"新文化运动对批判旧道德有着深远的历史意义和启蒙作用。

新中国成立后，马克思主义伦理思想成为中国的主导思想。马克思主义在中国的发展是以其自身的中国化过程为基础和前提的，中华民族优秀传统道德无可替代地成为新的社会主义道德建设的深厚精神资源。

中华民族传统道德是我们五千年源远流长传统文化的核心与灵魂，当前中国特色社会主义文化建设、社会主义核心价值观的培育与践行都根植于中华民族传统道德文化的沃土之中，是对中华民族优秀传统道德的继承与发展。2013 年 11 月，习近平总书记在山东考察时曾经明确指出："国无德不兴，人无德不立"，"一个国家、一个民族的强盛，总是以文化兴盛为支撑的，中华民族伟大复兴需要以中华文化发展繁荣为条件。对历史文化特别是先人传承下来的道德规范，要坚持古为今用、推陈出新，有鉴别地加以对待，有扬弃地予以继承。"[②] 在全面深化改革、推进中国特色社会主义伟大事业、实现中华民族伟大复兴的中国梦的新历史条件下，中华民族传统道德文化的当代价值日益彰显。

## 【工作示例】

### 理解社会主义核心价值观

社会主义核心价值观是社会主义核心价值体系最深层的精神内核，是现阶段全国人民对社会主义核心价值观具体内容的最大公约数的表述，具有强大的感召力、凝聚力和引导力。党的十八大报告关于社会主义核心价值观的表述，对社会主义核心价值体系基本内容进行了凝练，是重要理论创新成果。

---

① 张晓昀. 中华民族传统道德的传承及其当代价值 [D]. 北京：北京交通大学，2018.
② 习近平考察山东曲阜强调：国无德不兴，人无德不立 [EB/OL]. http://www.wenming.cn/specials/zxdj/xjp/xjpjh/201405/t20140508_1924932.shtml.

"富强、民主、文明、和谐"，是我国社会主义现代化国家的建设目标，也是从价值目标层面对社会主义核心价值观基本理念的凝练，在社会主义核心价值观中居于最高层次，对其他层次的价值理念具有统领作用。富强即国富民强，是社会主义现代化国家经济建设的应然状态，是中华民族梦寐以求的美好夙愿，也是国家繁荣昌盛、人民幸福安康的物质基础。民主是人类社会的美好诉求。我们追求的民主是人民民主，其实质和核心是人民当家作主。它是社会主义的生命，也是创造人民美好幸福生活的政治保障。文明是社会进步的重要标志，也是社会主义现代化国家的重要特征。它是社会主义现代化国家文化建设的应有状态，是对面向现代化、面向世界、面向未来的民族的科学的大众的社会主义文化的概括，是实现中华民族伟大复兴的重要支撑。和谐是中国传统文化的基本理念，集中体现了学有所教、劳有所得、病有所医、老有所养、住有所居的生动局面。它是社会主义现代化国家在社会建设领域的价值诉求，是经济社会和谐稳定、持续健康发展的重要保证。

"自由、平等、公正、法治"，是对美好社会的生动表述，也是从社会层面对社会主义核心价值观基本理念的凝练。它反映了中国特色社会主义的基本属性，是我们党矢志不渝、长期实践的核心价值理念。自由是指人的意志自由、存在和发展的自由，是人类社会的美好向往，也是马克思主义追求的社会价值目标。平等指的是公民在法律面前的一律平等，其价值取向是不断实现实质平等。它要求尊重和保障人权，人人依法享有平等参与、平等发展的权利。公正即社会公平和正义，它以人的解放、人的自由平等权利的获得为前提，是国家、社会应然的根本价值理念。法治是治国理政的基本方式，依法治国是社会主义民主政治的基本要求。它通过法治建设来维护和保障公民的根本利益，是实现自由平等、公平正义的制度保证。

"爱国、敬业、诚信、友善"，是公民基本道德规范，是从个人行为层面对社会主义核心价值观基本理念的凝练。它覆盖社会道德生活的各个领域，是公民必须恪守的基本道德准则，也是评价公民道德行为选择的基本价值标准。爱国是基于个人对自己祖国依赖关系的深厚情感，也是调节个人与祖国关系的行为准则。它同社会主义紧密结合在一起，要求人们以振兴中华为己任，促进民族团结、维护祖国统一、自觉报效祖国。敬业是对公民职业行为准则的价值评价，要求公民忠于职守，克己奉公，服务人民，服务社会，充分体现了社会主义职业精神。诚信即诚实守信，是人类社会千百年传承下来的道德传统，也是社会主义道德建设的重点内容，它强调诚实劳动、信守承诺、诚恳待人。友善强调公民之间应互相尊重、互相关心、互相帮助、和睦友好，努力形成社会主义的新型人际关系。

资料来源：吴潜涛. 深刻理解社会主义核心价值观的内涵和意义［N］. 人民日报，2013 - 05 - 22（07）。

## 讨论：

中华民族传统伦理思想对践行社会主义核心价值观与建设社会主义道德体系有什么启示？习近平总书记指出："中华文明绵延数千年，有其独特的价值体系。中华优秀传统文化已经成为中华民族的基因，根植在中国人内心，潜移默化影响着中国人的思想方式和行为方式。今天，我们提倡和弘扬社会主义核心价值观，必须从中汲取丰富营养，否则就不会有生命力和影响力。"① 在经济全球化和西方文化强势发展的背景下，践行社会主义核心价值观与建设社会主义道德体系，只有植根本土，自觉承接中华传统优秀文化，才能具有独立的民族性和强大的渗透力。

事实上，中华文化长期历史积淀下来的价值理念本身就在不断地充实和调整。随着社会的发展，一些不合时宜的内容逐渐被舍弃，而更多新的内容被创造性地赋予其中。这就启示我们，只有结合时代需要将一般性的道理和具体生动的社会发展实际结合起来，进行创造性的理解，才能消除文本与时代的疏离，使古老优秀的传统思想资源在当下社会获得勃勃生机。

同时，我们也应该看到，扎根于中国传统文化土壤的社会主义道德体系建设还面临着挑战。挑战之一来自中外文明的交流和碰撞。当今世界，经济全球化条件下，便捷的通信技术使知识与信息可以飞速共享，任何自我封闭式的发展都不利于文化的传承和发扬。以更加包容和开放的心态去吸收其他国家先进的文化，从而充实中华文明的内涵与外延是十分必要的。挑战之二来自现有的市场经济体制的发展。中华传统道德文化基本建立在自然经济基础之上，从本质上属于农耕文化，与市场经济体制是不相适应的。随着改革开放和市场经济的发展，传统文化中的价值观念、伦理关系受到很大的冲击。如何摒弃传统文化中的消极方面，同时利用优秀的传统文化修正市场经济带来的负面影响，使传统道德文化获得新生是十分必要的。挑战之三来自科学技术的发展。科学技术是把双刃剑，科技发展既给社会发展带来便捷和变革，同时也催生了道德生活领域的许多新问题。在这方面，我们可以深入挖掘古代儒家"仁学"思想中所蕴含的对人性、人道、人生的敬畏与尊重，树立一种人文文化与科技文化相结合的"以人为本"的大文化观，把握好科技与道德自身的限度以及二者间适度的平衡，使科技进步在道德的规范和引导下更好地惠及人类。

## 【案例实践】

### 徽商代表人物：胡雪岩

胡雪岩是徽州绩溪人，跟许多徽州人一样，幼年时候家境十分贫困，不得不外出打工。他先是到杭州阜康钱庄当学徒，因为勤奋，肯吃苦，深得店主器重，逐渐成为能独当一面的掌柜。后依靠王有龄、左宗棠等清廷重臣，走上亦官亦商之路。凭借其卓越的商业才能，他从一个在钱庄里跑堂的伙计，发展到成为在全国有20余处分号的"阜康"钱庄的东家，同时兼营药材、丝绸、茶叶等事业的庞大商业帝国，胡雪岩身上集中体现了徽商聪明、踏实、会抓机遇等特点，其个人资金最高时达2000万两白银以上，是当时名副其实的"中国首富"。同治年间，新疆动乱，左宗棠由闽浙总督调任陕甘总督，奉命出关西征。正所谓"兵马未动，粮草先行"，当时清朝廷国库空虚，根本无力承担巨额军费。为解决经费问题，左宗棠只好奏请借洋款救急，可是当时借外债很难，

---

① 中共中央宣传部. 习近平总书记系列重要讲话读本 [M]. 北京：学习出版社, 人民出版社, 2014: 96.

恭亲王向洋人举债都被拒绝。胡雪岩知道情况后，主动以个人的信誉出面担保，替清朝廷向外国银行贷款，帮助左宗棠筹备军饷。

在当时西征大军欠缺粮饷，各方相互推诿的艰难时刻，胡雪岩能够挺身而出，通过筹款，最终帮助西征大军收复新疆失地，这种爱国情怀正是典型的徽商精神之一。左宗棠赞曰："雪岩之功，实一时无两。"清朝廷后来赏赐胡雪岩一件黄马褂和二品红色顶戴。按清朝惯例，只有乾隆年间的盐商有过戴红顶子的，而戴红顶又穿黄马褂者，历史上仅有胡雪岩一人。由此，胡雪岩成为中国最著名的"红顶商人"。

诚信是做生意的根基，徽商代表性人物胡雪岩更是深知这一点，在创建胡庆余堂药号的时候，他就立下规矩，核心就是诚实经商。童叟无欺、诚信为本，说起来容易，做起来却很难。在杭州的胡庆余堂，店堂内高高悬挂着两块巨大的金匾，一块是"真不二价"，另一块为"戒欺"。胡雪岩亲笔写就："凡百贸易均着不得欺字，药业关系性命尤为万不可欺，余存心济世誓不以劣品弋取厚利，唯愿诸君心余之心。采办务真，修制务精。"胡雪岩还把"顾客乃养命之源"写入店规，教育员工把顾客当作衣食父母。

在胡庆余堂百年历史中，流传着许多精心制药的故事。如"局方紫雪丹"，是一味镇惊通窍的急救药，按古方制作要求最后一道工序不宜用铜铁锅熬药，为了确保药效，胡雪岩不惜血本请来能工巧匠，铸成一套"金铲银锅"，专门制作紫雪丹。还有一次，一位香客不远千里到胡庆余堂买了一盒避瘟丹，打开一看，脸上立即露出了不满神色。胡雪岩看到后当即上前查看，发现这份药确有品质欠缺之处。原来新品都已售完，这是上一批剩下的，新伙计见色泽虽差点，但药效不会减，就卖给那位香客了。胡雪岩知道后，严厉批评了伙计，再三向顾客致歉，当众将药丢入火中烧毁。并向顾客保证，三天之内把新药赶制出来。三天后，他果然把新配制的避瘟丹送到香客手中。正是这种先义后利、义中取利的徽商特质，胡庆余堂才和同仁堂一样，虽经百年而不衰败。胡庆余堂也被誉为"江南药王"，至今仍有"北有同仁堂，南有庆余堂"之称。

胡雪岩十分热衷于慈善事业，他向各地捐赠的赈灾款估计达20万两白银。更鲜为人知的是，在清末四大疑案——杨乃武与小白菜一案中，胡雪岩利用自己的声誉活动京官，赞助钱财，为此案最终昭雪立下了汗马功劳，他的义声善名也因此案更加深入人心。

资料来源：王涛. 徽商四大历史人物典故：胡雪岩，李宗媚，江春，张小泉 [J]. 中外管理，2019 (3)：39－43.

## 评述：

徽人经商，源远流长，早在东晋时就有新安商人活动的记载。作为中国商界中的一支劲旅，徽商曾活跃于大江南北、黄河两岸，以至日本、东南亚各国和葡萄牙。其商业资本之巨、从贾人数之众、活动区域之广、经营行业之多、经营能力之强，都是其他商帮所无法匹敌的，在中国商界称雄数百年。

明清徽商之所以能称雄商坛数百年，除了是自身勤俭朴素、艰苦奋斗的结果外，主要归功于在商业活动中逐渐建立起来的优秀的商业伦理观。徽商受传统文化的熏陶，"贾而好儒"，力求用儒学来规范自己的行为，正确处理利与义的关系，做到"利缘义取"，诚实经商，注重自身职业道德的修养，在商坛中有着良好的信誉，这才是立商之本。商家与顾客是互惠互利、相互依存的关系，决不能一方盘剥另一方、只取不予，否则虽然能获得暂时的眼前利益，却破坏了商家与顾客的关系，毁了双方长期合作的基石。从根本意义上来说，重诚信、讲道义、不贪心、不欺诈作为经商从贾的道德规范，正是徽商获得成功的要诀之所在。

徽商作为贾而好儒、财力雄厚的商帮，他们经商致富后，以种种义举、义行为民解难，为国分忧。徽商大多比较重视人文精神，讲求理性追求。虽然致富，但他们依然自奉俭约，克勤克俭。在各种突如其来的灾害面前，他们都能义无反顾地慷慨解囊，将财富奉献社会，体现一种责任，一种道义。正因有徽商的捐资助学，徽州自宋以来，塾学、义学、县学、书院一直保持着稳定发展的局面，由于徽商重视智力投资，因而明清时期徽州人才辈出，科举及第，"以才入仕"者盛极一时。徽商热心公益还表现在：兴资修桥、筑路，疏通水道，兴修水利；建会馆义庄、设立救生船；修建育婴堂，建医治寄宿所；设义学、修书院，重视教育；竭诚捐赈，拯民于水火；以义为利，不发国难财；积德尚善，不赚黑心钱；等等。从徽商的种种义行、义举中可以看出，徽商是中华民族传统美德中厚德载物、关爱他人，国家兴亡、匹夫有责等精神的生动体现。这也正是我们现代企业所需要的责任观。[①]

## 1.3　本章小结

企业是如今社会最广泛的一种组织形式，大大小小的企业几千万家，遍地开花。在数字经济的背景下，企业的行为日益受到数字技术和数据驱动的塑造。这无疑为商业伦理提出了前所未有的挑战与机遇。对于企业，遵循伦理道德不仅是一种责任，也直接影响到其与所有者、管理者、员工、合作伙伴以及公众的关系。

对企业和其所有者来说，遵循法律和道德伦理，尤其是在处理数据隐私、算法决策和技术应用等方面，能够减少法律纠纷，增强与供应商和合作伙伴的信赖，获得投资者的青睐，并赢得公众的好感。这不仅可以显著减少企业的运营成本，还能优化组织结构，提高工作效率。但若企业的行为在数字经济环境中违背伦理，其后果可能是损害商业关系、败坏声誉，甚至影响到员工的工作态度和忠诚度。

学习商业伦理并不亚于其他学科的重要性，尤其在这个数字化日益渗透的时代。掌握商业伦理知识不仅有助于我们更全面地认识到企业的社会责任，还能修正对企业在数字时代伦理问题的片面看法，提高决策水平，以及强化企业在面对数字化转型时的核心竞争力。

"伦理"就是处理人们相互关系应遵守的道理和规则。在商业领域中所形成的伦理规范就被称为"商业伦理"，即商业活动中各种行为的伦理道德问题，并讨论商业组织应该遵守什么样的道德标准，以及相关道德标准是如何应用于相关组织制度、员工活动的等。徽商是研究我国商业伦理的典型案例，古代的商业伦理作为中国传统文化的一部

---

① 许彦华. 企业诚信文化基因研究［D］. 哈尔滨：哈尔滨工程大学，2013.

分，有许多优秀的地方可供继承和借鉴。

# 自 测 题

1. 企业合乎伦理的行为会给企业带来哪些好处？请举例说明。
2. 你认为数字经济时代有哪些新的伦理问题或伦理困境？请举例。
3. 我国优秀传统文化对培育和践行社会主义核心价值观有哪些启示？
4. 你认为伦理与商业伦理的关系是什么？商业伦理有哪些特点？
5. 请谈谈你对习近平总书记在二十大报告中提出的"推进文化自信自强，铸就社会主义文化新辉煌"的理解。

案例分析

# 第 2 章　伦理分析与决策

## 【学习目标】

1. 掌握负有责任感的伦理决策过程。
2. 掌握功利主义、道义论、正义论和美德论四种伦理分析工具的主要内容。
3. 能够运用功利主义、道义论、正义论和美德论四种伦理分析工具进行伦理问题分析。
4. 熟悉中华民族传统美德内容，理解传统美德在当代社会的重要性和时代价值。

## 【导入案例】

### 小组作业中的"搭便车"行为存在伦理问题吗？

　　小研是一名工商管理专业大三学生。小研、小婷、小雨和小梅住在同一间寝室里，是关系特别好的朋友。小研每次回家都会带一些土特产给小婷、小雨和小梅。在大三的一门课程中，小研、小婷、小雨和小梅选择成为一组，共同来完成老师布置的一项作业。然而，在作业进行的过程中，小婷、小雨和小梅却后悔和小研一组了。因为最近小研在校外接了一份兼职，这使得她经常要去校外工作，缺席集体讨论，所做的内容也不符合要求。小婷、小雨和小梅既无法拉下脸面让小研退出团队，也没法说服小研认真对待这次小组作业。她们只有将任务重新分配，将小研的工作也一并完成。在小组作业汇报时，她们小组的作业得到了教授肯定。同时，教授也要求她们在课后列一份每个成员对于这份作业贡献的清单。这份清单将会决定小研、小婷、小雨和小梅的课程分数。也就是说，如果没有贡献，这门课程可能会被判定不及格。小研找到小婷、小雨和小梅，告诉她们自己需要这门课程成绩，希望在列清单时候能够体现出她的工作量。小婷、小雨和小梅面对这样的请求应该怎么做呢？

　　商业活动中复杂的伦理困境往往很难决策，因为它们需要在相互冲突、互相竞争的利益中做出选择。这正是本章要讨论的内容。对于这些问题，并没有显而易见的或简单的答案，但是通过学习基本伦理理论和指导方针，分享伦理困境和结果，深入讨论曾经历过的道德的事和不道德的事，扮演案例中的角色来分析案例情境，有助于我们辨识、思考伦理困境背后深藏的问题。

# 2.1 伦理决策过程

## 【任务目标】

- 什么是伦理决策？如何理解它的含义？
- 伦理决策的过程机制是什么？
- 伦理决策的过程受哪些因素影响？

## 【任务描述】

通过本任务的学习，理解伦理决策的含义以及数字经济时代学习伦理决策的必要性，了解不同学者提出的伦理决策过程模型或框架，了解个人、组织和道德强度因素对于伦理决策过程的影响。

## 【知识学习】

### 2.1.1 决策与伦理决策概念

什么是决策？伦理决策通常被视为决策实践活动中一种特殊的表现形式，因此在正式阐述伦理决策概念之前，我们需要对决策概念有一个清晰的认知。决策的概念有广义和狭义之分。狭义的决策即人们常说的"拍板"，是一种缺乏思考及条理化过程而瞬间选定某个方案或做出行动的武断行为。若要准确把握决策的含义，需要从广义上去理解，即决策在选定并实施方案之前应有一个包括识别问题、明确目标、确定标准、拟订方案、评价方案等许多环节的分析判断过程。[①]

什么是伦理决策？人的行为依据伦理道德成分可以分为伦理行为和非伦理行为。伦理行为是指在一定道德意识支配下发生的，有利于他人、社会或有害于他人、社会的行为。伦理行为可进一步划分为道德行为和不道德行为，前者是有利于他人和社会的行为，后者是对他人或社会不利的行为。然而，无论是道德行为还是不道德行为，在正式做出相应的行动之前，必然有一个大多数人看不见的分析判断过程，即先有道德或不道德的决策，才有道德或不道德的行为，而这个过程就是我们通常所说的伦理决策过程。[②]

商业活动中充斥着很多涉及平等、正义和权利等方面的伦理问题，这些问题往往需要企业决策者在激烈的利益冲突和争斗中做出抉择。关于企业伦理决策概念的阐述具有两种代表性的观点：等同说和部分说。等同说认为企业的所有决策都与伦理问题有关，

---

① 斯蒂芬·罗宾斯，玛丽·库尔特. 管理学（第13版）[M]. 北京：中国人民大学出版社，2017.
② 吴红梅，刘洪. 西方伦理决策研究述评 [J]. 外国经济与管理，2006（12）：48－55.

因此企业的决策行为都是伦理决策；部分说则认为企业的决策活动并非都是伦理决策，企业中只有那些涉及价值判断的部分才是伦理决策所要解决的问题。目前学术界和企业界普遍认同第二种观点。我们知道，企业要想获得长远的发展就必须在自身获利的欲望与社会的需求之间取得有效平衡。然而，现实中那些缺乏伦理道德、损人利己的商业丑闻依然层出不穷。①

从国外来看，20 世纪 50 年代末至 60 年代初，在利益至上思想的引导下，美国企业界出现了一系列行贿受贿、欺诈交易、不平等甚至歧视员工等丑闻，这些丑闻不仅使企业主们的无良行为受到社会舆论的强烈抨击和辛辣嘲讽，致使他们个人名誉受损并处于狼狈不堪境地，还掀起了一阵抵制黑心资本家的经营产品、损毁其经营设施的反商业浪潮，以致某些企业破产和倒闭。2008 年美国爆发的次贷危机再一次揭露出许多知名商业组织的经营污点或不道德行为。大家普遍认为，在国际竞争日益激烈的背景下，商业伦理的严重缺失正是促成本次全球经济金融危机的重要原因之一②。从国内来看，也不乏部分无良企业利欲熏心做出很多挑战社会公众底线的失德行为，例如，三鹿集团生产含有三聚氰胺的毒奶粉，长生生物违反标准规定生产无效的假疫苗，康美药业通过伪造、变造大额存单等方式虚增 300 亿元货币资金等。这一桩桩骇人听闻的案件不仅严重侵害广大人民的生命财产安全，涉事企业在经历丑闻之后也遭遇重创，或是宣告破产或是黯然退市、荣耀不再，涉事人员也均受到严厉惩处，不仅名誉受损还必须承担巨额经济赔付，犯罪情节严重者甚至必须付出生命的代价。

以上种种现实告诫我们，只有在商业活动中考虑企业的伦理关系和道德规范，才可保证企业的可持续发展和良好的营商环境。企业决策者必须对商业伦理问题进行系统反思，最起码应该认识到随着商业丑闻的不断爆发，企业的非道德神话正在逐渐消亡，而被这一神话掩盖的事实也正在显现。当遭遇各式各样的伦理困境时，将道德与责任渗透进决策实践活动将变得日益必要。

### 2.1.2 伦理决策的影响因素

雷斯特（Rest, 1986）、特雷维诺（Trevino, 1986）等在建立、解释和预测个体伦理决策的理论模型时，已经涉及部分影响伦理决策过程的因素，包括个人因素（如性别和认知道德发展）、组织因素（如伦理规范和伦理文化）以及道德强度。之后，西方学者按照这种因素类别的划分并以雷斯特四要素模型中一个或多个要素为因变量，进行了大量的拓展性研究，由此诞生了一系列文献。接下来我们按照相关文献的发表年份，对该领域的研究现状及进展做一个全面的了解。

**1. 1978~1992 年伦理决策影响因素研究**

福特和理查森（Ford & Richardson, 1994）为了探明伦理决策影响因素的研究趋势

① 刘英为，刘可风. 西方企业伦理决策研究的新动态 [J]. 伦理学研究, 2014 (4): 65-71.
② 莫申江，王重鸣. 国外商业伦理研究回顾与展望 [J]. 外国经济与管理, 2009 (7): 16-22.

以及未来的研究方向，首次综述了时间区间为 1978～1992 年发表的相关实证文献。研究结果表明，个体因素在实证文献中得到了最为广泛的关注。这一类别包含所有与个体决策者有独特联系的因素，可以划分为两大类：其一是与生俱来的联系（例如国籍、性别、年龄等）；其二是个人拥有的在发展和社会化过程中获得的联系（例如个性、态度、价值观、教育、宗教、就业等）。

在个人因素中，学者们最为关注的是与性别（13 篇）、年龄（8 篇）、国籍（5 篇）和宗教（3 篇）相关的个人属性；其次，有 23 篇文献发现伦理决策与教育以及个人的就业背景（教育类型和年限、就业类型和年限）相关；最后，有 7 篇文献发现个人的性格、信仰和价值观等方面对伦理决策有明显的影响。总而言之，该时间区间内共有 59 篇相关文献探讨了个体因素对伦理决策的影响。

由于个人是在组织中而不是在真空中工作的，也出现了许多探讨个人组织性的实证文献。虽然有几个理论模型对特定情境、整体组织和一般环境变量进行了区分，但在福特和理查森（Ford & Richardson，1994）的文献综述中将这些区分的研究合并在一起，相关变量包括个人的组织性、主管的伦理价值观和实践、组织文化、行业规范和整体社会价值观；该综述还报告了部分组织因素的发现，如行为守则（9 篇）、组织内部层级（6 篇）、道德培训与文化（5 篇）、组织结构内的奖惩（4 篇）以及行业和组织规模（各 3 篇）。

### 2. 1992～1996 年伦理决策影响因素研究

洛等（Loe et al.，2000）总结了 1992～1996 年期间关于伦理决策影响因素研究的实证文献。与福特和理查森（Ford & Richardson，1994）不同，洛等（Loe et al.，2000）在划分影响因素的类别时，除了保留个人因素和组织因素的划分方式外，还将"道德强度"确定为一个单独的类别。该综述结果表明，依旧存在大量的文献热衷考察个体因素对伦理决策的影响，例如认知道德发展（6 篇）、道德哲学（21 篇）、性别（26 篇）、年龄（15 篇）、教育和工作经验（18 篇）、国籍（10 篇）、宗教（3 篇）、控制点（4 篇）等。从中可以看出，首先，性别在企业伦理决策中的作用受到最为广泛的关注，然而相关研究结果喜忧参半、没有定论。大部分研究要么确定了伦理决策并不存在显著的性别差异，要么发现女性比男性在道德上更为敏感。其次，涉及道德哲学的研究以 21 篇文献数量位居第二。关于个人道德哲学的评价范围，分别考察了义务论观点、目的论观点以及马基雅维利主义对个人伦理决策的影响。其中，约有 1/3 的研究使用了学生或教师样本。一般来说，这些研究表明道德哲学与伦理决策有关，个人可以根据经验（早期职业与后期职业）或行业来决定使用不同的哲学理念。

洛等（Loe et al.，2000）的文献综述还报告了机会（一般通过组织内部的结构机制如法规和政策、奖励和制裁等来评估）、文化和氛围以及其他重要的组织因素对伦理决策的影响。其中，组织文化和氛围因素被发现在影响和调节组织伦理方面具有普遍性。这一项研究结果有力地支持了"组织文化有助于管理组织道德"的理论和管理理念。此外，17 项研究探讨了道德规范在影响组织伦理决策中的作用。大多数研究表明，遵守伦理规范不仅会显著影响伦理决策，还有助于提高对道德问题的总体认知水平。综述中关于道德强度的研究共报告了 2 篇文献。

### 3. 1996 ~ 2003 年伦理决策影响因素研究

虽然奥法伦和巴特菲尔德（O'Fallon & Butterfield，2013）将影响伦理决策的因素依旧划分为三大类：组织、个人和道德强度，但他们在归纳总结文献时主要依据雷斯特（Rest，1986）四要素模型，也就是按照不同因素对四要素中一个或多个要素的影响来区分文献。例如，在个人因素中，共有 49 篇文献探讨性别对伦理决策过程的影响，其中以"伦理判断"为因变量的文献最多（33 篇），其次是以"伦理行为"为因变量的文献（9 篇），最后是伦理意图（4 篇）和伦理感知（3 篇）。虽然关于性别的研究结果仍然有些复杂，但结合已有文献，我们可以得出这样一个结论：一般而言，个体性别对于伦理决策并没有太大的影响。

奥法伦和巴特菲尔德（O'Fallon & Butterfield，2013）指出，1996 ~ 2003 年的相关文献中主要考察的五个组织变量为道德规范（20 篇）、伦理氛围/文化（16 篇）、行业类型（9 篇）、组织规模（7 篇）以及奖励和制裁（7 篇）。以道德规范因素为例，在考察道德规范影响的 20 篇文献中，有 2 篇文献没有明显的发现。在其余的 18 篇文献中，有 6 篇得出了好坏参半的结果，或者表明了道德准则的存在并不影响伦理决策，而其他 12 项研究结果中有 11 项报告了道德规范的存在对伦理决策的积极影响。

此外，从前面洛等（Loe et al.，2000）的综述中可以发现，道德强度是伦理决策领域研究的新方向，仅有两篇文献进行了相应的实证检验。从那以后，关于道德强度对伦理决策的影响迅速引起学术界的广泛关注，因此共有 32 篇相关文献被纳入奥法伦和巴特菲尔德（O'Fallon & Butterfield，2013）的综述中，并报告了相当一致的结果。除了马歇尔和德维（1997）之外，每一项研究都考察了道德强度或道德强度的某些组成部分，发现它们至少与伦理决策四个阶段中的某一个阶段有关。[①]

### 4. 2004 ~ 2011 年伦理决策影响因素研究进展

克拉夫特（Craft，2013）综述了 2004 ~ 2011 年间发表的关于伦理决策的研究结果，影响因素依旧划分为：个人、组织和道德强度。该综述结果表明：首先，与以往研究不同的是，在个人因素中对于性别因素的关注度逐渐减少，对于人格因素的关注度迅速上升，相关文献共有 43 篇。在这些文献中，分别测试了人格的多个方面并检验了它们如何影响伦理决策的过程。这些方面包括控制点、马基雅维利式特质、自我控制、正念、态度和大五人格特质（外倾性、宜人性、责任心、情绪稳定性和开放性）。组织因素中，2004 ~ 2011 年间，关于奖励和制裁对伦理决策的影响的文献有所增加，与以前的文献综述相比，克拉夫特（Craft，2013）文献综述中共有 17 篇相关文献。不但文献数量在组织因素的研究中最多，而且伦理决策过程的四个阶段都会受到奖励和制裁的影响，其中对伦理判断的影响最为明显。此外，学者们在该期间发表了多篇文献支持道德

---

① O'Fallon M J, Butterfield K D. A Review of the Empirical Ethical Decision-Making Literature: 1996 – 2003 [J]. Citation Classics from the Journal of Business Ethics, 2012（12）: 213 – 263.

强度对伦理决策的影响。尽管 2004～2011 年间发表的研究结果（22 篇）少于之前的文献综述（1996～2003 年间为 32 篇），但依然表明琼斯（Jones，1991）的六个道德强度因素对伦理决策会产生明显影响。[①]

## 【工作示例】

### 伦理决策过程

在伦理决策理论研究进程中，许多学者提出了一些有影响力的伦理决策过程模型，例如，雷斯特（Rest，1986）提出的伦理决策四要素模型、特雷维诺（Trevino，1986）提出的"个体—情景"互动模型等均在解释和预测组织中个体的伦理决策行为方面发挥了重大作用。琼斯（Jones，1991）提出的综合模型弥补了先前研究的漏洞，首次强调了伦理问题本身对企业伦理决策和行为的影响。此外，由于市场中出现的许多可疑商业行为均可以追溯至营销部门，因此费雷尔（Ferrell，1985）、亨特（Hunt，1986）等分别开发出一些模型或框架用于分析市场营销中的伦理决策。

（1）伦理决策四要素模型。雷斯特（Rest，1986）认为伦理决策过程应当包含伦理感知、伦理判断、伦理意图和伦理行为四个关键要素。一个道德感十足的决策主体首先应该能意识到伦理问题的存在（要素 1）；其次在伦理感知的基础上，对可选择的行动方案做出伦理判别（要素 2）；再其次将对道德的关切置于首要地位来决定选择什么样的行为（要素 3）；最后怀着对道德的关切采取相应行动（要素 3）。雷斯特（Rest，1986）强调上述伦理决策的四个阶段一定是相互影响、相互制约的。换言之，任何一个阶段的成功并不意味着在其他阶段也可以取得成功。例如，一个决策主体即使具有非常敏锐的伦理判断能力（要素 2），也不一定会有很大的决心依据道德行事（要素 3）。

（2）"个体—情景"互动模型。特雷维诺（Trevino，1986）发现已有的研究过于强调个体或者组织对道德/不道德行为的影响，缺乏两者结合的考虑，因此提出了一个"个体—情景"互动模型来解释和预测组织中个体的伦理决策行为。个体以其在认知道德发展阶段所决定的认知水平来应对各种伦理困境。该阶段个体学会了在面临伦理困境时如何正确地思考，即在某种矛盾的情况下判断所采取措施的"对"或"错"。然而，是非判断并不足以有效地解释或预测伦理决策行为，只有其他个体变量和情景变量与认知成分相互作用，才能决定个体如何应对伦理困境。这里所说的"其他个体变量"是指除了认知水平以外的其他因素，主要有自我强度、场依赖及控制源，"情景变量"包括直接的工作环境和组织文化。

（3）多阶段权变框架。费雷尔和格雷沙姆（Ferrell & Gresham，1985）提出了一个营销伦理决策的多阶段权变框架。在这个框架中，利用社会和文化环境标准来定义营销方面的伦理问题或困境，例如欺骗性广告、价格勾结、串通投标等。在面对这些伦理困境时，影响决策主体做出特定行为的因素分为个人因素和组织因素。个人因素包括知

---

① Craft J L. A Review of the Empirical Ethical Decision-Making Literature: 2004 - 2011 [J]. Journal of Business Ethics, 2013 (117): 221 - 259.

识、价值观、态度和意图；组织因素包括不同社会群体的重要人员和机会。该模型进一步指出，上述决策过程一方面会使主体产生特定行为，另一方面也会导致对相应行为进行是否符合道德标准的评价，而这也是返回到个人和组织因素的反馈回路的起点。

（4）多阶段模型。亨特和维特尔（Hunt & Vitell，1986）提出了分析营销伦理决策的多阶段模型。该模型表明，环境因素（文化、工业和组织）和个人经验影响个体对道德问题存在的认知、选择和后果。反过来，这些认知会导致伦理判断。判断影响意图，意图与情境约束一起影响个体行为。杜宾斯基和洛肯（Dubinsky & Loken，1989）基于理性行为理论也提出了相应模型，他们认为虽然人在决策过程中可以系统地处理各类信息，但通过这一过程最终产生的行为不一定是合乎伦理或道德的。决定一个人表现出道德/不道德行为的直接因素是他们执行该行为的意图（或概率），而意图一方面受态度影响，即感知到的对个体施加的执行/不执行这一行为的社会影响/压力，另一方面受主观规范影响，它属于个体的规范性信念的一个功能。该模型没有提供反馈回路。

## 讨论：

你可否描述一个富有责任感的伦理决策过程？

上述提到的模型均是在雷斯特（Rest，1986）四阶段模型的基础上建立起来的且进一步支持了雷斯特框架的有用性。我们可以将这些模型做一个综合概括，以将其推广至各个领域，即伦理决策其实是这样的一个过程：首先，决策主体应当从环境（宏观、中观和微观）中认知到各式各样的伦理问题；其次，进入某种形式的伦理判断阶段，该阶段主要受认知伦理发展影响或是借助目的论、道义论等伦理评价工具进行；最后，在正式表现出道德/不道德行为之前，都包含一个建立伦理意图的阶段。而琼斯（Jones，1991）等认为，如果不考虑伦理问题本身，那么个体伦理决策和行为过程将在各类问题中表现出一致性，这显然是不恰当的。因此，他利用道德强度的概念定义伦理问题本身的特征，认为它是伦理决策和行为的重要决定性因素。正因为这样，随着数字经济的飞速发展，现代企业和决策者面对的伦理挑战也变得更加复杂。在数字化的背景下，他们需要应对与数据隐私、人工智能的伦理问题、技术差异等相关的更多伦理挑战。

## 【案例实践】

### 基于伦理决策视角的百度"魏则西事件"分析

2016 年 2 月 26 日，西安电子科技大学计算机专业学生魏则西在知乎《你认为人性最大的恶是什么》的回答中，将百度搜索和百度推广推上风口浪尖。4 月 12 日魏则西去世，该回答在其去世后，在国内引发了网络热议。"魏则西回答帖""魏则西去世消息""百度搜索滑膜肉瘤排名第一的是武警北京总队第二医院"的截图在微博上被转载 1 万余次，网友在转载评论中称要百度给出合理说法。4 月 28 日，百度在其官方微博发表声明，对魏则西同学的去世致以慰问和哀悼，并公布了武警北京总队第二医院资质的无异常审查结果。至此，魏则西事件正式拉开序幕。随后21岁大学生魏则西就医死亡的消息在中国经济周刊、搜狐新闻等期刊和媒体网站被报道，不断发酵。5月2日，中央网络安全和信息化领导小组与国家工商总局、国家卫生计生委成立联合调查组进驻百度，对此事及互联网企业依法经营事项进行调查并依法处理。百度股价5月2日（周一）低开低走，当日跌幅达7.92%。在5月2日中国政府宣布调查百度后，百度的股票到5月12日共下跌了9.83%。资本市场的反应充分说明了投资者等利益相关者对百度信任的丧失。

资料来源：李建良，李冬伟，张春婷，沈鹏熠. 互联网企业负面事件信任修复策略的市场反应研究——基于百度"魏则西"与"竞价排名"事件的案例分析 [J]. 管理评论，2019, 31 (9)：291 – 304.

**评述：**

如何基于伦理决策视角对"魏则西事件"进行分析？下面基于雷斯特（Rest，1986）提出的伦理决策过程应当包含的四个关键要素对此案例进行分析。

（1）伦理意识。竞价排名被质疑不是第一次，早在2008年11月，央视以"记者调查：虚假信息借网传播百度竞价排名遭质疑"为题对百度竞价排名商业模式进行了报道，社会各界对百度的炮轰不绝于耳。可以说百度对于竞价排名的推广模式已经意识到存在伦理问题，其正确性和利用方式存在争议。

（2）伦理判断。百度可选择的伦理决策主要有三种：一是不触及关键的盈利点，通过公关的方式将事件平息；二是彻底改变具有争议的竞价排名的模式，但将带来盈利的大幅下降；三是对竞价排名的模式进行部分整改，保留主要的盈利模式，而对公众争议较大的地方进行修改和处理。

（3）伦理意图。2011~2015年，百度网络营销收入分别占年度总收入的99.92%、99.73%、99.56%、98.86%、96.92%，数字从近乎100%到有所缩小，但仍旧居高不下。也就是说，百度几乎全部收入来源于网络营销，这一模式多年一直未变。基于这样的现状和前提，百度的伦理意图一定是在不影响盈利的前提下，尽量减小事件所带来的负面影响，兼顾公众的感受以及顾客的需要，对竞价排名的模式进行适当的整改，以达到平息民声，恢复企业声誉，保持业务正常健康发展的目的。

（4）伦理行为。其一，百度及时进行了公关处理。事件发生后，百度很快发表了声明："得知此事后，立即与则西爸爸取得联系，致以慰问和哀悼，愿则西安息！对于则西生前通过电视媒体报道和百度搜索选择的武警北京总队第二医院，我们第一时间进行了搜索结果审查，该医院是一家公立三甲医院，资质齐全。"从百度的公关来看，做到了及时、沟通、树立企业形象的原则。一方面，通过表达惋惜之情，使百度与魏则西一方站在统一战线上；另一方面，表明自己在该事件上并没有主观上的错误，没有进行误导，以表明自身的清白。

其二，百度对竞价排名的模式进行了整改，变"竞价排名"为"百度推广"。竞价排名的模式使百度饱受争议，给百度带来了伦理道德上的指责，对此，百度进行了恰如其分的整改，凡是推广条目的后面都加注了"百度推广"的字样，并承诺对百度推广的项目承担一定的责任①。

# 2.2　行为伦理评价工具

## 【任务目标】

- 行为伦理评价工具有什么？它们的主要观点是什么？
- 功利论、道义论、正义论和美德论的优缺点分别是什么？

## 【任务描述】

通过本任务的学习，掌握四个伦理评价工具——功利论、道义论、正义论和美德论的基本观点及优缺点。

## 【知识学习】

### 2.2.1　功利论：基于结果的决策制定

#### 1. 功利论的主要观点

功利论又称目的论、效果论，其基本含义是在评价某一行为善恶好坏的性质和程度时，以该行为可能产生或已经产生的实际效果作为评判依据的伦理理论。换言之，该理论认为唯一能够评判一个人的行为是否符合道德标准和依据的，只能是行为本身所直接产生的现实效应或实质性结果，或者由它带来的实际价值效应，而将包括行为的动机、行为发生的背景和条件、行为的过程和方式等在内的其他非直接效果性因素排除在道德评价之外。需要说明的是，目的论看重的是行为对行为主体自身所带来的后果，这使得目的论也不太关注行为对其他道德主体的伦理影响。目的论所使用的核心价值概念是"好"与"坏"或"善"与"恶"，而非"正当"与"不正当"或"合理"与"不合理"，因为后者隐含着伦理规范或道义评价，因此，目的论更多遵循个体美德或人格道德的价值论思路，较少遵循社会伦理的道义论思路。

18~19 世纪的英国功利主义是道德目的论的典型代表，杰里米·边沁（Jeremy Bentham）是西方伦理思想史上第一个系统地阐释功利主义及其道德理想的人，他的思想渗透进现代资本主义社会的方方面面，构成了 19 世纪以来西方现代资本主义立法和政治改革的道德依据，甚至衍生成了一种西方社会的整体价值取向，一种社会伦理准则和道德规范。他认为判断某一行为是否或在多大程度上符合道德标准，根本的评判标准是该行为最终产生的功利。他将任何行动中导向幸福的趋向性称为功利。功利是客体的

---

① 王承前，丰帆. 基于伦理决策视角的百度"魏则西事件"分析［J］. 中国市场，2016（32）：278–279.

这样一种性质：它倾向于给利益相关者带来实惠、好处、幸福、快乐等，或者倾向于防止利益相关者遭受痛苦、损害、不幸或祸患，即客体给予当事者"趋乐避苦"的这样一种特性。功利主义理论强调，不同种类的"乐"之间只有量的区别而没有质的区别，最大量的"乐"就是行为的功利，凡是能够带给当事者最大量快乐或幸福的行为就是道德的行为。由此可见，边沁的功利主义告诫行为主体应当按照"乐"的最大化或"苦"的最小化作为行为的唯一目的。

由于边沁的功利主义只关注快乐或幸福的数量大小，而忽略了"乐"的质，J. S. 密尔（John Stuart Mill）对其进行了修正。密尔是功利主义思想的另一位代表人物，他接受了边沁功利主义的基本原则，承认快乐为善，痛苦为恶，"趋乐避苦"是幸福，而幸福是人们行为的唯一目的。然而，与边沁不同的是，他强调快乐除了有数量的区别外，还有质的差异，并且快乐的质比量更为重要，因为情感、理智和精神上的快乐比感官上的快乐更为高级，当一种快乐在质上优于另一种快乐，那么两者在比较中可以对量差忽略不计。正如他的一句名言可以很好地简述其思想："做一个不满足的人胜于做一头满足的猪；做不满足的苏格拉底胜于做一个满足的傻瓜。"同时，他认为快乐和幸福的概念之间是有区别的，这显然与边沁的说法存在差异。密尔认为界定功利的标准只有幸福，而没有快乐。这里的"幸福"是一个具体且多元的概念，例如，追求健康、美德，追求个体的自由发展等，都是幸福的组成部分。幸福的程度取决于快乐的质量而不是数量。因此，行为的"是"应当与它增进幸福的倾向成正比，行为的"非"应当与它产生不幸福的倾向成正比。[①]

## 2. 功利主义的优缺点

通过以上对目的论及功利主义观点的阐述，我们可以发现：功利主义将行为结果视为唯一的道德评判依据，几乎不考虑实现该行为的手段或方式，这种方法论向度实则有利有弊。首先，从缺点来看，这种理论思想常常造成两种后果。一方面，导致目的性价值与工具（手段）性价值之间的考量失衡，对后者的轻视又会进一步造成目的论对人类道德实践条件或环境的轻视，从而造成某种形式的道德理想化偏颇。也就是说，行为主体可能仅考虑令人向往的结果而忽视了实现该结果的条件或环境并不具备。此外，过分注重行为的目的而不重视行为的手段，很可能造成某些行为主体以不道德的手段来谋取好的结果。另一方面，导致对功利的价值推理常常进入一种无限递进、无穷上升的逻辑轨道或理论思路。人的行为目的都与其内在未被满足的需求有关，因此人的目的常常因为其内在主体需求的不可终极满足的特征而成为无限上升或衍生的目的系列。也就是说，人的需求是永远无法被彻底满足的，因此人的目的也一直处于"实现—升华—实现"的无限循环过程之中。因此，在对行为进行道德评判时，总会发展或提出更"善"的价值等级和层次。从优点来看，由于行为产生的结果或功利很容易进行测量、估算和

---

① 根据以下资料整理：姚大志. 当代功利主义哲学 [J]. 世界哲学, 2012（2）: 50-61；杨伟清. 功利主义：平等主义抑或目的论 [J]. 社会科学研究, 2010（1）: 120-123；贺跃. 康德道义论的目的论研究 [D]. 长沙：湖南师范大学, 2016。

比较，因此有利于实践应用。①

### 2.2.2 道义论：基于伦理原则的决策制定

**1. 道义论的主要观点**

道义论又称义务论，是与功利论相对的另一个道德哲学理论派别。与功利论不同的是，道义论并不注重某一行为可能或实际产生的效果，而更加注重行为过程是否认同或遵守既定道德原则和道德规范。换言之，道义论在评判某一行为或活动的道德性质和意义时，是以行为是否具有伦理正当性为依据的，而不在于其所达成的目的。正如弗莱克纳所说："道义论主张，除了行为或规则的效果的善恶之外，还有其他可以使一个行为或规则成为正当的或应该遵循的理由——这就是行为本身的某种特征，而不是它所实现的价值。"②

需要说明的是，这里的伦理正当性指的就是行为"与某种形式的道德原则相符"，而道德原则必然是社会公众集体所拥有且普遍认同的，任何人甚至群体都不能宣称他们所信奉或遵守的道德信条具有社会普遍道德原则的合法有效性。这也正是道义论相比目的论更能适应现代社会公共伦理生活的原因所在。伦理正当性也隐含着他人对行为的评价，正是他人认为某一行为与道德原则"相符"，才产生了该行为在伦理上的道义合法性和正当性。因此，道义论所使用的核心价值观念就是"正当"与"不正当"或"合理"与"不合理"，而不是（行为结果的）"好"与"坏"或"善"与"恶"。

康德是道德道义论领域最为著名的学者，他的思想主要集中于《道德形而上学奠基》《实践理性批判》《道德形而上学》三部著作中，从而提供了一个比较完善的道义论伦理体系。康德不是从"痛苦"和"快乐"开始，而是从人的理性本质和抽象的理性原则出发。他认为所有人类都拥有一种善良意志，并宣称"这种善良意志是纯粹的，不带有任何企图或目的，是宇宙间唯一不加任何条件的善"③。而善良意志就是一个人为了实现他的道德义务而行动的意志。为了说明善良意志如何成为可能，康德引进了"义务"的概念，它包含了善良意志。义务是一种相对于道德原则而言的一种被约束的状态，即当我们意识到必须遵从某个道德原则时，身上就会产生一种义务感，从而采取一定行动。因此，行动与义务是相联系的，受到它的约束，被它命令。而道德原则要作为道德行为的约束根据，意味着它必须具备普遍必然性。

在康德看来，伦理学如同物理学一般都是研究普遍必然规律（法则）的科学。所以，如同自然法则（规律）一般，道德法则（规律）的命题也可以用逻辑形式表示出来。区别在于，自然法则（规律）的逻辑命题以陈述形式表达，表明客观事实如何，例如"作用力与反作用力是相等的"，其表述谓语为"是"。而道德法则（规律）的命

---

① 万俊人. 论道德目的论与伦理道义论 [J]. 学术月刊, 2003（1）: 75-84.
② 弗莱克纳. 善的求索 [M]. 沈阳: 辽宁出版社, 1987.
③ 朱贻庭. 伦理学大辞典 [M]. 上海: 上海辞书出版社, 2010.

题以命令的形式来表达，表明理性对行为的约束或强制，例如"你不应该向竞争对手透露这个消息""你不应该撒谎"等，谓语表述为"应该"。而这种"应该"应以人的理性为依托，如果离开了理性的规定，任何"应该"都是偶然的，甚至是不可理解的。就此而言，法则（规律）对于道德实践来说，所体现的是一种理性命令①。

康德将这种理性命令区分为：假言命令和绝对命令。假言命令仅仅是相对于某个可能的或现实的意图而言是善的，而绝对命令则是因其自身缘故而必然是善的；假言命令是或然的原则，绝对命令是实然的原则；假言命令是人可以主观地选择的目的和手段，绝对命令是不论做什么，总应该做到使你的意志所遵循的准则永远同时能够成为一条普遍的立法原理。因此，在康德看来绝对命令是表述道德原则的最好形式。康德把自己的绝对命令概括为三个命题。第一个绝对命令："只按照你认为能够成为普遍规律的准则去行动。"这是道德原则形式上的可普遍化要求。以定言判断表示的绝对命令，作为一个先天的综合命题，它的必然性不是来自前提，也不是来自经验，其必然性、约束性、强制力只能来自行为准则符合规律的普遍性。第二个绝对命令："不论是谁，在任何时候都不应把自己和他人仅仅视为工具，而应该永远看作自身就是目的。"这是道德准则质料方面的要求。它是依据第一个命令推衍出来的。每一个人都认为自己存在本身就是目的，具有价值。因此，以普遍化原则推之，他也应该同样地对待其他理性存在者。第三个绝对命令："全部准则通过立法而和可能的目的王国相一致，如像自然王国一样。"这是从整体上对全部准则作完整的规定。它所表达的含义实际上就是"意志的自律"：人既是道德法则的制定者，又是其执行者。②

由此，我们可以进一步归纳康德道义论的观点，即康德认为善良意志是一种无条件的善，人的道德行为必须在好意志即善良意志驱使下产生。而义务观念包含好意志这个概念，因此只有出于义务心的行为才是道德的，若以各种偏好作为行为的动机，都是不道德的。总之，善良意志是唯一的动机，就是为了尽自己的义务而去尽自己的义务。同时，康德认为行为者在进行道德判断时，关键是运用自己的理性能力，选择一个普遍性的道德法则或原则，并以此指导自己的行动。因为一个道德上正确的行为，是出于某种义务，其本质上是与某一普遍的道德规则或原则相一致的。③

**2. 道义论的优缺点**

从优点方面来看：首先，道义论以社会或群体的整体利益及其公正分配为道德考量目标，它所关注的重心不仅是单个道德主体的权益和目的，而且更多是所有道德主体之间的权益（包括道德权利与道德义务）的公平分配和合理安排，是诸道德主体（个体或群体）之间的伦理关系和道义承诺。因此，它的规范内容和规范形式往往与社会的

---

① 周坤亮. 教师专业伦理决策研究 [D]. 上海：华东师范大学，2016.
② 根据以下资料整理：汪行福. 从康德到约纳斯——"绝对命令哲学"谱系及其意义 [J]. 哲学研究，2016 (9)：77-85；康德. 道德形而上学的奠基 [M]. 李秋零译. 北京：中国人民大学出版社，2013。
③ 根据以下资料整理：江云华. 试析康德的道德义务论 [J]. 思想战线，1997 (4)：48-52；张传有. 关于康德义务论伦理学的几点思考 [J]. 学术月刊，1999 (5)：49-53；任丑. 目的论还是义务论——伦理学的困境与出路 [J]. 武汉大学学报（人文科学版），2008 (4)：401-406。

制度安排内在地相关，也就是与社会的基本制度结构（尤其是国家法律系统）有着内在一致的关联，甚至相互支持，是制度（规范）互补关系。也就是说，道义论显示出与社会生活秩序建构的特殊亲和性和相容性。其次，目的论所依据的价值评价标准实际上往往容易导致个体主义或个体自我目的优先的价值观念。与之相对，由于道义论一开始便以既定的道德伦理规范作为评价道德行为的客观标准，因而至少可以在形式上保持其道德评价的客观公正性或非个人性。

从缺点方面来看：首先，康德的道义论伦理学是建立在资产阶级人性论基础上的，以实践理性为基础给道德规定了一种完全唯心主义的先验模式、道德假设。因此，尽管它是系统、完整和精辟的，但很难正确指导人们实践活动，不能不带有十分浓厚的空泛色彩。其次，康德的道义论在于用唯心史观和形而上学来审视社会道德现象，把道德的根源归之于抽象的先验理性，看不到人类社会和人类理性的发展，也看不到道德历史的演变，割裂了普遍和特殊、必然和偶然的联系。①

### 2.2.3  正义论：程序、惩罚和补偿

#### 1. 正义论的主要观点

规范伦理学是一种与美德论相对的道德评价体系或伦理学理论形态，它想要回答的问题是：一个人应当做什么以及应当怎样做？可见，规范论将道德落实在了个体的外在行为上，主要评价的就是一个人的行为，即看个体行为是否符合社会普遍的道德规范，而不关注行为人的内在品质。换言之，只要一个人的外在行为表现出道德正当性，这个行为就是道德的行为，无论他的品质如何都是道德的人。从这点来看，规范论与上文提到的道义论有共通之处，都十分注重外在行为对于普遍道德规范的符合和遵从。

《正义论》由美国哈佛大学教授约翰·罗尔斯所著，被誉为"第二次世界大战后伦理学、政治哲学领域中最重要的理论著作"。国内外众多学者大都将书中对于正义理论的研究以及传达的伦理思想归类或定性为规范伦理学。例如，万俊人认为，罗尔斯正义论研究的核心和最终目的是两个争议原则，只不过罗尔斯的伦理规范主要是对社会的规范，而非对个人的规范，所以罗尔斯的伦理学仍然属于规范伦理学的范畴。② 白羽等学者也持类似的观点。③

罗尔斯在《正义论》中指出，"我根本不研究作为具体行为或具体人之德性的正义……我将我的讨论限定于应用在实践之中的正义感，因为这种感觉是基本的感觉"。由此可见，罗尔斯所关注的问题并不是个人或个人的具体行为是否符合正义，而是实践本身的正义。这里的实践与我们通常理解的有所不同，罗尔斯所说的实践涵盖了任何形

① 万俊人. 论道德目的论与伦理道义论 [J]. 学术月刊, 2003 (1)：75-84.
② 万俊人. 道德类型学及其文化比较视镜——兼及现代伦理问题与罗尔斯和麦金太尔对话 [J]. 北京大学学报（哲学社会科学版）, 1995 (6)：32-44.
③ 白羽. 当代两种伦理学理论范型的探究 [J]. 学术论坛, 2002 (2)：142-145.

式的由一整套规则体系规定的行动，这一规则体系界定了职务、角色、步骤、惩罚、补偿等，并且它赋予了行动的结构。概括来说，罗尔斯提出的"实践"就是在一定规则体系规定下展开的行动。《正义论》中将这种实践行为得以实现的规则体系明确为社会的基本结构。由此引发的正义主题就落在社会的基本结构，也就是政治结构和主要的经济和社会安排。为了消除社会上的利益冲突、促进统一，需要一系列规则或制度安排。而确立这些制度安排的前提就是存在一种正义观，并以一系列原则的形式确定社会合作中权利与义务、利益与负担份额，这就是罗尔斯所谓的社会正义或分配正义观。这种正义观以公平为基础，公平是社会体制的第一美德，被称为社会治理的最重要道德原则。罗尔斯还提出了以公平为核心的两个正义原则。[①]

**2. 正义论的优缺点**

从缺点来看，哈贝马斯认为，罗尔斯的"无知之幕"（人们可能无法知晓可能由于自利的动机而对他们的选择产生偏见的知识）是一种人为的"信息强制"，它违背了自由原则，因为它潜含了剥夺自由言谈的权利。当罗尔斯通过"无知之幕"排除偶然因素时，他犯了两个明显的认知错误。第一，这与日常理性选择受偶然因素支配的事实抵触。第二，他想要证明的东西已潜含于所排除的偶然信息中。换言之，他通过对信息开放的控制来实现他想要得到的某种结论。从优点来看，罗尔斯的正义论强调了公正、合理和公平。这些优点使其成为现代政治哲学和伦理学中的重要理论之一。[②]

### 2.2.4 美德论：基于人格和品德的决策制定

**1. 美德论的主要观点**

美德论可以称得上是传统道德文化和伦理学观念系统中最古老而经典的伦理观念图式和道德实践图式。美德论又称德性论、心性论，目前学术界对于美德论的概念并没有统一的界定，清华大学哲学系教授、博士生导师万俊人曾给美德论做出了如下概念界定：它以人类个体或群体的道德品格和伦理德性为其基本研究主旨，意在通过具体体现在某些特殊人类个体或社会群体的行为实践之中的卓越优异的道德品质，解释人类作为道德存在所可能或者应该达成的美德成就或道德境界。[③] 由此可见，美德论侧重人类个体内在的心性修养、人格完善，强调个体之品德、德性对主体自身行为的内在自律。所谓德性，就是我们通常所说的道德品质、道德情操。因此，美德论主张道德评价的根据是一个人的内在的道德品质；而反过来，一个有道德的人，就是具有良好的道德品质和道德情操的人。这可以回答美德论所关注的基本问题：我们应该成为一个怎样的人？我们应该追求良好的内在品德和人格，这样才能成为一个道德的人；而一个道德的人，才能有道德的行为。

---

① 曹海军. 文本与语境：罗尔斯的正义理论研究 [D]. 长春：吉林大学，2006.
② 郦平. "《正义论》与社会正义观念之构建"学术讨论会综述 [J]. 哲学动态，2009（10）：102 - 104.
③ 万俊人. 关于美德伦理学研究的几个理论问题 [J]. 道德与文明，2008（3）：17 - 26.

美德论的中心主题是人的自我实现，即人根据某一个特定目的实现自我完善。可见，美德论实则是目的论的一种，它是以特定的价值目标为主旨，而且始终以追求目的的完善或完美实现为价值目的。道德品质是指一定社会和一定领域的道德原则以及规范个人思想和行为的体现，也是一个人在一系列道德行为中表现出来的比较稳定的特征和倾向。道德品质总是依赖其特殊的历史和文化共同语境，不同的种族和社群、不同信仰者群体拥有各自理解的美德、德性。这里让我们以美德论的典型代表学说——中国儒家思想和古希腊的亚里士多德伦理学说来进一步加深对美德论这种伦理学理论形态的认知。孔孟思想都把培养德性、完善人格作为自身的道德理想和追求目标，"君子""圣人"就是对一个人最高尚、最完善、最理想的人格的高度概括，这种人格以"仁"贯穿始终，要求"爱人"，表现形态有"父慈""子孝""兄友""弟悌"等，当然也包含各种具体的美德，如"敏""信""恭"等。古希腊的亚里士多德确立了以幸福为最高道德目的的美德或德性理论。他认为人生或生活的最终目的就是为"善"，即人生的幸福，幸福是最高的"善"。幸福就是"合乎德性的现实活动"，也就是说，幸福是通过德性来规定的，或是由德性构成。在他看来，人的德性就是人本质功能的卓越发挥。具体而言，就是人的卓越品质，例如美德，拥有它们就会使一个人获得幸福。[①]

### 2. 美德论的优缺点

从缺点方面来看：首先，正如前文所述，美德论总是有其特殊的历史和文化共同语境，在坚守一种独特的道德传统的同时，它也强调文化传统、道德共同体和美德本身的差异多样性，承认不同的民族、种族、社群等拥有各自的美德，因此我们在对某一行为进行道德评判时，很可能出现不一样的结果。例如，某一行为在 A 国家被视为道德行为，但由于与 B 国家的文化相冲突，从而被 B 国家视为不道德行为。其次，美德论是目的论的一种，因此也拥有目的论所具有的缺点，此处不再赘述。从优点方面来看：首先，美德论注重叙事表达方式，也就是美德伦理借助讲故事的形式表达出来，这种方式很容易让一些美好的道德故事一代一代流传下来，从而构筑起整个社会的非正式道德规范制度；其次，美德论十分强调道德典范的重要性，通过选择和赞美一些独特的美德英雄和美德业绩，给人们确立美德学习的范例和目标，这种方式较易让人接受和学习。[②]

## 【工作示例】

### "五人"还是"一人"的伦理困境

随着人工智能的广泛应用，如何让未来具有高度自主性的智能机器做出伦理推理和

---

① 根据以下资料整理：万俊人. 美德伦理如何复兴？［J］. 求是学刊，2011（1）：44 – 49；万俊人. 关于美德伦理学研究的几个理论问题［J］. 道德与文明，2008（3）：17 – 26；拉蒙·达斯，陈真. 美德伦理学和正确的行动［J］. 求是学刊，2004（2）：15 – 24。

② 李义天. 道德心理：美德伦理学的反思与诉求［J］. 道德与文明，2011（2）：40 – 45.

道德决策，成为机器伦理研究中亟待解决的难题之一。智能道德机器创造中必须深入探讨智能机器成为道德能动者的前提与可能。人工智能、机器人领域的研究人员和程序员等非伦理学家面临着诸如道德哲学知识缺失可能导致的智能道德机器伦理假设偏误，伦理理论多元性也加大了伦理共识达成的难度。

一个基本的决策涉及是否采用类似康德主义的方法或享乐主义、功利主义的方法来解决道德问题。当人们考虑著名的道德困境即所谓的"电车难题"时，这两种对立的方法之间的道德差异就变得显而易见了。标准版的"电车难题"是说一辆有轨电车失去了控制，即将造成五人死亡。有轨电车可以通过改变铁轨上的道岔来改变方向。然而，这样会导致一名工人被重新改变了方向的电车撞死。为了挽救五个人的生命而使电车改道，从而造成一名工人的死亡，在道德上是否允许？

## 讨论：

如何看待以上伦理困境？根据康德的观点，如果不改变电车的方向，任何人都不能为了救那五个人而危害另一位工人。从功利主义的观点来看，一个人必须考虑他的行为的后果和总效用，即对大多数人来说有最大的好处，因此他必须改变电车的方向。这两种伦理理论最终导致了不同的解决方案。从特定理论的角度来看，每一种方案都是合理的。也就是说，如果机器运用一种康德主义的方法，它将做出与功利主义道德理论的机器不同的伦理决策。[①] 对于以上伦理困境，您将提出哪些破解策略？

## 【案例实践】

### 运用行为伦理评价工具

对美国某知名汽车生产商 A 公司的一款流行车型，消费者一直质疑其存在一项致命的安全隐患，那就是发生撞击后该车油箱会起火甚至爆炸。

1994 年，A 公司一份内部备忘录流出，暴露了一个令人震惊的秘密。实际上，A 公司早就发现了该车型油箱设计存在的问题，但出于成本考虑，管理层决定不对该设计缺陷进行处理。在当年的决策过程中，A 进行了一项臭名昭著的成本收益分析。根据美国国家公路交通安全管理局公布的交通事故数据，A 公司假设每年由于车型设计缺陷，会有 180 人被烧死，180 人被严重烧伤，另有 2100 辆车被烧毁。根据当时的惯例，A 公司需要为每位死者提供 20 万美元补偿，并支付伤者 6.7 万美元治疗费用。再加上车辆的维修补偿费用，A 公司每年需要付出将近 5000 万美元。

而如果 A 公司决定召回车辆修理，并修改原先设计，那么平均每年每辆新车将需要增加 11 美元的成本，每年公司需要多付出 1.37 亿美元。从成本角度分析，A 公司决定不对该油箱设计缺陷进行处理，这样每年可为公司节省 8000 多万美元的费用。更令人惊讶的是，这段成本收益分析过程，并非无意泄漏，而是出现在 A 公司提交给国家公路交通安全管理局报告中用以说明当年不召回有质量缺陷车型的理由。

---

① 苏令银. 创造智能道德机器的伦理困境及其破解策略 [J]. 理论探索，2019 (4)：30 - 37.

A 公司当年之所以不召回有质量缺陷的车型，主要是因为成本收益分析后认为不对该油箱设计缺陷进行处理，每年可为公司节省 8000 多万美元的费用。这种论调和功利主义的观点非常相似。企业往往将"益处"简化为金钱，用金钱来衡量成本和收益。出于营利的目的，企业总是将能带来收入的行为视作有益的行为，否则就是有损的行为。理性运营的公司总是努力将收益最大化，损害最小化，从而收支结算之后还能留有利润。盈亏数据才是企业最为关心的内容。

资料来源：曼纽尔·G. 贝拉斯克斯. 商业伦理概念与案例（第 7 版）［M］. 刘刚，程熙镕，译. 北京：中国人民大学出版社，2013。

**评述：**

从该事件中我们不难发现其中的问题：案例中，A 公司做决策只是依据货币性的成本收益比较，那么那些非货币化利害关系，如健康、安全、公共福利的成本和收益如何衡量？是否应该给非货币性的成本收益如安全、健康和环境定义一个货币价值呢？如果行为的实际损害或潜在损害短期内无法衡量，但人们确信该行为长期内会有潜在影响，如 20 年或 30 年后有影响，那又该怎么办呢？应该采取此类行为吗？在决策中只是进行总的利益最大化估计，那么每年由于车型设计缺陷，而导致受伤、死亡和车辆被毁的个体，他们的权利在决策中是否应该被忽视？为了追求利益最大化的结果，功利主义不仅允许甚至要求一些不道德行为，如窃听商业机密、尔虞我诈、欺骗、说谎等。一些根据功利主义原则被认为是道德的行为，事实上可能是不公正的或是侵犯人的权利的。

# 2.3 中华传统美德的内容

## 【任务目标】

- 中华传统美德的内容有什么？
- 继承与传承中华传统美德有什么积极的时代意义？

## 【任务描述】

通过本任务的学习，掌握中华传统美德的概念，掌握中华传统美德的基本内涵，掌握继承与传承中华传统美德的重要时代意义。

## 【知识学习】

### 2.3.1 中华传统美德的概念

中华传统美德源远流长，中华传统美德的思想体系由儒家伦理思想创始人孔子创立并由后世儒家不断传承发展。春秋时期孔子的"孝悌"思想和管仲的"国之四维"说，把传统美德概括为"孝、悌、信、义、礼、廉、耻、忠"八德。近代以来面对西风东渐的形势，孙中山、蔡元培等提出了"义、和、平、忠、仁、爱、孝、信"新八德。美德即美好的品德，是指那些积极的、向上的、崇高的引导人与社会向善的品德。中国传统道德是中国历史上不同时代人们的行为方式、风俗习惯、价值观念和文化心理的集中体现，是对中华民族道德实践经验的总结、提炼和概括。中华传统美德是传统道德中的精华，是传统道德中那些比较好地反映了人与人之间、人与社会集体之间以及人与天地万物之间关系的本质要求的优秀道德原则、规范、范畴和道德品质等的总和。

### 2.3.2 中华传统美德的基本内涵

中华传统美德是中华民族五千年继承下来的优秀道德遗产，内容可谓博大精深，涉及了社会生活的方方面面。习近平总书记将中华优秀传统文化内涵概括为"讲仁爱、重民本、守诚信、崇正义、尚和合、求大同"六方面内容，这既是中华传统美德的集中体现，又是新时代公民应当继承并发扬的中华传统美德核心内容。

"讲仁爱"。"仁"是人与人之间相处的规范和准则，人们要相亲相爱，互相帮助。中华传统美德一向尊重人的尊严和价值，崇尚"仁爱"原则，主张"仁者爱人"，强调要"推己及人"，关心他人。孔子提出"己所不欲，勿施于人"，意思是说自己不想做的事情也不要让别人去做，要学会换位思考，讲究仁爱精神。中华民族自古以来就提倡重视仁爱精神，至今仍有重要的现实意义，作为新时代的大学生，更应该继承并弘扬这种高尚的精神。

"重民本"。民本是中国古代政治思想的基本理念，包括"民惟邦本""民贵君轻""仁民爱民"等古训，"民本"不仅是一种执政理念，也是一种道德要求。中国古代非常重视"以民为本"，要求做官者要多从百姓角度去考虑问题，为百姓争取权益，真正做到为民着想。但是，在现代社会，治理国家已经不仅是执政者的事，还是所有公民的事，每个人都应该做到以他人之心为己心。从这个角度来看，"以民为本"的思想可以培养现代公民热爱人民、关心他人的美德。

"守诚信"。信，指诚信、信义、信用，是治国和人际交往的基本原则之一，中国人自古以来就崇尚诚信。古人云："对人以诚信，人不欺我；对事以诚信，事无不成。"诚信的最基本的要义是以诚为本，"与朋友交，言而有信"；为人思诚，信以行义，"信近于义，言可复也"。今天，诚信仍是每个公民都应具备的传统美德，与人相处要讲诚信，做到以诚待人。企业发展要讲信誉，国家之间的交流合作更要讲诚信。只有这样，才能营造一个平等友爱、团结互助的和谐社会。

"崇正义"。义，指合乎正义或公益。君子处世应该做到合乎正义，遵循道德规范。在中国传统道德的发展演化中，始终注意义利之辨、理欲之辨、公私之辨。在"义"和"利"发生冲突时，应当"先义后利""义以为上""见义勇为"，反对"见利忘义"。

"尚和合"。"和"的本义是声音的和谐，引申为和睦等；"合"的本义是上下唇合拢，引申为合作等。尚和合，就是在尊重事物之间差异和矛盾的基础上，协调矛盾，保障多元共存、和谐合作。

"求大同"。《礼记·礼运》最早定义了"大同"的概念，"大道之行也，天下为公，选贤与能，讲信修睦"。作为一种政治理念，就是要行"天下为公"之大道，作为一种政治策略，就是要"选贤与能"以配享天命，如此，整个社会就会呈现出"讲信修睦"的大同气象。团结、友爱、尊重与平等，这些美德对于营造平等和谐、互助友爱的社会氛围至今依然具有重要价值。

## 【工作示例】

### 寓言小故事《曾子杀彘》

曾子之妻之市，其子随之而泣。其母曰："汝还，顾反为汝杀彘（zhì）。"妻适市来，曾子欲捕彘杀之。妻止之曰："特与婴儿戏耳。"曾子曰："婴儿非与戏也。婴儿非有知也，待父母而学者也，听父母之教，今子欺之，是教子欺也。母欺子，子而不信其母，非所以成教也！"遂烹彘也。①

## 讨论：

《曾子杀彘》的寓言小故事带给企业经营者什么有益的启示呢？孔子的弟子曾子，极其重视道德操守，杀猪教子，是为了通过言传身教，告诉子女不能以欺骗作为手段来达成目的，要做一个言必信、行必果、讲诚信的人。"诚信"二字是社会主义核心价值观和中华民族家风传统文化的重要组成部分。当前，社会主义市场经济条件下，企业寿命和诚信文化规范建设的水平成正比。我国许多企业非常重视企业诚信建设，使企业处于快速发展轨道。这些企业在经营活动中遵守企业诚信，既能保持老客户，又能源源不断吸收新客户，从而使得企业能够持续不断快速发展。也就是说，只有遵守企业诚信规范及道义，通过货真价实的诚信经营，向社会提供质价相符的产品和服务，才可能取得客户、供应商、经销商、社会各界公众的认可和接受，进而保持企业高质量生存，获得长久的发展，延长企业寿命。反之，如果企业缺乏诚信，在经营活动中损害了客户的利益，即使在短时间内获得一定的利益，也经不住时间的考验，从长远看这是一种自我毁灭，即一旦不符合企业诚信原则的诡计被人识破，企业将彻底失去立足之本。所以，企业诚信是企业存亡和兴衰的试金石。

我国企业应从具体国情出发，继承和发扬我国古代传统文化中的价值内核——诚信。在数字经济时代，诚信的价值得到了更加凸显的地位。在如今的网络环境下，信息传播的速度比以往任何时候都要快，这意味着企业的每一个操作、每一个决策都可能在瞬间被无数人知晓。在这样的背景下，企业的诚信不仅仅关乎自身的品牌形象，更关乎整个企业的存续。数字经济强调数据的价值，而数据的价值来源于其真实性和可靠性。若企业在数据的收集、处理和使用过程中存在不诚信的行为，如数据造假、隐瞒真相等，那么这些数据的价值将会大打折扣，甚至可能带来法律的制裁。而对于消费者而

---

① 选自《韩非子·外储说左上》。

言，他们越来越依赖线上信息做出消费决策，企业的信誉和评论将直接影响到他们的购买意向。在这样的情境下，诚信成为了数字经济中的"硬通货"。此外，随着区块链、人工智能等技术的发展，透明度和诚信成为了数字经济的核心要素。例如，区块链技术所带来的去中心化、信息不可篡改等特点，使得企业之间的合作更加透明，也要求企业必须诚实守信，否则任何的欺诈行为都将被永久记录。因此，对于当今的企业而言，无论是在传统经济还是数字经济中，诚信都是其最大的资本。它不仅仅是一种道德责任，更是在高速发展的数字时代中，企业持续稳定发展的关键。只有坚守诚信，才能在数字经济的浪潮中立于不败之地。

## 【案例实践】

### 张謇：中国民营企业家的先贤和楷模

2020 年 11 月 12 日，正在江苏考察调研的习近平总书记来到南通博物苑，参观张謇生平展陈。习近平总书记指出，张謇在兴办实业的同时，积极兴办教育和社会公益事业，造福乡梓，帮助群众，影响深远，是中国民营企业家的先贤和楷模。此前的 3 个多月，习近平总书记在一次企业家座谈会上，也曾称赞清末民初的张謇是爱国企业家的典范。习近平总书记如此关注的张謇究竟是一位怎样的人物呢？

**1. 状元办厂：愿成一分一毫有用之事，不居八命九命可耻之官**

张謇，我国近代著名企业家、政治家、教育家，1853 年出生于江苏通州（今南通）海门常乐镇，祖上几代都以农商为生。为了改变家庭命运，他从小就被父亲送入私塾学习。1894 年，41 岁的张謇高中状元，被授予翰林院修撰，步入仕途。

不久后，中日甲午战争爆发，清政府与日本签订丧权辱国的《马关条约》，激起张謇极大的愤慨和忧虑。他在日记中写道："几罄中国之膏血，国体之得失无论矣！"

当时的中国士大夫一向耻于经商，但张謇却认为只有发展民族工业，才能抵制帝国主义侵略，于是毅然放弃功名仕途，以极大的勇气回到家乡创业办厂。他这样表明心志："愿成一分一毫有用之事，不愿居八命九命可耻之官。"

**2. 实业救国：天地之大德曰生，世间之大事莫过国计民生**

立志从商之后，张謇便开始"实业救国"的实践。他发现当时中国输入的最大宗商品是棉纺织品和钢铁，遂意识到棉纺织业关系人民生活、制铁事业关系国家生存，发展棉、铁两业，"可以操经济界之全权"。

于是张謇大力倡导并践行"棉铁主义"。1895 年，他在南通创办大生纱厂。"大生"二字源自《易经》："天地之大德曰生"，这寄托了张謇的理想——天地间最大的事，便是国计民生。

大生纱厂自开工后规模不断扩大，先后建成四个纱厂，是当时全国最大的纺织企业系统。张謇还先后创办了通海垦牧公司、大达轮船公司、复新面粉公司、资生铁冶公司、淮海实业银行等数十家企业，并投资江苏省铁路公司、镇江大照电灯厂等企业，为我国近代实业贡献了毕生精力。

### 3. 兴办教育：主张"父教育而母实业"，创办中国第一所民办师范

张謇主张"父教育而母实业"，认为"实业与教育迭相为用"，倡导通过实业壮大国力，又通过教育来为国育才。在发展实业初见成效后，他便运用积累的资金着手创办新式学校。1903 年，中国第一所民办师范——通州师范学校开始招生。

张謇独自创办或参与创办师范、纺织、医学、农业等高等学校和职业、专科学校近400 所。在普通教育中，又构建起幼儿教育、小学教育、中学教育、大学教育的教育体系。他的教育思想与办学实践，在中国近代教育史上占有重要地位。

### 4. 办博物馆："设为庠序学校以教"，创办中国第一所公共博物馆

张謇认为，博物馆可以起到补充学校教育的作用。于是在 1905 年，他在南通濠河之畔创办了中国第一所公共博物馆——南通博物苑。张謇专门作了一副楹联，介绍办博物馆的初衷："设为庠序学校以教，多识鸟兽草木之名。"

为了办好博物馆，张謇除了自费购地建馆外，还捐出自己的藏品，向社会征集展品。早期的南通博物苑陈列自然、历史、美术、教育文物与标本，已经是一个综合性的博物馆。

### 5. 投身公益：一生所获财富，皆为社会服务

张謇一生所获财富，皆为社会服务——他先是兴办实业，而后倾资兴学、以商养学，并将从商的红利捐作教育、慈善和地方公益经费。

在公益慈善活动中，张謇开拓和推进了体育场、公园、幼儿园、养老院等设施的建设。过 60 岁生日时，张謇不喜奢侈铺张，于是决定将亲友所赠之礼用来修建一座养老院，关爱社会上的孤寡老人。他提倡兴建的养老院坐落于南通城南白衣庵东侧，可同时收养 120 位老人。

### 6. 家风节俭：自号"啬翁"，告诫家人"居家勤俭之法"

张謇曾被人们称为南通首富，可他却自号"啬翁"——取"吝啬"之意。他始终保持俭朴的生活习惯，并要求家人勤俭持家。他回老家常乐，或去公司，大多是步行或坐独轮车。他在家书中说道："凡人家用度，若但出入相当，已不足以预备非常之急。若复过度，则更不合处家之道。"以此告诉家人居家勤俭的道理。

资料来源：张謇：中国民营企业家的先贤和楷模［EB/OL］. https：//www.ccdi.gov.cn/toutu/202011/t20201113_229984.html。

## 评述：

传承和弘扬张謇企业家精神具有什么积极的时代意义？张謇是近代以来爱国企业家的典范，他实业救国、实干兴邦，以一个旧知识分子的觉醒与自觉，以舍我其谁、甘为牛马的气概和"舍身喂虎"的精神，探索救国救民的方式方法，为后人树立了敢为人

先、强毅力行、福泽百姓的榜样。在新时代新发展阶段，应进一步弘扬张謇企业家精神，传承弘扬"士负国家之责"的爱国情怀、"独力开辟新路"的创新精神、"言忠信行笃敬"的诚信品格、"兼济天下苍生"的民生意识、"洞明世界大势"的国际视野，发挥企业家在践行新发展理念、构建新发展格局中的主体力量和独特作用。[①] "士负国家之责"的企业家不仅仅是追求个人和企业的利益，更会时刻考虑如何更好地为国家的发展和稳定做出贡献，如何在全球舞台上维护国家的形象和声誉。"独力开辟新路"的创新精神在数字经济中得到了进一步的升华。在这个数据快速流动、技术迅猛发展的时代，企业家们需要敏锐地捕捉市场的最新变化，及时调整企业策略，敢于打破传统框架，尝试不同的商业模式，以满足消费者的新需求。而"言忠信行笃敬"的诚信品格，在数字经济中同样占据核心地位。数字交易的无形性和即时性，使得信任成为数字商业中的黄金准则。无论是在数据的收集、存储、分享，还是在网络交易中，诚信都是保障消费者权益、维护企业声誉的基石。任何一次失信行为，都可能导致企业声誉一落千丈，付出巨大的经济代价。同时，"洞明世界大势"的国际视野在数字经济中尤为关键。全球化的数字经济环境要求企业家不仅要了解国内市场，更要关注国际市场的动态，洞察全球技术和商业发展趋势，为企业的长远发展规划前景。

## 2.4 本章小结

本章对伦理决策的影响因素以及伦理决策的过程做了分析，主要讲述了四种伦理分析工具，包括功利主义、道义论、正义论、美德论。

功利论又称目的论、效果论，其基本含义是在评价某一行为善恶好坏的性质和程度时，以该行为可能产生或已经产生的实际效果作为评判依据的伦理理论。

与功利论不同，道义论并不注重某一行为可能或实际产生的效果，而更加注重行为过程是否认同或遵守既定道德原则和道德规范。康德是道义论领域最著名的学者。

在伦理学中，正义通常指人们按一定道德标准所应当做的事，也指一种道德评价，即公正。公正最基本的概念就是每个人都应获得其应得的权益，对平等的事物平等对待，对不平等的事物区别对待。但要确定一个人应得的利益有多种方式，可以根据其工作、能力、品行或需要等各种标准来衡量。每一种标准可能仅适用于某种场合或目的。一个人的行为或一项政策只要符合正义的标准，就可以判断其是合乎道德的。

美德论的中心主题是人的自我实现，即人如何根据某一个特定目的实现自我完善。美德论实则是目的论的一种，它是以特定的价值目标为旨归，而且始终以追求目的的完善或完美实现为价值目的。

中华民族传统美德是指在中国悠悠的历史长河中流传下来的，具有普遍影响，可以为后人所继承且有益于后代的优秀道德遗产。她代表了一种特殊的社会意识形态，其内

---

① 黄正平，乔朴. 张謇企业家精神的文化价值及时代意义探析 [J]. 广西社会主义学院学报，2021，32 (5)：76–80，92.

涵包罗万象，极为广泛。从内容上来概括，中华民族传统美德是中华优秀民族品质、优良民族精神、崇高民族气节、高尚民族情感、良好民族礼仪的总和。从构成上来看，她既包括中国古代传统美德，也包含近现代中国所推崇的美德。

# 自 测 题

1. 什么是功利主义？你认为用功利主义方法判断行为的道德性是否可行？为什么？
2. 美德论的基本观点是什么？一些品质特征如诚实、忠诚、值得信赖、同情和谦逊能够教给他人吗？
3. 作为一个管理者，你认为应该如何进行伦理决策？
4. 人们是否有权利做他们想做的任何事？如果没有，人们自由的权利受什么约束？
5. 你认为如何弘扬中华传统美德？
6. 如何理解道义论中的三个绝对命令？

案例分析

# 第 3 章  利益相关者及危机管理

## 【学习目标】

1. 理解利益相关者的概念及内涵。
2. 掌握利益相关者的分类及管理方法。
3. 掌握危机管理的方法。

## 【导入案例】

### A 公司因水灾捐款增"粉"

2021 年 7 月河南突遭千年难遇的水灾，一时牵动全国人民的心。在社会各界热切关注下，捐款捐物资的感人事迹一再刷屏。除了众多明星积极捐款外，企业也是抗洪助豫的主力军。

A 公司通过郑州慈善总会、壹基金紧急捐赠 5000 万元物资，驰援河南灾区。微博一出瞬间收获 800 万＋的点赞量。"感觉你都要倒闭了还捐那么多钱""你支持我家乡，我就买你的产品支持你！""发现一家良心企业，支持是必须的！"网友迅速冲入 A 公司官方直播间，让往常有点冷清的直播间，流量迅速破百万，销售额更是突破千万元。在网友自发大量购买后，A 公司总裁出现在直播间，向消费者致谢，同时呼吁网友"理性消费"。短短 2 天时间，A 公司官方直播间内在线围观人数达到 4 万人，卖出近 10 万件商品。A 公司官方旗舰店在某平台站内直播带货榜，一度冲到了榜单第二的位置。此前，A 公司官方直播间内场累计观看人数在万人左右。"粉丝"陡增，销量陡增的背后是人心的凝聚。我们有最好的人民，更有最有良知的消费者。

A 公司的这一行为正是现代企业与利益相关者之间复杂关系的生动体现。在这个例子中，A 公司作为一个企业主体，不仅仅注重其自身的经济利益，还积极履行社会责任，为河南灾区捐赠物资，体现了其对社会公益的关心与支持。而广大的消费者，作为企业的重要利益相关者，对 A 公司的善举给予了热烈的回应，用行动表示他们对企业的支持和认可。这正说明，在今天竞争激烈、全球化运作的企业环境中，许多个人和群体都是企业的利益相关者。这些利益相关者与企业的生存和发展密切相关，他们的行为和反馈都可能对企业产生深远的影响。因此，为了更好地理解这一话题，我们将从认识利益相关者入手，继而展开利益相关者管理、危机管理的内容学习。

# 3.1 认识利益相关者

## 【任务目标】

- 如何理解"利益相关者"的含义？
- 利益相关者可以划分为哪几类？
- 利益相关者管理包括哪些内容？

## 【任务描述】

通过本任务的学习，了解国内外不同学者对利益相关者概念的界定，了解目前学术界对于利益相关者种类的划分标准或维度，了解弗里曼（Freeman）利益相关者管理的理论框架以及目前学术界在该领域的研究趋势。

## 【知识学习】

### 3.1.1 利益相关者的界定

早在 1963 年，斯坦福研究院（Stanford Research Institute，SRI）的一些学者就对企业的利益相关者进行了相应的界定，他们认为利益相关者是指企业生存和发展所依赖的个人或者组织。瑞安曼（Rhenman，1964）将 SRI"企业 - 利益相关者"的单向关系拓展为双向，强调企业与利益相关者之间的相互影响，认为利益相关者需要通过企业行为来完成其目标，同时，企业也需要利益相关者来生存和发展。之后，安索夫（Ansoff，1965）、阿尔斯泰特和亚赫努凯宁（Ahlstedt & Jahnukainen，1971）等也对其内涵发表了各自的观点。然而，当时关于利益相关者的种种论述并没有引起学术界的广泛关注，直到 20 世纪 80 年代中期，利益相关者问题才重新受到重视。①

20 世纪 80 年代中期以前，理论界和实务界关于企业所有权配置问题具有普遍一致的看法，即奉行"股东主权至上"的思想，认为股东投入的物质资本构成了企业存在的基础，他们是企业的所有者，承担了企业的剩余风险，那么理应享有企业的剩余索取权和剩余控制权。管理层作为股东财富的受托人，其唯一的责任和目标也是尽可能最大化股东利益。

20 世纪 80 年代中期以后，随着知识经济的兴起和人力资本重要性的提升，许多学者开始认为企业并非是属于股东们的实物资产的集合体，包括股东在内的所有的企业利益相关者都对企业的生存和发展注入了一定的专用性投资，同时也分担了一定的企业经

---

① 李维安，王世权. 利益相关者治理理论研究脉络及其进展探析［J］. 外国经济与管理，2007（4）：10 - 17.

营风险，或是为企业的经营活动付出了代价，因而都拥有企业所有权。① 管理层在制定经营决策时必须考虑利益相关者的利益，并给予他们相应的发言权。

综上所述，关于企业所有权配置问题的探讨使得利益相关者理论得到前所未有的发展，其中在发展过程中遇到的最基本的问题就是如何明确界定企业的利益相关者。正如邓菲（Dunfee，1999）、唐纳森（Donaldson，2001）所言，不弄清楚谁可以算作利益相关者这个问题，要为利益相关者做"正确的事"就非常成问题了。

1984 年，弗里曼在其出版的《战略管理：利益相关者方法》一书中给出了利益相关者的经典定义——能够影响企业组织目标的实现，或者受到企业组织实现其目标过程影响的所有个体和群体。弗里曼提出了一个普遍的概念，不仅将影响企业目标的个人和群体视为利益相关者，同时还将企业目标实现过程中受其影响的个人和群体也看作利益相关者，正式将社区、政府、环境保护组织等实体纳入利益相关者的研究范畴，大大拓展了利益相关者的内涵。②

由于该种界定过于宽泛，在实证研究以及应用推广时具有较大的局限性。之后，众多学者基于不同角度重新界定利益相关者的概念，例如汤普逊等（Thompson et al.，1991）认为，利益相关者是与企业具有一定关系的人；希尔和琼斯（Hill & Jones，1992）认为，利益相关者是与企业具有相互关系，即利益相关者会向企业投入关键资源，同时，利益相关者对企业具有索取利益的权利；克拉克森（Clarkson，1994）认为利益相关者在企业中投入了一些实物资本、人力资本、财务资本或一些有价值的东西，并由此而承担了某些形式的风险；或者说，他们因企业活动而承担风险。这一定义重点强调资本投资和风险承担，且对利益相关者的界定比较客观全面，因而得到学术界的广泛赞同和认可。③

国内学者在借鉴已有定义的基础上分别发表了各自观点，但总体还是沿着 SRI 的思路基于企业立场对利益相关者进行界定，强调利益相关者是在企业经营活动中占有重要地位的个人或群体。万建华（1998）认为利益相关者是拥有企业合法权益的个人和组织；李苹莉（2001）认为利益相关者是与企业具有特定契约关系，从企业经营发展过程中得到回报，并且会与企业行为相互影响的个人和组织；陈宏辉（2004）认为利益相关者是指在企业中进行投资，并承担了相应风险的个人和组织，同时利益相关者可以影响企业行为，或者受到企业行为的影响；刘美玉（2010）认为利益相关者是与企业具有相互关系的那些个人或组织，这种关系以契约为基础，期望从企业经营中得到利益，并承担相应风险。④

综上所述，要明确回答"谁是企业的利益相关者"这一问题目前仍然存在困难，不同学者依据其研究内容与方法，对于利益相关者内涵的认知存在一定差异。但总结和归纳上述种种定义可以发现，国内外学者对于利益相关者的认知有一个较为明显的趋

---

① 陈宏辉. 企业的利益相关者理论与实证研究 [D]. 杭州：浙江大学，2003.
② 贾生华，陈宏辉. 利益相关者的界定方法述评 [J]. 外国经济与管理，2002 (5)：13 - 18.
③ 付俊文，赵红. 利益相关者理论综述 [J]. 首都经济贸易大学学报，2006 (2)：16 - 21.
④ 沈洪涛. 公司社会责任与公司财务业绩关系研究——基于利益相关者理论的分析 [D]. 厦门：厦门大学，2005.

势：弗里曼以及汤普逊的"影响企业活动或受到企业活动影响的个人或组织""与企业具有一定关系"这种宽泛的定义已不再被奉为经典，因为这种定义几乎可以将世界上所有存在甚至现在不存在而将来会出现的物质都囊括在内，从而对学术研究造成极大困扰。

学者们开始探索将以下几方面特征纳入对利益相关者的界定中。第一，企业与利益相关者必须具有互动关系。具体而言，利益相关者会对企业行为产生重要影响或受到企业行为影响，同时利益相关者对企业具有某些利益要求，而企业的繁荣发展也离不开利益相关者的支持。第二，利益相关者必须对企业提供各种专用性资本。专用性资本要具备替代性低、稀缺性较高以及难以复制的特征，同时还要具有较高的边际产出水平。第三，利益相关者会承担一定的经营风险。正因为利益相关者对企业进行了专用性投资，而投资收益在很大程度上依赖于企业的发展。因此，他们会相应地承担一定的风险。也正是基于此，利益相关者对企业具有一定剩余索取权和剩余控制权。

### 3.1.2 利益相关者分类

依据某些标准或维度对利益相关者进行分类是学者们探索利益相关者问题的第二波热潮。人们认识到，仅仅定义利益相关者的内涵，并不足以把握利益相关者的全部特性，而且在进行实证研究与应用推广时会遇到极大困难，尤其是将所有的利益相关者看成一个整体进行研究时，几乎难以得出令人信服的结论。正如唐纳森（Donaldson）所言"列出一个大公司的每一个可能有资格作为利益相关者的人，造成的结果往往是把具有极不相同的要求和目标的相互交接的群体混在一起"。虽然企业的生存和发展离不开每一位利益相关者的支持和帮助，但不同类型的利益相关者对企业行为的影响以及受到企业行为影响的程度是不一样的。因此，我们必须基于某种划分标准对利益相关者进行分类。学术界关于该方面的研究成果颇丰，主要集中在两种方法上：多维细分法和米切尔评分法。

#### 1. 多维细分法

"多维细分法"就是从多个维度对企业的利益相关者进行分类，以便使管理层认识到利益相关者的异质性，从而采用不同的方法和策略调节企业与不同利益相关者之间的关系，主要包括弗里曼、弗雷德里克（Frederick）、查卡姆（Charkham）、克拉克森、惠勒（Wheeler）等人的分类结果。弗里曼（Freeman，1984）从所有权、经济依赖性和社会利益三个不同维度对企业的利益相关者进行分类。所有持有公司股票者是拥有企业所有权的利益相关者；经理人员、债权人、雇员、消费者、供应商、竞争者、地方社区等是对企业具有经济依赖性的利益相关者；政府领导人、媒体等与公司具有社会利益上的联系。弗雷德里克（Frederick，1988）依据"是否与企业直接发生市场交易"而将利益相关者划分为直接和间接利益相关者，前者包括股东、企业员工、债权人、供应商等，是与企业直接发生市场交易的相关者，后者一般包括中央政府、地方政府、社会活动团体等，只与企业建立间接的市场交易关系。查卡姆（Charkham，1992）将利益相关者划分为契约型和公众型，前者是与企业存在交易性合同关系的相关群体，后者则是不存在上述关系的利益相关者群体。克拉克森（Clarkson，1994）认为可以根据两个维度进行划分：相关群体在企业经营活动中承担的风险种类和相关群体与企业的紧密性。例如，可以将利益相关者划分为自愿型和非自愿型，前者是为企业主动提供物质资本、人力资本的个人或群体，他们自愿承担企业经营活动给自己带来的风险；也可以将利益相关者划分为首要的和次要的，首要的是一些企业离开他们就无法持续生存的个人或群体。惠勒（Wheeler，1998）依据社会性和紧密性两个维度将利益相关者划分为四种类型。第一，首要的社会性利益相关者。他们与企业有直接关系，并且有人的参加。第二，首要的非社会性利益相关者。他们与企业有直接关系，但不与具体的人发生联系。第三，次要的社会性利益相关者。他们通过社会性活动与企业形成间接联系。第四，次要的非社会性利益相关者。他们对企业有间接的影响，但不包括与人的联系。[①]

### 2. 米切尔评分法

"多维细分法"虽然极大地拓展了人们对于利益相关者特性的认知，但这种方法依然停留在经院式的讨论中，缺乏可操作性，从而制约了利益相关者理论的实证研究和应用推广。于是，美国学者米切尔和伍德（Mitchell & Wood，1997）开创性地提出一种评分法来对利益相关者进行分类，受到实务界和学术界的广泛推崇，在一定程度上推动了利益相关者理论的发展与应用。他们认为可以依照合法性、权力性、紧急性三条属性对企业可能的利益相关者进行评分，然后根据分值大小来判断某一个人或群体是否真正属于企业的利益相关者以及属于哪一类型的利益相关者。合法性是指某一群体是否被赋予法律上的、道义上的或者特定的对于企业的索取权；权力性指某一群体是否拥有影响企业决策的地位、能力和相应手段；紧急性指某一群体的要求能否立即引起企业管理层的关注。米切尔认为，企业的利益相关者必须至少符合以上三条属性中的一条，且随着符合属性数量的上升，企业与利益相关者的关系越来越紧密。按照该原则，米切尔将利益相关者细分为三类。（1）确定型利益相关者，他们同时拥有对企业问题的合法性、权力性和紧急性。为了企业的生存和发展，管理层必须重视和满足这类群体的需求和欲望。代表性的确定型利益相关者有股东、雇员和顾客。（2）预期型利益相关者，他们符合上述三项属性中的两项，于是可进一步划分为三种情况：第一，关键利益相关者，拥有合法性和权力性；第二，从属利益相关者，拥有合法性和紧急性；第三，危险利益相关者，拥有权力性和紧急性。（3）潜在的利益相关者，他们仅拥有合法性、权力性、紧急性三个属性中的一个，也可以进一步细分为三种情况：第一，只拥有合法性但缺乏权力性和紧急性的群体被称为或有利益相关者；第二，只拥有权力性但缺乏合法性和紧急性的群体被称为蛰伏利益相关者；第三，只拥有紧急性但缺乏合法性和权力性的被称为要求利益相关者。[②]

---

① 贾生华. 企业利益相关者三维分类的实证研究［J］. 经济研究，2004（4）：80－91.
② 王唤明，江若尘. 利益相关者理论综述研究［J］. 经济问题探索，2007（4）：11－14.

### 3.1.3  利益相关者管理

20 世纪 60 年代以前，国内外学者在谈及公司治理模式时通常将目光停留在传统企业理论的框架之中，即认为英美国家推崇的"股东至上"管理理念是唯一不变的真理，经理层应当将股东的利益置于首要地位，把最大化股东利益作为企业运营的终极目标。然而，该种管理模式极易造成经理人员始终处于严重的短期目标的压力之中，往往无暇顾及企业的长期利益，久而久之却损害了股东利益。20 世纪 60 年代，利益相关者理论在西方国家逐步发展起来，进入 80 年代其影响力迅速扩大，并开始实质性地影响英美等国公司治理模式的选择，并促进了企业管理理念的转变。包括股东在内的所有利益相关者都对企业的生存和繁荣发展提供了一定的支持和帮助，因此企业追求的是利益相关者的整体利益，经营管理者应当综合平衡各个利益相关者的利益要求进行管理活动，这就是所谓的利益相关者管理（stakeholder management，SM）。[1]

利益相关者管理由弗里曼（Freeman，1984）正式提出，其撰写的《战略管理：利益相关者方法》一书成为该领域的奠基之作。弗里曼认为，利益相关者管理可以划分为三个层面：理性层面、过程层面和交易层面。理性层面涉及企业利益相关者识别，即回答谁是企业的利益相关者，其"利益"是什么。为了准确进行利益相关者识别，管理者需要熟悉利益相关者，并应努力全面评价利益相关者的身份和权益。过程层面涉及利益相关者战略制定，分析企业目标与企业战略如何体现利益相关者的权益，利益相关者行为如何影响企业目标实现；交易层面涉及建立与利益相关者的业务往来，为此需要明确企业与利益相关者之间的最优联系方式是什么，为建立与特定利益相关者的联系需要投入哪些资源和需要投入多少资源等问题。有效完成这一层面的工作需要企业与利益相关者进行主动、互动、诚挚、频繁的沟通，需要企业管理者真正把资源投入与利益相关者的关系建设上来。[2]

90 年代以后，关于利益相关者管理的文献数量呈现出一个较为积极的发展态势，相关话题出现在包括可持续发展、创新等多个管理领域之中，表明了利益相关者管理有助于促使企业的某些活动更加有效地进行。但目前对于利益相关者管理的研究仍然处在初步发展阶段，可能由于数据收集十分困难，定量研究仍然非常有限，大多数文献还是采用了单个案例研究方法。同时，从现有的文献内容来看，可以将利益相关者管理的研究划分为两大类。（1）第一分类侧重于管理利益相关者的过程，包括战略制定、战略执行和绩效衡量三个阶段。战略制定即管理者设定利益相关者管理的目标和目的，并为不同的活动分配必要的资源。那些涉及战略制定阶段的文献显示了一个共同的趋势，即集中于考察企业在设计其与利益相关者的整体关系时必须考虑的各类因素，例如制度背景、社会文化、组织文化、伦理因素等。战略执行指通过利用分配的资源来执行先前确定的活动。相关文献主要将精力集中在利益相关者管理有效性的因素、利益相关者管理

---

① 贾生华，陈宏辉. 利益相关者管理：新经济时代的管理哲学 [J]. 软科学，2003（1）：39－44.
② 林曦. 弗里曼利益相关者理论评述 [J]. 商业研究，2010（8）：66－70.

过程模型构建以及利益相关者管理企业能力构建三个方面。绩效衡量指管理者收集、分析和报告利益相关者管理活动绩效的数据。就考虑利益相关者管理绩效的文献而言有两个主要的方向：一个方向是评估和报告高管团队的工作；另一个方向是衡量高管团队产生的影响。仅有个别研究通过确定和应用专门的代理指标来评估利益相关者管理的绩效。（2）第二分类侧重于利益相关者管理的范围，它与沟通、决策、创新、关系管理和风险管理有关。例如，部分研究重点关注企业如何选择沟通的渠道、工具和技术才能有效、高效地与利益相关者分享信息；部分研究涉及经理人员如何就利益相关者的管理做出决策；还有一些研究强调与利益相关者发展良好的关系可能是企业创新的一个来源，并有助于开发新的产品和服务；此外，有些文献已经表明利益相关者管理能够帮助企业平衡各个利益相关者的利益，而且有效地克服可能影响企业的危机或丑闻。

随着经济的发展和形势的转变，股东财富最大化不再是商业活动的唯一目标，如何平衡利益相关者的期望成为企业长期生存和成功的必要条件。尽管这种观点最初被认为与股东中心论的思想截然相反，但越来越多的研究表明，平衡利益相关者的期望与股东满意之间并非总是相互竞争，而是可以呈现一种互利的状态。为了达到平衡，企业不能依赖其与利益相关者之间自发生长的关系，而需要发展一种管理方法，通过这种方法可以使企业与利益相关者之间建立持久和可持续的联系。从这个意义上说，利益相关者管理要求一家公司必须致力于发展广泛的关系网络——与股东、员工、客户、债权人等，并且进行投资和培养。在数字经济时代，与利益相关者的互动和沟通变得尤为关键。技术的飞速发展为企业与各方进行高效、透明的沟通提供了更多可能。例如，大数据技术使企业能够更好地洞察消费者需求、预测市场趋势，并为利益相关者提供个性化的体验。同时，社交媒体和其他数字平台也为利益相关者提供了更多表达意见和与企业互动的机会。

但数字经济时代也带来了新的挑战。信息的传播速度日益加快，任何负面新闻或事件都可能在瞬间传遍全球，对企业的声誉造成严重损害。因此，现代企业必须更为敏捷和反应迅速，确保即时响应和处理与利益相关者的关切。

另外，随着对隐私和数据保护的关注度增加，企业也需要确保其数据管理和使用方法是合适和合法的，以维护与消费者、员工和其他利益相关者之间的信任。

由此可见，数字经济不仅要求企业建立和培养与利益相关者的关系网络，更需要他们掌握新的技能和工具，以适应这个时代的快速变化和挑战。

## 【工作示例】

### BK 公司的利益相关者管理

BK 公司是一家生产药品、饲料添加剂、化学制剂的大型企业，1998 年在上海证券交易所成功上市。然而，这家企业却在 2000 年陷入了经营危机，其导火索是企业所在地的近千名居民涌入公司，打乱了整个企业的正常生产秩序。居民要求企业停产整顿，因为企业生产过程中排放的废水、废渣、废气严重影响了居民的日常生活。当地居民的各种行为让 BK 公司一时慌了手脚。事实上，当地居民此前已经就公司生产过程的污染问题与公司发生过多次纠纷。公司长期忽视当地居民利益要求的做法终于结出了恶果，公司处于停产、半停产状态达一个月左右。最后公司不得不承诺安装先进的防污设备，并赔偿当地居民的损失。据不完全统计，整个事件公司损失达 1000 万元以上，而且还给整个社会留下了对社区不负责任的企业印象。据介绍，这一事件的另一起因是，在 2000 年以前，公司规模逐渐扩大，从外地招收了大量工人，但在本地招工很少。由于公司员工的收入比当地居民的收入要高，因此当地居民很不高兴。据说在 2000 年事件发生以后，BK 公司已经意识到"解决当地居民就业问题的严重性"，开始逐步增加本地居民进入公司的数量。①

## 讨论：

这个案例告诉我们，企业管理者负有确定企业总体发展计划（如战略，目标和政策）的职责，并要监控这些计划的实施情况。因此，管理者不仅负有一些长期的责任，还负有许多较紧急的责任。然而，现如今利益相关者环境快速变化，组织上的管理任务就变得更加复杂。当管理者发现许多群体对公司所实现的目标不够满意时，利益相关者管理问题就变得重要起来。

利益相关者管理要解决的问题就是力图使企业的利益相关者感到满意，在此同时，企业也是盈利的，即"双赢"的局面。我们与利益相关者如何打好交道呢？归根结底，就是要合乎伦理并有效地实现企业的目标。由此说来，利益者相关管理的重要职能就是对利益相关者予以描述、了解、分析并加以管理。

对利益相关者管理的探讨需要考虑的因素包括社会、伦理及经济方面的，且必须涉及对规范性及工具性的目标和看法的讨论或坚持。如果我们打算收集利益相关者管理需要的基本信息，就必须回答好如下五个重要问题②：

——谁是我们的利益相关者？

——我们的利益相关者都拥有哪些利益诉求？

——我们的利益相关者给企业带来了哪些机会？提出了哪些挑战？

——企业对其利益相关者负有哪些责任（经济、法律、伦理及慈善的责任）？

——企业应采取什么战略应对利益相关者的挑战和机会？

在数字经济时代，企业与利益相关者的互动呈现出新的特点和挑战。大数据、人工智能和区块链等技术为企业提供了前所未有的机会，但同时也带来了诸多风险。例如，随着消费者对隐私权的日益关注，企业需要更加小心地处理用户数据，确保数据的安全性和隐私性。

一方面，数字工具如社交媒体使得利益相关者与企业之间的沟通变得更加直接和即时。这为企业提供了更多机会与其利益相关者建立紧密联系，快速响应他们的反馈和

---

① 陈宏辉. 利益相关者管理理论三则案例的启示［J］. 经济管理，2005（23）：93 – 96.

② 卡罗尔，巴克霍尔茨. 企业与社会：伦理与利益相关者管理（第 5 版）［M］. 黄煜平，等译. 北京：机械工业出版社，2004.

需求。但另一方面，这也意味着企业需要时刻留意在线声誉，并及时应对任何负面信息。

此外，新的数字技术如区块链为供应链管理提供了透明度，使得利益相关者如供应商、合作伙伴等可以更加清晰地了解企业的业务流程。这有助于加强信任关系，但也对企业提出了更高的标准要求。

## 【案例实践】

### 游戏企业更应彰显社会责任与担当

2017 年 6 月 22 日，杭州一名 13 岁的学生因玩游戏"王者荣耀"被父亲教训后从四楼跳下。此前在 2017 年 4 月底，有媒体报道称，广州一 17 岁少年狂打"王者荣耀"40 小时，诱发脑梗险些丧命。不少网友评论认为，太多的年轻人包括小学生都沉迷于"王者荣耀"。7 月，人民网、人民日报、新华社等央媒也频频发声。人民网从 7 月 3 日起率先发力，4 天内刊发 3 篇评论，人民日报从 7 月 11 日接棒，3 天内刊载 3 篇评论；新华社 7 日、10 日和 11 日发表 3 篇评论，26 日发表分析文章《透视网络游戏四大焦点问题》。一时间对于腾讯的批评铺天盖地而来，转眼间腾讯和其旗下的游戏"王者荣耀"成了社会公众舆论的焦点。受舆论的影响，腾讯在股市的表现也一路走低，隔天腾讯控股市值蒸发超千亿港元。①

**评述：**

进入数字经济时代，游戏产业不可避免地成为了数字产业的一大支柱。然而，随着游戏产业的高速发展，部分游戏公司过于重视短期经济利益，忽视了企业的社会责任，如未加限制的未成年人虚拟货币交易、引导过度消费、内容血腥或不健康等。从利益相关者理论的角度，这样的做法会对多个相关方产生影响：对于未成年玩家，过度的游戏和消费会对他们的生理和心理健康造成伤害，甚至会影响他们的学业和未来。对于家长和家庭，家长可能会承受更大的经济和情感压力，家庭关系也可能因此受到影响。对于学校和社区，过度游戏的学生可能在学习、交往和其他活动中表现出问题，进而影响整体的教育和社区氛围。对于国家和社会，大量的沉迷游戏的年轻人可能会影响国家的未来人才储备和社会的稳定性。因此，游戏企业必须正视其社会责任，切实保护玩家，特别是未成年玩家的利益。一个长远发展的企业不仅需要经济利润，更需要社会的认同和支持。在制作和运营游戏时，公司不仅应确保内容健康、模式合法，还应采取技术和策略手段，如时间限制、消费警告等，帮助玩家理智对待游戏，不沉迷其中。游戏的本意是为了娱乐和放松，不应成为损害人们身心健康的工具。广大游戏公司在发展中应保持初心，坚守企业的社会责任和价值观。

---

① 佚名. 腾讯手机游戏"王者荣耀"遭质疑 [J]. 青年记者, 2017 (22): 27.

# 3.2 如何管理危机

## 【任务目标】

- 如何理解危机及企业危机的含义？
- 企业危机的类型包括哪几种？
- 什么是企业危机管理？
- 企业危机管理可以划分为哪些不同的阶段？
- 从利益相关者角度如何进行企业危机管理？

## 【任务描述】

通过本任务的学习，理解危机及企业危机概念的含义，掌握不同学者对于企业危机类型的划分，了解目前学术界对企业危机管理概念界定的不同思潮，掌握企业危机管理的四阶段、五阶段、六阶段的划分及其各阶段的特征，理解从利益相关者角度重新审视企业危机管理问题。

## 【知识学习】

### 3.2.1 危机及企业危机

何谓危机（crisis）？"crisis"一词来源于希腊语"krisis"，最初只是一个医学术语。古希腊名医希波克拉底发现，许多疾病一般在一定期限内会发生转变，要么病情缓解、恢复健康，要么病情恶化，甚至死亡。他在著作《论流行病》中指出："医生必须注意病情关键期，应知道这是决定生死或者至少病情变坏或好转的关键时刻。"希波克拉底将这种病情关键期称为"krisis"，这就是"crisis"一词原本的意义[①]。美国韦氏词典对"crisis"的定义是"有可能变好或变坏的转折点和关键时刻"；英国牛津词典对"crisis"的定义为"需要做出重要决定的关键时刻"或是"某一问题或情形发展到最坏的时刻"；柯斯林词典的定义是"某物或某人受到一个或多个非常严重的问题影响的情况"。现代汉语词典对"危机"的解释为：（1）潜伏的祸害或危险；（2）严重困难的关头。由此可见，国内外对"危机"一词的定义大致存在两种情形。一种是人们只注意到危机中消极的一面，将危机视为贬义词，其几乎是意外和灾难的代名词；另一种则将危机视为转折点或决定性时刻，如果恰当运用智慧、正确处理危机，就存在脱险的机会，或减少或降低危机爆发的可能不利效应，否则就会使情况变得更糟。

何谓企业危机？不同学者对企业危机的界定存在差异，目前尚未形成一致结论。巴

---

① 刘苹苹. 企业危机形成机理与防控研究 [D]. 长春：吉林大学，2002.

顿（Barton，1993）认为"企业危机是一个会引起潜在负面影响的具有不确定性的大事件，这种事件及其后果可能对组织及其员工、产品、服务、资产和声誉造成巨大损害"；卡斯伦（Kathlen，1996）的界定是"对一个组织、企业及其产品和声誉等产生潜在负面影响的事件，这一事件可能带来阻碍企业正常交易及潜在威胁企业生存的负面结果"。奥托·勒宾格（Otto Ler Binger，1997）将企业危机界定为"对于公司未来的获利、成长、甚至生存，发生潜在威胁的事件"。他认为其具有三个特征：（1）管理者必须认知到威胁，而且相信这种威胁会阻碍公司发展的有限目标；（2）必须认知到如果没有采取行动，情景会恶化且无法挽回；（3）突然间遭遇。迈克尔（Michael，1998）认为"企业危机是使企业人员的安全、环境和企业产品信誉被不利宣传的重大意外事件，它使公司陷入危险的边缘"。唐纳德（Donald，1999）认为企业危机是"（1）不可预测的事件；（2）威胁企业主要价值；（3）由于危机并非是公司所愿，所以企业组织扮演较轻微的角色；（4）危机沟通情境涉及多方面关系的剧烈变迁"。[①]

企业危机的定义虽名目繁多，但可以看出其依旧遵循危机定义的两条思路，且大多数学者认同其造成的是一种潜在的负面影响。也就是说，危机究竟给企业主要价值带来何种结果，视管理层的反应和决策而定。如果对危机处理得当，企业有可能使危机转化成企业的机遇；如果处理不得当，危机就会对企业的生存和发展造成致命影响。

### 3.2.2 企业危机类型

下面是一些中外学者对企业危机类型的划分：

什里瓦斯塔瓦和米托夫（Shrivastava & Mitroff，1987）利用两维将企业危机分为四种类型：（1）外部环境引发的人为危机——消费者维权、产品质量问题等；（2）内部环境造成的人为危机——罢工、财务风险、管理不善等；（3）外部环境的自然危机——台风、地震、水灾等；（4）内部环境的自然危机——工厂爆炸、停电等内部不可抗力因素。

米托夫和阿纳格诺斯（Mitroff & Anagnos，2001）认为企业危机可以分为以下几种类型：（1）经济危机——工人罢工、市场崩溃、收入大幅度下降；（2）信息危机——专有信息遗失、虚假信息、篡改计算机记录；（3）人力资源危机——核心主管流失、人事或工作场所动乱；（4）声誉危机——篡改、诋毁企业标识；（5）心理危机——篡改产品、拐骗、劫持人质；（6）自然危机——地震、火灾、龙卷风。[②]

沈灼林和何俊德（2002）通过总结中外 28 家衰败企业陷入危机的原因，按企业可以影响的导致危机因素，将企业危机划分为以下几种类型：（1）突发性危机，指外部宏观环境、行业状况或企业内部突然发生的一些事件，给企业带来重大的经济损失和形象损害，企业处理不当甚至会导致企业倒闭。例如 2000 年位于美国的某芯片厂的一个

① 郭际. 企业危机管理能力及其评判研究 [D]. 南京：南京航空航天大学，2008.

② 卡罗尔，巴克霍尔茨. 企业与社会：伦理与利益相关者管理（第5版）[M]. 黄煜平，等译. 北京：机械工业出版社，2004.

车间起火，导致数百万个芯片受损，当时世界上最大的两家移动电话生产商 A 和 B 均从该家厂商订购芯片。火灾发生后，A 生产商反应迅速，积极寻求解决方案，尽力争取其他可能的供应商，还迅速改变芯片的设计以便寻找其他制造厂生产，最终化险为夷；反观另一家生产商 B，几乎与生产商 A 同时接到火灾信息，但反应相当迟缓，在市场需求最旺盛的时候，由于芯片的缺乏导致一种非常重要的新型手机无法推出，最终错失良机，并宣布退出手机生产，使生产商 A 成功奠定了在欧洲的主导地位。[①]（2）组织危机，指组织规模过大，效率低下，组织机构与企业成长阶段、企业战略不相适应，管理体制不完善，组织文化落后等导致的危机。例如，最常见的就是机构臃肿，管理层次过多，致使企业管理成本过高，上下沟通距离长，上层对下层的动态难以把握，下层对上层的政策、战略知之甚少，组织效率低下等；其次企业在决策、激励、约束、绩效考评等方面制度不健全，在人力、资金、技术研发等关键资源的配置方面，缺乏有效的组织管理和控制系统，就会管理混乱，抑制企业业务的扩张，导致危机出现。同时，企业组织结构必须随着战略的变化而变化，如果组织结构与企业战略不相匹配，就难以保证战略目标的实现。（3）职能危机，指企业各职能管理与企业的业务、转变了的环境不相适应而产生的企业危机。这种危机主要有：财务危机、营销危机、技术及产品创新危机、生产危机、人才危机等。（4）战略危机，指由于企业选择了不合适的战略或虽然战略选择合适，但实施不当而给企业造成的危机。例如，企业未详细分析其所面临的外部环境、自身资源和能力等因素，就盲目跟风行业内成功的战略或流行的战略，导致战略选择失误，发生重大危机；如果企业经过分析认为自身适合成长型战略，但是管理层过于激进，盲目扩张或多元化，也会给企业带来危机。

朱磊和朱峰（2004）构建的企业危机预警系统第一步就是识别企业面临的危机类型，他们认为企业最常见的危机主要有以下几种：（1）产品危机：企业产品与市场需求脱节，短时间内造成大量积压，运转困难，或者由于产品问题与消费者发生重大纠纷，进而遭遇诉讼或行政处罚，难以继续生产运营。（2）财务危机：投融资决策失误或资本市场利率波动，使企业投入增多，收益减少；或是难以按期偿还债务，资金流断裂，财务难以为继，企业生产瘫痪。（3）人力资源危机：企业部分高级职业经理人或主要技术人员行为不当给企业经营带来的危机，例如将核心技术、知识产权出卖给竞争对手，掌握商业秘密的人员及生产骨干突然离职等。（4）信用危机：企业在经营过程中未能如期履约，例如未能按合同向客户交货、未能按承诺向供应商支付货款等。（5）公害危机：企业在生产经营过程中做出的不道德行为，例如严重损害生态和自然环境等，导致公众不满，遭受舆论的压力，企业形象大损。（6）突发事件：不可抗拒的自然灾害或是人为造成的事故，例如地震、水灾、火灾、交通事故等。

由此可见，目前对于企业危机类型的划分并没有达成一致看法，但从上述国内外学者不同的划分类型中可以总结出企业发生危机的根源，无外乎外部危机和内部危机，外部危机包括宏观因素危机和中观因素危机，内部危机专指企业自身发生的各种危机。宏观因素危机指宏观环境变化对企业可能存在的影响，包括政治、社会、经济、技术、自

---

① 著名企业管理案例 84［EB/OL］. https：//www.doc88.com/p－10029067505841.html？r＝1.

然环境可能带来的企业危机，例如政府的方针、政策、法令等的巨大变化；企业的产品和理念如果有悖于一个国家或地区的宗教信仰、风俗习惯、价值观点等，就可能引起巨大风波等。中观因素危机指行业环境变化对企业可能存在的影响，例如行业内其他企业发生变故可能会波及本企业，南京"冠生园"的"陈馅事件"对上海"冠生园"也形成了冲击。内部危机类型较多，主要有上述提到的财务危机、人力资源危机、战略危机、组织结构危机、产品危机等，凡属于企业边界之内因素造成的危机都是内部危机。

### 3.2.3 企业危机管理的界定

企业存在于一个危机四伏的世界中。企业发生危机的诱因纷繁复杂，莫衷一是，几乎在企业生产经营的每个阶段和时期都会遭遇各种突如其来的危机。《危机管理》一书的作者菲克调查了美国《财星》杂志列出的 500 强企业的高管，结果表明其中 3/4 的公司曾经遭受过危机。诚然，有些危机可能仅仅影响企业短期内的业绩，但有些危机会影响企业的经营目标，如果不加重视、处理不当，就会导致企业破产或倒闭。因此，企业必须建立危机意识并进行危机管理，从而通过对危机的管理使企业能够做到以下四点：（1）提前预测可能发生的危机；（2）防止/限制危机造成的损失；（3）将危机风险降至最低；（4）在受到危机时继续经营。

虽然"危机管理"的概念早在 1915 年就被莱特纳在《企业危机论》一书中提出，但危机管理真正作为一门科学源于 1962 年爆发的古巴导弹危机，哈佛大学肯尼迪政府学院院长艾里森以此为背景写出了《决策的本质》一书，被认为是开启危机管理研究的经典之作。1996 年布坎发表的《危机管理：新的外交》是目前见之于文献中的最早系统论述危机管理的著作；1972 年赫尔曼发表的《国际危机：从行为研究角度考察》（*International Crisis: Insights from Behavioral Research*）标志着危机管理学作为一门科学的建立。之后，危机管理被广泛运用于公共管理领域。随着国际经济的发展，尤其是跨国公司在全球范围内的兴起，危机管理逐渐被引用至企业层面。[①] 目前，关于企业危机管理（enterprise crisis management, ECM）的概念，国内外学者对其界定不一。

芬克（Fink, 1986）认为 ECM 是企业对于其前途转折点上的危机有计划地消除风险与不确定性，使企业更能掌握自己前途的艺术；米夫罗夫和皮尔逊（Mifroff & Pearson, 1993）对 ECM 定义为：协助企业克服困难以预料事件的心理障碍，以便使经营管理者在面对最坏的情况时，能做出最好的准备；亨斯洛（Henslowe, 2003）认为 ECM 是对任何可能发生危害企业的紧急情况的处理能力；日本的企业顾问藤井定美认为，所谓 ECM 就是针对那些事先无法预想何时发生，然而一旦发生却对企业经营造成极端危险的各种突发事件的事前事后管理。[②]

魏加宁（1994）认为危机管理是对危机进行管理，以达到防止和回避危机，使组织或个人在危机中得以生存，并将危机所造成的损害限制在最低程度的目的。这里的组

① 梁东生. 危机管理基本范畴与思潮研究 [J]. 电子科技大学学报（社科版），2013（4）：25 - 30.
② 贺正楚. 企业危机管理：组织与组织管理的视角 [D]. 长沙：中南大学，2004.

织可以替换为企业。何苏湘（1998）认为 ECM 是企业为了预防、摆脱、转化危机而采取的一系列维护企业生产经营的正常运行，使企业脱离逆境，避免或减少企业财产损失，将危机化解为转机的一种企业管理的积极主动行为。畅铁民等（2004）认为 ECM 是一种进行危机信息分析，对企业危机进行预防和处理，开展危机应对计划、组织、控制、领导等职能管理的动态过程，它的目的就是尽可能减少企业和其利益相关者的损失，最大程度地降低企业和其各个利益相关者可能遭受的各种损害，最终保障企业整体安全、健康和持久运行。

除了上述列出的定义外，在危机管理 50 多年的研究历史中，也有其他学者对其进行了界定，例如希斯（1997）、格林（Green，1998）、泷泽正雄（1999）、邱毅（1999）、苏伟伦（2000）等，但他们的定义更加普遍，可适用于任何领域的危机管理，而这里我们只列出了其中含有"企业或组织"的定义。虽然学术界关于 ECM 的概念众说纷纭，但我们可以归纳出已有的界定主要从五个方面入手，即行为观、过程观、经验观、职能观、能力观，其中将 ECM 视为一个包含危机预警、危机处理和结果反馈等的过程是目前学界的主流观点。然而，无论从何种观点入手来界定 ECM 的概念，ECM 最终只有一个明确的目的，就是避免或降低危机对企业造成的损害，以保障企业的可持续经营。

### 3.2.4 企业危机管理的阶段性特征

早期的 ECM 主要涉及危机发生后如何进行危机处理，然而这种管理方式只能亡羊补牢，相应的偏差、损失已经发生，补救效果往往不尽如人意。随后便产生了危机预警技术，即对企业危机进行超前管理，通过对预警对象、范围、指标、信息进行分析和研究，及时发现和识别潜在的或现实的危机因素，以便采取预防措施、减少危机发生的突然性和意外性。[①] 之后，随着危机管理理论的进一步发展，越来越多的学者认为企业危机发展是具有一定发展过程的，仅从危机预警、危机处理等单个阶段进行管理太过片面，于是那些过程学派的学者开始将整个危机管理过程划分为不同阶段进行研究，以期建立更加完整的企业危机管理体系。

学者们就如何进行阶段划分表达了各自的观点：

（1）企业危机管理的四阶段模型（Fink，1986）：

- 前驱危机阶段——警告、先兆；
- 急性危机阶段——不可逆转、危机已经发生；
- 慢性危机阶段——迟迟不消、自我怀疑、自我分析；
- 危机解决阶段——坚持就是胜利/重新做起。

这些阶段中有些阶段是同时发生的，每一阶段在强度和持续时间上有所不同。

（2）企业危机管理的五阶段模型（Mitroff & Pearson，1993）：

- 信号侦察阶段——识别新危机发生的警示信号并做出评估；
- 探测和预防阶段——搜寻已知的危机因素并努力减少潜在危机；

---

① 周永生，蒋蓉华，赵瑞峰. 企业危机管理（ECM）的评述与展望 [J]. 系统工程，2003（6）：20 - 23.

- 控制损害阶段——控制危害的烈度，使组织机构正常运行；
- 恢复阶段——尽快恢复因危机造成的损失，恢复机体正常的功能；
- 学习阶段——反思危机管理的全过程。

（3）企业危机管理的六阶段模型（诺曼·奥古斯汀，1995）：

- 避免危机的发生——预防危机，尽可能列出对商业活动可能造成麻烦的事件；
- 为危机管理做准备——未雨绸缪，进行行动计划、通信计划、消防演练及建立重要关系等；
- 确认危机——感觉的危机变成现实；
- 遏制危机——根据不同情况确认工作的优先次序；
- 解决危机——快速采取策略，消除危机；
- 从危机中受益——总结经验教训。

### 3.2.5 基于利益相关者的企业危机管理

利益相关者理论认为企业是一种"人格化"的组织，是其利益相关者之间综合性契约的汇集点。因此，将利益相关者作为企业危机管理的基本出发点和分析视角，危机的定义便成了企业与利益相关者契约违背的表现形式，危机管理的定义可以是企业与利益相关者进行互动，以降低旧契约违背的危害，并重新订立新契约的过程。危机管理过程可以划分为三个阶段：（1）危机之前，就契约可能出现的问题进行及时的预防，主动修补和革新，将有助于企业避免危机；（2）危机之中，企业与利益相关者进行互动，就新契约和各自的角色达成共识；（3）危机之后，利用新契约进行企业变革，使企业从危机中得以恢复，并建立新的发展优势。

危机管理在西方也被称为危机沟通管理，强调了信息披露与公众感知的重要性。而应对危机最为关键的并非企业承担危机责任的行为事实，而是被利益相关者"感知"到企业承担危机责任的行为态度。库姆斯（Coombs，1999）的情境危机沟通理论认为，化解危机、保护组织形象的最好方式是改变公众对企业承担责任的形象感知，其主要策略在于选择适合危机情境的应对策略，如道歉、同情、补偿、主动反应等。基于利益相关者视角的危机沟通理论就是在情境危机沟通理论基础上进一步发展起来的。目前基于利益相关者视角的危机沟通方法主要关注利益相关者如何影响企业，以及用于利益相关者的合适管理行为[①]。

## 【工作示例】

### 假酒案的危机管理

古井贡就曾借用山西某地假酒案这一突发性事件，成功地化危机为契机，堪称危机

---

① 崔晓明，姚凯，胡君辰. 基于利益相关者的危机管理理论研究——来自 2008—2012 年危机管理成败案例的证据 [J]. 中国工业经济，2013（4）：120-132.

管理的经典案例。1998 年 1 月，山西某地假酒案轰动全国，一场在全国范围内查封"山西酒"的运动迅速展开。山西杏花村汾酒集团在这次假酒案中深受其害，全国各地查封了不少汾酒集团的名优酒，在春节旺季期间的两个月里，仅卖出了 1200 吨白酒，直接经济损失达 800 万元，对日后的损失汾酒集团不敢估测。面对紧密连锁的危机，汾酒集团立马召集全国各地媒体把汾酒不是假酒的信息传播出去，紧接着邀请省技术监督局召开"汾酒系列产品质量检查信息发布会"，向社会宣告汾酒集团无假酒，质量过硬，这一系列危机化解举措收到了很好的效果。这时，安徽古井集团远在千里之外，借势振臂一挥，展开宣传攻势，在《经济日报》头版报眼显著位置刊登"古井贡酒致全国消费者的一封信"，呼吁白酒业应当立法，倡议设立"中国打击假酒专项基金"，并伸出仁义之手，向假酒案中的死难者家属无偿捐助 20 万元的抚恤金，趁机提升了自身品牌的形象。①

## 讨论：

关于危机管理的研究，国内外学术界、政府、企业及社会组织等一直高度关注，但成果较多基于传统的管理理论和模式。互联网时代危机发生的频率、表现的形式、演变的特征和管理模式发生了革命性的变化。那么在互联网时代，危机管理又有哪些具有普适性、可操作性的基本原则？（1）定力规则。预防危机时要有"面青天而惧、履平地而恐"的小心、戒心，做到居安思危，防患未然；面对危机时要有"闻雷霆不惊、处风波不移"的静气、勇气，做到临危不惧，勇于应对。（2）人本规则。无论是天灾，还是人祸，以人为本是危机管理的最高准则。（3）火线规则。对于领导者来说，就是要在第一时间里，深入一线，深入火线。通过自己看到的、听到的，获得第一手信息。了解的情况越多、越细，做出的决策就越准，采取的行动就越快，主动权、主导权就越多，处置的效果就越好。（4）黄金规则。关键在于把握好两个黄金时段：危机发生的前 4 小时，是控制事态的黄金时段；灾害发生的 72 小时内，是生命救援的黄金时段。（5）媒体规则。勇于、善于面对媒体，就是要掌握话语权，赢得主动权。要及时发布信息，确保时效性、可信性、权威性，让流言止于真相，让谣言不攻自破。（6）利益规则。重视与利益相关者沟通。利益相关者是危机处理中的特殊人群，与其充分沟通、协调是化解危机关键环节的最佳途径，沟通应遵循"三诚"，即诚心、诚力、诚实，努力推动问题迎刃而解。（7）非常规则。一般而言，危机往往都以突如其来的非常规方式爆发，需要非常规手段处理。（8）转换规则。以危机化解危机，主要有两种策略。一种是以毒攻毒的正面反制策略，针锋相对，以其人之道，还治其人之身；一种是借鸡生蛋的转换迂回策略，避其锋芒，另辟蹊径，找到另一种解决办法，这也是反危机策略的最高境界。（9）取舍规则。危机管理的第一要务，不是解决问题，而是控制事态。危机应对不是追求最佳结果，而是避免最坏结局。危机决策是非常时期做出的非常决策。（10）底线规则。危机管理关键是做到 3 条：一是在法律范围内行事。二是用道德准则约束行为。三是发挥法律对危机的防范和矫正功能，预防危机发生、减轻危机损

---

① 黄景清.100 个令你拍案叫绝的营销案例 [M]. 北京：中华工商联合出版社，2004.

害，维护群众利益和社会秩序。（11）弹性规则。重视每个危机的独特性和危机处置的针对性，在危机管理过程中采取审时度势、宽严相济的弹性规则，既是领导者的一种智慧，也是危机管理的一种艺术。（12）预警规则。始终处于警醒的状态，注重细节的变化，正视问题的苗头，收集、倾听各方面的声音，运用大数据分析线索、发现规律，是危机管理的重要一条。①

## 【案例实践】

### 三鹿问题奶粉事件

2008 年 9 月 9 日媒体首次报道三鹿"毒奶粉"事件，到 12 月底三鹿企业高管因"生产销售伪劣产品"而出庭受审，企业进入破产程序，仅仅三个多月的时间，一家资产达十几亿的企业由辉煌走向了衰亡。是什么让这么大的一家企业倒在危机中的呢？

从 20 世纪 80 年代中期开始，三鹿集团首创"奶农—奶站—企业"的新生产关系，广阔的农村养殖基地为企业打开了一个几乎可以无限扩张的奶源之窗，为企业的发展立下了汗马功劳。三鹿将这些"奶源地"称为他们的"第一车间"，但是"第一车间"是个缺乏严格管理的车间，且奶农和企业的利益点并不一致，尤其在蒙牛、伊利等大型企业进驻河北后，为争夺奶源，企业的收购员更是对原奶质量监管放松警惕，这为奶农添加化学物质以使牛奶达标提供了机会。同时不少三鹿奶站掌控在与三鹿有密切关系的人手中，个别加工厂对好奶压低价格，对自己亲属交售的掺假原奶开绿灯等，尽管有人将此情况向企业高管进行了反映，但企业并未就此事做出反应。在 2002 年以后，三鹿开始全面扩张，不仅与河北各县城的小乳制品厂进行"贴牌生产"合作，且疯狂收购设备老化、技术低劣、产品无法销售出去的奶制品企业，收购后立即利用原有设备进行生产。

自 2007 年 12 月以来，三鹿集团陆续收到消费者投诉，反映有部分婴幼儿因食用三鹿系列奶粉后尿液出现变色或颗粒的现象，企业高管并未对此引起重视，认为可能是孩子上火所致。一直到 2008 年 4 月，随着消费者投诉奶粉质量问题日益增多，企业管理人员开始认定是奶粉质量出现问题，5 月下旬企业组织相关人员进行技术攻关，查明奶粉中的"非乳蛋白态氮"含量是国内外同类产品的 1.5～6 倍。自觉察危机到采取行动近半年的时间，企业对此无所作为。

当时，全国有许多婴幼儿因食用三鹿奶粉出现泌尿系统结石等严重疾患，部分婴幼儿住院手术治疗，甘肃等地出现多例婴幼儿死亡事件。但到此时，三鹿仍一味遮掩，忽视广大消费者利益，推脱责任，对一些前来讨说法的受害者家属不予回应，妄图蒙混过关。在证实奶粉中含有三聚氰胺后，公司于 8 月 13 日决定以悄悄换回的方式取代召回。即库存产品三聚氰胺含量在 10mg/kg 以下的可以出厂销售，含 10mg/kg 以上的暂时封存；调集三聚氰胺含量 20mg/kg 左右的产品换回三聚氰胺含量更高的产品，并逐步将

---

① 徐宪平，鞠雪楠. 互联网时代的危机管理：演变趋势、模型构建与基本规则 [J]. 管理世界，2019，35（12）：181–189.

含三聚氰胺的产品通过调换撤出市场。但面对中秋节和国庆节的销售高峰期，企业选择了短期利益——先是将 10mg/kg 的标准放大到 15mg/kg，接着将检测不合格的原奶转至生产液态奶的工厂进行加工销售。

为了能够"减少影响"，"尽快灭火"，三鹿高管通过投放广告、安抚消费者让他们不要向媒体反映情况等策略，取得了一定效果。同时，三鹿妄图通过封锁网络来阻碍不利于公司声誉的信息的传播。百度公司于 9 月 13 日发表的一份声明称，三鹿集团的代理公关公司曾两次致电百度大客户部希望百度能协助屏蔽最近三鹿的负面消息，但都被百度大客户部在第一时间严词拒绝了。一个有着"国家免检产品""中国名牌产品"等一系列殊荣和桂冠的品牌，为了自身利益无视公众的生命安危，将公众利益和社会责任束之高阁，"知毒卖毒"的行为已不再是简单的公关策略的失误，更是一个企业社会良知和道义泯灭的体现，相关的当事人也必受到法律的制裁。

资料来源：李珊珊，范素芳，李素娟. 三鹿"奶粉门"事件对企业危机管理的启示［J］. 管理观察，2009（18）：106 – 107。

## 评述：

三鹿集团的倒闭改变了奶制品行业一味打价格战的市场竞争方式，提高了各企业对奶制品质量的重视，推动了整个奶制品行业的净化与升级。这件事对于企业、消费者和相关监管部门来说都是一种警示。首先，应完善相应的法律法规，建立比较完善的失信惩戒机制。众多厂商在面临失信惩戒机制的巨大威慑时，会选择遵守相关的公共秩序，及时公布真实的产品信息。国家同时也应当加强对公共媒体的管理工作，保证大众传媒能够正确引导社会舆论，传播真实有效的信息。其次，国家质量监督和产品检验检疫部门应当及时发布各种产品的质量监督信息，同时向社会公众传播各种产品的质量检验监督的知识，使得公众能够在信息资源相对较少的情况下，获得对产品比较充分的认识，降低厂商通过违反商业道德和营销伦理进行促销的可能。同时在产品质量信息的发布过程当中，应当努力保证信息的易懂性和清晰明了，并且是能够被社会公众快速接受的产品信息，这样才能真正起到提高公众产品识别能力的作用。最后，应倡导商业伦理，构建以伦理道德规范为核心的企业文化。企业首先要树立"以消费者为核心"的现代营销观念，同时还要树立重视社会效益的社会营销观念。社会营销观念要求企业自觉考虑社会责任和义务，注重社会利益，讲究社会公德。

在数字经济时代，信息的透明度、流通速度和广泛性对企业的经营管理方式提出了新的挑战和要求。特别是在食品安全等关乎公共利益的领域，企业如何在保持经济效益的同时，确保其产品的质量和安全，已经成为每一个负责任企业家必须深思的问题。第一，数字技术为企业提供了更高效、精准的生产和管理工具。例如，利用大数据和物联网技术，企业可以对生产流程进行实时监控，及时发现和解决可能出现的质量问题。而区块链技术可以确保供应链的透明度，帮助企业追踪原料来源，确保其安全和质量。第二，社交媒体和数字平台为消费者提供了一个方便、快捷的反馈渠道。一旦出现问题，消费者的反馈可以迅速被放大，对企业的声誉和信誉造成严重损害。因此，企业在数字经济时代必须更为注重与消费者的沟通和互动，建立良好的公众形象。第三，数字经济时代的消费者拥有更为丰富的信息选择和获取手段。企业如果想要在激烈的市场竞争中获得优势，就必须提供更高品质、更具竞争力的产品和服务。同时，企业也应利用数字工具，如智能算法和人工智能，进行产品研发和市场分析，更好地满足消费者的需求。第四，数字经济也带来了新的商业模式和经营理念。企业不仅要注重产品的质量和安全，还要深化与消费者、供应商和合作伙伴的合作，形成一个健康、可持续的生态系统。

## 3.3　本章小结

利益相关者是一家企业中拥有的一种或多种个人或群体。正如利益相关者可能为企业的行动、决策、政策或做法所影响，这些利益相关者也能够影响企业的行动、决策、政策或做法。企业与利益相关者之间是互动、交叉影响的关系。简而言之，利益相关者被认为是企业能够通过行动、决策、政策、做法或目标而影响的任何个人或群体；反过来说，这些个人或群体也能影响企业的行动、决策、政策、做法或目标。

对利益相关者管理的探讨需要考虑的因素包括社会、伦理及经济方面的，且必须涉及对规范性及工具性的目标和看法的讨论或坚持。如果我们打算收集到利益相关者管理需要的基本信息，就必须回答好如下五个重要问题：谁是我们的利益相关者？我们的利益相关者都拥有哪些利益诉求？我们的利益相关者给企业带来了哪些机会？提出了哪些挑战？企业对其利益相关者负有哪些责任？企业应采取什么战略应对利益相关者的挑战和机会？

在此基础上，本章还讲述了危机及企业危机、危机类型、企业危机管理的界定、企业危机管理的阶段性特征以及基于利益相关者的企业危机管理。

## 自测题

1. 什么是利益相关者理论？举例说明某企业的利益相关者。
2. 如何进行利益相关者管理？
3. 什么是危机管理？危机管理方法有哪些？
4. 危机管理包含哪几个阶段？对应的策略是什么？

案例分析

# 第 **4** 章 | 市场竞争中的伦理

## 【学习目标】

1. 了解商业伦理在数字经济时代下市场竞争中的重要性。
2. 理解市场竞争中企业商业伦理的相关基本概念。
3. 掌握市场竞争中的伦理问题。
4. 掌握治理商业竞争中非伦理行为的对策。

## 【导入案例】

### 葛兰素史克中国公司行贿事件

2014 年 9 月 19 日，长沙市中级人民法院以对非国家工作人员行贿罪判处被告单位葛兰素史克（中国）投资有限公司（以下简称 GSKCI）罚金人民币 30 亿元；判处被告人马克锐有期徒刑三年，缓刑四年，并处驱逐出境。

世界 500 强企业的在华子公司中，因触犯中国法律而站上中国法庭被告席的，GSKCI 是第一家。同时，这也是中国迄今为止开出的最大罚单。

为扩大药品销量，GSKCI 高层提出了"以销售产品为导向（selling-led）"的口号，并通过全体员工年会、领导力峰会、销售精英俱乐部等公司内部各种会议和活动进行宣传鼓动，逐渐形成了无视中国药品管理等法律法规中的禁止性规定，只追求扩大销量、以费用促进销售的贿赂销售模式。

为提高销量，GSKCI 大量招聘销售人员，改组扩建业务部门。处方药事业部、疫苗部、抗生素及创新品牌事业部等各业务部门采取多种形式向全国各地医疗机构的从事医务工作的非国家工作人员行贿。人力资源部制定以销售业绩为核心的工资、奖金等薪酬福利制度及政策，将人力和财力向业务部门倾斜；财务部、合规部、IT 部等其他部门也提供全方位支持、帮助并进行监督、管理和考核；法务部则为行贿提供帮助和掩护。

其中，GSKCI 大客户团队、各事业部的市场部等部门，邀请全国各地医疗机构从事医务工作的非国家工作人员参加由其赞助和组织的境内外各类会议，通过支付差旅费、讲课费、安排旅游等方式贿赂与会医务人员，然后将相关费用分别以"研讨会费用"等科目在财务系统中报账。在参会医务人员的支持下，GSKCI 的各类药品得以进入各地医疗机构。

同时，各业务部门通过医药代表等，以支付业务招待费、讲课费以及现金回扣等方式贿赂全国多地医疗机构的医务人员，并将相关费用以"招待费""其他推广费用"的科目报账，换得 GSKCI 药品的使用或扩大使用。

侦查机关查明，为抢占市场份额，GSKCI 通过贿赂设置排他性障碍，提高药品市场销量。2010 年以来，因肝炎药"贺普丁"专利药资格到期、大量国内仿制药即将大量上市，GSKCI 先后实施所谓"长城计划""龙腾计划"，行贿数千万元，并明确要求不得采用国产同类药品。实施"长城计划"后，不少医院不再采购贺普丁国内同类药品。

此外，在贿赂销售过程中，全国多地工商部门不断接到该公司涉嫌商业贿赂的举报并立案调查。2012 年，犯罪嫌疑人马某、张某、赵某组织人员成立危机应对小组，先后向北京、上海等地工商行政执法人员和关系人行贿，意图阻止工商部门对其查处，直至 2013 年 6 月被查获。

资料来源：王传涛. 最大罚单不应是葛兰素史克案句号［N］. 证券时报，2014 – 09 – 22（A08）。

本案的判决结果是中国惩治商业腐败、优化市场环境所展现出的新气象，树立了中国打击商业贿赂的标杆，也为进一步扩大开放、规范市场秩序提供了样本。改革开放发展到今天，不仅要依靠制度、依靠法治的力量来创造投资环境、吸引投资者，维护和发展市场经济的阶段也要通过塑造一套适应新时代商业竞争的商业伦理规范来约束企业和竞争者之间的关系。为了更好地理解这一话题，本章将从介绍不同类型的商业竞争入手，继而展开对商业竞争中伦理规范作用的理解和认识。

# 4.1　认识商业竞争

## 【任务目标】

- 什么是商业竞争？
- 不同商业竞争程度的市场的特征是怎样的？

## 【任务描述】

通过本任务的学习，掌握判断和分析竞争市场的结构的基本方法，结合所学知识对几个相关案例进行分析，指出其所处的竞争市场类型和其在商业竞争中存在的违反商业竞争伦理的问题和改进方向。

## 【知识学习】

商业竞争是指商品经营者之间为争夺市场阵地和市场份额而进行的角逐和较量，是卖方之间的竞争，它是商品竞争的规范化形式和主要内容。市场经济的核心是竞争，竞争的作用在于提高效率。在市场的演进过程中存在这样一种规律：随着竞争的发展，市场逐渐由完全竞争市场演化为垄断市场，即竞争的结果是垄断。

### 4.1.1 完全竞争

完全竞争是一种不受任何阻碍和干扰的市场结构，指那些不存在足以影响价格的企业或消费者的市场，是经济学中理想的市场竞争状态，其结果符合帕累托最优。

完全竞争市场有三个特征：市场上有许多买者和卖者；各个卖者提供的物品是同质的；企业可自由地进入或退出市场。前两个市场特征决定了买卖双方都是价格的接受者。第三个特征决定了市场的利润水平是较低的，如果利润水平高，将吸引更多的企业进入，利润水平就会降低；如果利润水平过低，企业将退出市场，利润水平则增加。因此，均衡时每个企业的利润只能维持在经济利润为零的状态。由于利润水平较低，资本积累速度慢，对企业形成规模经济、引进新技术提高生产力形成了制约。传统理论考虑到了完全竞争市场中消费者能够以低价购买到产品，却忽略了消费者的搜寻成本。[1] 完全竞争市场假设条件过于严格，使得技术创新资本投入和信息成本较大的产业不会产生于完全竞争市场中。

### 4.1.2 垄断竞争

垄断竞争是一种介于完全竞争和完全垄断之间的市场组织形式，是指许多厂商生产并出售相近但不同质商品的市场现象。在这种市场中，既存在着激烈的竞争，又具有垄断的因素。

垄断竞争是我国市场结构中最盛行的一种形式，大多数企业都处于该类市场结构中，除了少数由于国家行政职能造成的垄断或者由于规模经济造成的自然垄断外，大多数与人们生活息息相关的行业都分布在垄断竞争的市场结构中，例如食品、化妆品、服装、家电、餐饮、住宿等行业，这些行业和企业数量多、分布面广，在国民经济的发展过程中具有十分重要的作用。

### 4.1.3 寡头竞争

寡头竞争是竞争和垄断的混合物，也是一种不完全竞争。在垄断竞争的条件下，市场上有许多卖主，他们生产和供应的产品不同。在寡头竞争的条件下，在一个行业中只有少数几家大公司（大卖主），它们所生产和销售的某种产品占这种产品的总产量和市场销售总量的绝大部分比重，它们之间的竞争就是寡头竞争。在这种情况下，它们有能力影响和控制市场价格。在寡头竞争的条件下，各个寡头企业是相互依存、相互影响的。各个寡头企业调整价格都会马上影响其他竞争对手的定价政策，因此，任何一个寡头企业做出决策时都必须密切注意其他寡头企业的反应和决策。

---

① 栾斌，张雪占. 浅论四种市场类型的竞争 [J]. 思想战线，2009，35（S1）：60-62.

## 【工作示例】

### 被罚 650 万！社区团购的"价格战"，谁动了谁的奶酪？

在疫情影响下，社区团购凭借集采集配和预售制模式备受各地居民的青睐与推崇，一度成为资本与巨头竞相追逐的"香饽饽"。

为了争夺更多用户以进一步攻城略地，社区团购平台纷纷开启低价竞争模式，打破了以往生鲜电商的竞价规则，无序的低价竞争愈演愈烈，有关社区团购恶性竞争、扰乱市场秩序的争议开始凸显，也引发了监管层的高度重视。

市场监管总局根据价格监测线索，先后对五家社区团购企业涉嫌不正当价格行为立案调查。经查，其中四家企业，在依法降价处理鲜活商品、季节性商品、积压商品等商品外，为了排挤竞争对手或者独占市场，以低于成本的价格倾销，扰乱了正常的生产经营秩序，损害了其他经营者的合法权益，违反了《中华人民共和国价格法》第十四条第（二）项规定。2021 年 3 月 3 日，市场监管总局依法对这四家社区团购企业分别处以 150 万元人民币罚款的行政处罚，对另一家公司处以 50 万元人民币罚款的行政处罚。共计 650 万元罚款。2020 年 12 月的中央经济工作会议上，明确要求防止资本无序扩张。市场监管部门加强对社区团购行业的监管，正是落实中央经济工作会议部署之举。

从打车大战到外卖大战，烧钱补贴一直是互联网公司抢占市场的常规手法，此前监管部门很少出手，更多依靠市场自我调节。而此次市场监管部门却对几家企业顶格罚款，看似偶然的背后，有着必然的逻辑：部分互联网企业为追求垄断导致市场调节失灵，被约谈后依然没有全面整改，监管部门及时出手规范行业竞争，引导行业有序发展。

社区团购的核心商业逻辑是，通过预售制和集约配送来降低商品仓储和物流成本。这条路能否走得通，有待市场验证。部分互联网平台追求发展速度的做法，从商业角度来说没问题，但企业在追求利润的同时，要坚决守住法律底线。随着自身发展壮大，企业还应承担更多的社会责任，保障消费者的合法权益。

资料来源：汤艺甜. 疯狂的社区团购该退烧了［N］. 北京商报，2021 - 03 - 04（02）。

## 讨论：

传统的供应链体系复杂，从农户到消费者要经过多个环节，大大降低了效率，增加了运输成本。而社区团购对传统的生鲜农产品零售的供给模式也进行了改革，由农户直接配送到供应商，再由供应商直接配送到消费者的手中，减少了中间环节。既大大降低了商品在中间环节所需要的运输时间与成本，又大大减少了物流中间环节商品的浪费和损耗。2020 年，多家互联网企业斥重金、人力积极参与投入社区团购大赛中。由资本巨头入驻的社区团购给市场经济带来了哪些巨大冲击？首先，破坏市场秩序，损害社会利益。互联网巨头利用自身掌握的数据、先进的算法和庞大的资本储备，整合社区团购的资源，将线上的流量导入线下。实施强有力的补贴力度、减免优惠，诱惑更多的用户通过其平台进行消费活动，进而挤占菜农、果农的市场份额，达到控制"市场"的目的。当互联网平台占据市场的主导之后就会放弃补贴和优惠，为了攫取更大的利润，它们会进一步压榨菜农、果农，并从消费者身上获得更多的利益。互联网巨头疯狂"烧钱"补贴，中小微企业根本无力竞争，最终市场上可能也就只剩下几家团购企业。平台一旦提升商品的价格，消费者毫无"招架之力"，没有其他的选择，就等着被"收割韭菜"。

其次，违背公平，冲击传统零售店。互联网平台企业利用资金、流量优势进入社区团购，给个体经营户、商贩、超市等线下社区经济模式造成冲击，带来明显的负效应。社区团购凭借价格优势，吸引了大部分的流量，使得线下实体商店的人流量减少，销售量直线下降，营业额骤减。即使一些商店选择入驻互联网平台，但也面临着收入下降的窘境。平台实行的低价销售，导致许多商家的实体经济销售量一落千丈，网上订单数量虽然激增，但仍然无法弥补受到的损失。

最后，具有影响社会稳定的风险。社区团购提供的产品和服务以"米袋子""菜篮子"为主，这些商品都与社会民生息息相关。平台采取低价倾销的方式吸引消费者，抢占"菜篮子"的市场，导致菜市场、地摊的销售量明显减少，打乱了零售商品的价格体系，损害消费者的利益。而且社区团购给基层商贩带来了巨大的冲击，甚至剥夺他们赖以生存的谋生手段，加大社会的失业率。这些因素累积到一定程度会影响社会的稳定，不利于社会和谐发展。[①]

## 【案例实践】

### 阿里"二选一"式垄断被依法处罚

2020 年 12 月 24 日，市场监管总局发布通告，将依法对阿里巴巴集团控股有限公司实施"二选一"等涉嫌垄断行为立案调查，一时间互联网巨头垄断行为引起了人们的普遍关注与思考。

2021 年 4 月 10 日，市场监管总局再发公告公布行政处罚结果：责令阿里巴巴集团停止违法行为，不得限制平台内经营者在其他竞争性平台开展经营，不得限制平台内经营者在其他竞争性平台的促销活动，从严格落实平台企业主体责任、加强内控合规管理、保护消费者权益等方面进行全面整改，依法合规经营；对阿里巴巴集团处以其 2019 年中国境内销售额 4557.12 亿元 4% 的罚款，计 182.28 亿元。相关调查显示，阿里巴巴集团自 2015 年以来，滥用其在中国境内网络零售平台服务市场的支配地位，禁止平台内经营者在其他竞争性平台开店或者参加促销活动，排除、限制了相关市场竞争，侵害了平台内经营者的合法权益，损害了消费者利益，阻碍了平台经济创新发展，违反了《中华人民共和国反垄断法》，具体依据如下：

（1）禁止平台内经营者在其他竞争性平台开店。为增强自身竞争力，削弱其他竞争性平台的市场力量，阿里巴巴对核心商家提出禁止在其他竞争性平台开店的要求：一是在协议中直接规定不得在其他竞争性平台开店，集团与部分核心商家签订的《战略商家框架协议》《联合生意计划》《战略合作备忘录》等多种协议中，明确规定核心商

---

① 房钰. 资本无序扩张的法律规制研究 ［D］. 南昌：江西财经大学，2021.

家不得进驻其他竞争性平台等；二是口头提出不得在其他竞争性平台经营的要求，在签署相关合作协议或者促销活动谈判过程中，集团对核心商家口头提出仅在阿里巴巴平台经营，要求核心商家不在其他竞争性平台开设旗舰店，或者要求核心商家将其他竞争性平台上的旗舰店降为非旗舰店、控制其他竞争性平台专卖专营店数量、下架全部商品、不予发货、限制库存等。

（2）禁止平台内经营者参加其他竞争性平台促销活动。为获取竞争优势，阿里巴巴集团重点对平台内核心商家提出不得参加其他竞争性平台重要促销活动的要求：一是在协议中直接规定不得参加其他竞争性平台促销活动；二是口头提出不得参加其他竞争性平台促销活动要求。

（3）采取多种奖惩措施保障"二选一"要求实施。阿里巴巴集团一方面通过流量支持等激励性措施促使平台内经营者执行"二选一"要求，另一方面通过人工检查和互联网技术手段监控等方式，监测平台内经营者在其他竞争性平台开店或者参加促销活动情况，并凭借市场力量、平台规则和数据、算法等技术手段，对不执行相关要求的平台内经营者实施处罚，包括减少促销活动资源支持、取消参加促销活动资格、搜索降权、取消在平台上的其他重大权益等。

资料来源：市场监管总局依法对阿里巴巴集团控股有限公司在中国境内网络零售平台服务市场实施"二选一"垄断行为作出行政处罚［EB/OL］. http：//www. samr. gov. cn/xw/zj/202104/t20210410_327702. html。

## 评述：

垄断是市场经济的大敌，平台经济的规范健康持续发展，尤其离不开公平竞争的环境。阿里巴巴滥用市场支配地位的垄断行为，通过限制平台内经营者在其他竞争性平台开店或者参加其他竞争性平台促销活动，形成锁定效应，以减少自身竞争压力，不当维持、巩固自身市场地位，显然背离平台经济开放、包容、共享的发展理念，排除、限制了中国境内网络零售平台服务市场竞争，损害了平台内经营者的利益，阻碍资源优化配置，阻碍了平台经济规范有序创新健康发展。此次市场监管总局处罚阿里巴巴集团，对企业发展是一次规范扶正，对行业环境是一次清理净化，对公平竞争的市场秩序是一次有力维护，也给其他企业敲响了警钟。

在数字经济背景下，市场的高度连接性、即时性和边界的模糊性都放大了垄断行为的潜在损害。具体而言，数字经济下的数据聚合效应，让某些巨头企业通过掌握大量用户数据而逐渐形成壁垒。这些数据不仅关乎消费者的购物习惯，还涉及他们的社交、搜索、旅行等多方面的信息，这为平台带来了巨大的市场优势。但当这种优势被滥用，可能会阻碍其他小型创业企业在市场中公平竞争。基于算法的定价、推荐和个性化服务在数字经济中占据了核心位置，但当垄断企业利用这些算法去维持其市场优势时，可能会导致市场失衡，甚至可能损害消费者的权益，因为消费者被剥夺了多样化选择的机会。对于这种新型的、基于技术和数据的垄断行为，传统的反垄断工具可能已经不再适用。数字经济的迅速崛起要求政府和监管机构跟上时代的步伐，更新其监管策略和工具。

# 4.2 认识市场竞争中的伦理问题

## 【任务目标】

- 了解市场竞争中多种非伦理问题的表现形式。
- 理解市场竞争中不道德竞争行为的危害。
- 掌握市场竞争中伦理问题的解决措施。

## 【任务描述】

通过本任务的学习，掌握判断市场竞争中多种非伦理问题的方法及其分类依据，结合所学知识对几个相关案例进行分析，指出其在商业竞争中存在的商业竞争伦理失范问题并提出治理对策。

## 【知识学习】

所谓的不正当竞争行为是指经营者在市场竞争中，采取非法的或者有悖于公认的商业道德的手段和方式与其他经营者相竞争的行为。不能否认市场经济在充分尊重经济规律的基础上最大限度地解放和发展了生产力，其对经济发展具有重要促进作用，但市场经济的弊端也很明显。由于国家对经济发展的干预减少，市场经济"主体"中的一些竞争行为得不到有效的监督，于是不正当竞争行为大量出现，这不仅破坏了正常的竞争秩序，还损害了其他市场经济主体的合法利益，不利于市场经济的发展和完善。

### 4.2.1 商业混淆行为

市场混淆行为是指不正当经营者在市场经营活动中，利用种种不实手法对自己的产品或服务做出误导性标示，使其与特定竞争对手的商品和服务相混淆，从而造成或者足以造成顾客误认误购的行为。常见的混淆行为包括：假冒仿冒他人注册商标；擅自使用知名商品所特有的或近似的名称、包装、装潢；仿冒他人的企业名称等。

### 4.2.2 侵犯商业秘密

随着我国市场经济的飞速发展，商业秘密作为企业的核心竞争力之一，竞争威力愈发凸显，甚至已成为影响企业生死存亡的关键因素。经济全球化和贸易自由化趋势下，商业秘密的重要性及其保护已无任何争议。

### 4.2.3　故意损害名誉

故意损害名誉行为是指从事生产、经营活动的市场经营主体，为了达到其各种目的，故意捏造、散布虚假事实或信息，损害竞争对手的商业信誉、商品声誉，使其无法参与正常市场交易活动，削弱其市场竞争能力，从而使自己在市场竞争中取得优势的行为。诋毁行为的普遍做法又分为故意制造事实以及直接捏造和传播虚假信息两种。

### 4.2.4　虚假宣传

根据《中华人民共和国反不正当竞争法》第九条的规定，虚假宣传行为是指利用广告或者其他方法，对商品的质量、制作成分、性能、用途、生产者、有效期限、产地等进行引人误解的虚假宣传。该法律第五条中规定的"经营者在商品上伪造或者冒用认证标志、名优标志等质量标志，伪造产地，对产品质量作引人误解的虚假表示"的虚假表示行为，由于同样对于公众的认知具有误导作用，也可视作虚假宣传。虚假宣传的信息在实践中集中在商品信息和价格信息方面。

### 4.2.5　恶性价格竞争

恶性价格竞争行为是指经营者为排挤竞争对手，故意在一定的细分市场上和一定的时期内，以低于商品成本的价格出售某种商品，以挤垮对手，造成自己长期独占市场的行为。

### 4.2.6　商业贿赂

商业贿赂行为，是指经营者以排斥竞争对手为目的，为使自己在销售或购买商品或提供服务等业务活动中获得利益，而采取的向交易相对人及其职员或其代理人提供或许诺提供某种利益，从而实现交易的不正当竞争行为。这种行为损害了其他经营者的合法权益，扰乱了社会经济秩序，也严重地损害了广大消费者的利益。[①]

## 【工作示例】

### 企业竞争中伦理问题的潜在危害与治理

首先企业在商业竞争中的非伦理行为可能会损害员工的权益。在企业与竞争对手竞争的过程中，企业为争夺市场份额，提高销售量，常采用的方式是低价销售，甚至出现低于成本倾销的"险招"，导致的直接后果是企业的经济效益滑坡，甚至可能出现亏损

---

① 杨美丽，褚宏洋. 商业伦理失范原因及对策研究［J］. 商，2015（16）：143-144.

状态，长此以往，企业必然倒闭，那么受害最大的当然是无辜的员工。其次企业在商业竞争中的非伦理行为可能会损害消费者的利益，使企业的品牌形象受到很大的损失。企业在商业竞争中的非伦理行为可能会使消费者的权益受损，甚至有时会危害到消费者的人身安全。企业的无形价值就是企业的品牌，如果一个企业的品牌信誉差，那么必然难以做大做强。最后，企业在商业竞争中的非伦理行为还会损害其他竞争者的正当利益，类似于恶性竞争这样的非伦理行为并不能够实现真正的优胜劣汰，反而会破坏市场秩序，甚至严重阻碍市场经济的健康运转，可谓是百害而无一利。

## 讨论：

面对瞬息万变的市场竞争环境，应如何避免非伦理行为？随着中国市场经济的发展，国内与市场竞争相关的法律体系搭建和执法工作取得了显著成效：（1）2007 年颁布的《中华人民共和国反垄断法》（以下简称《反垄断法》）和 1993 年出台的《中华人民共和国反不正当竞争法》（以下简称《反不正当竞争法》）等法律，以及国家市场监督管理总局等部门制定的专项法规、规章，组成了比较完整的竞争法律框架体系。（2）从国家市场监督管理总局到县级市场监督管理部门，建立了运行有效的反不正当竞争、反垄断执法体系。（3）在反不正当竞争以及垄断协议、企业兼并、滥用市场优势地位等执法方面取得了显著成效。（4）竞争领域的国际交流与合作稳步开展。我国的《反垄断法》既借鉴了国际反垄断法的经验和国际惯例，又立足于中国经济社会发展实际，对防止和制止垄断行为，维护经营者和消费者合法权益，促进技术创新和技术进步，提升企业竞争力，促进经济发展具有重要意义。

2021 年初，中共中央办公厅、国务院办公厅印发《建设高标准市场体系行动方案》。该方案要求"加强和改进反垄断与反不正当竞争执法，坚决反对垄断和不正当竞争行为。制定原料药等专项领域反垄断指南、豁免制度适用指南，出台实施企业境外反垄断合规指引。推动完善平台企业垄断认定、数据收集使用管理、消费者权益保护等方面的法律规范。加强平台经济、共享经济等新业态领域反垄断和反不正当竞争规制。完善涉企收费目录清单制度，严厉查处涉企违规收费行为"，进一步加大了对相关市场不正当竞争的执法和查处力度。

企业需要遵章守法，以德为先。遵章守法，以德为先是竞争伦理的灵魂，它既是企业实现其经济责任的需要，更是企业履行其社会责任的基本要求。经济责任的基础就是正当竞争，根据我国《反不正当竞争法》和《反垄断法》可知，企业遵守法律是企业的基本要求，也是企业生存发展的前提，如果一个企业违法经营，短期利益可能尚有，但长久发展是绝对不可能的。以德为先要求企业以遵守伦理道德为前提，在做任何决策前要考虑该行为是否会造成非伦理现象，一旦企业在做决策前能够深思熟虑，必然可以发展壮大。

恪守合同、信奉诚信是竞争伦理的基本要求。企业之间信任纽带的基础是一纸合同，按照合同的内容做事也是企业本分所在，杜绝违反合同做事、罔顾诚信原则的行为发生，是企业能够在行业中树立典范、成为龙头的关键之处，恪守合同、信奉诚信是企业与竞争者、供应商、经销商打交道过程中应遵循的行为准则，企业有责任也有义务履行自己的承诺，树立自己的诚信标榜。

公平竞争、互利互惠是竞争伦理的内在要求，又是竞争伦理的必然结果。竞争伦理要求企业以负责任的态度对待竞争者、对待社会，但并非要求放弃自己的经济利益，相反，竞争伦理维护了企业的利益。一个企业选择以伦理的途径参与市场，其他企业亦然，那么双方的交易必然在公平竞争、互惠互利的基础上顺利进行。

企业只有更好地与竞争对手合作，才能更好地开展竞争。企业间的合作有利于突破小而全的不良状况，实行同行业、同专业的分工以及联合投资有利于获取一般购买方式难以得到的资料和技术，使资源的配置更有效，减少和避免研究开发新产品的风险，在技术力量上做到相互支援，有效地达到企业的资金和技术积累，为企业的不断发展注入活力。①

# 【案例实践】

## 两家公司的 AI 技术专利之争

P 公司与 Z 公司之间的商业纷争始于 2012 年。这场争端源于两家公司在人工智能（AI）技术领域的激烈竞争。

Z 公司以其自主研发的小 i 机器人技术为核心，为企业提供智能化的客户服务解决方案。P 公司作为全球科技巨头，也同时开发了智能语音助手且拥有庞大的用户群体。随着两家公司在 AI 领域的竞争逐渐升温，矛盾也逐渐凸显。

Z 公司首先指控 P 公司的智能语音助手技术侵犯了其专利权，声称 P 公司在未经许可的情况下使用了小 i 机器人的核心算法和技术。为了证明这一点，Z 公司提交了一系列技术对比和以往专利文件，并指出 P 公司的智能语音助手在多个方面与小 i 机器人技术存在高度相似性。这一指控立即引发了公众对 P 公司的智能语音助手技术来源的质疑。

面对 Z 公司的指控，P 公司迅速做出回应，否认了侵权指控，并坚称其智能语音助手技术是其自主研发的成果。为了反驳 Z 公司的指控，P 公司也提供了一系列证据，声称其智能语音助手与小 i 机器人技术存在明显的区别，并指出 Z 公司的指控是出于商业竞争目的的不实之词。

随着双方矛盾的不断升级，监管部门开始介入调查。国家知识产权局等部门要求双方提交相关证据，并进行深入的调查。在监管部门的调查过程中，双方进行了多轮谈判和协商，但始终未能达成一致意见。

在监管部门的压力下，P 公司与 Z 公司最终决定通过法律途径解决争端。双方分别向法院提起了诉讼，并展开了激烈的法庭辩论。这场长时间的拉锯战引起了业界的广泛关注，也引发了公众对 AI 技术和知识产权问题的深入思考。实际上，在国际市场，P 公司也多次因涉嫌抄袭而被起诉。过去几年里，P 公司曾经多次与多家跨国科技公司发生专利纠纷，并被美国本土创业公司起诉。

---

① 刘爱军，钟尉，等 . 商业伦理学［M］. 北京：机械工业出版社，2016.

经过长时间的审理和调查，最高人民法院确认了小 i 机器人专利权的有效性。这一判决为 Z 公司维权提供了法律基础，也为国内高科技企业在国际市场上维权树立了重要范例。同时，法院也要求双方停止一切损害对方声誉和商业利益的行为，并承诺共同维护智能科技领域的公平竞争秩序。

资料来源：胡嫚，潘静波．"小 i 机器人"诉"苹果"侵权［N］．中国知识产权报，2013 – 07 – 10（09）；贾丽．智臻智能向苹果索赔 100 亿元"进行时"5 月 5 日将在上海再次开庭［N］．证券日报，2023 – 04 – 25（B01）。

## 评述：

Z 公司与 P 公司之间的专利之争凸显了互联网行业内竞争的激烈与复杂性。这场法律战不仅暴露了智能科技企业可能采取的不正当竞争手段，也促使监管部门加大了对智能科技领域的监管力度。同时，这场争端引发了公众对 AI 技术和知识产权保护问题的广泛关注，并推动了相关法规的完善。这场围绕 AI 技术的专利争端揭示了多个关键难点：首先，案件涉及的技术极为复杂，覆盖了深度学习、语音识别等多个 AI 前沿领域，使得技术证据的收集和解析极具挑战，从而增加了法律判决的难度。其次，AI 技术的快速进步使得现有法律框架难以与技术创新同步，导致法律适用延迟，加剧了案件处理的复杂性。此外，全球化的商业环境还意味着必须考虑跨国法律和知识产权保护的差异。这场专利之争不仅是技术与法律的对抗，也深刻触及了如何在全球范围内平衡创新激励与知识共享的问题。创新激励通过知识产权保护（如专利、版权和商标）提供动机，促使研究者和开发者创新，从而获得研发新产品和服务的财务回报。而知识共享则强调将知识和创新成果开放给更广泛的公众，通过开源软件、开放获取期刊和公共研究数据库减少对信息和技术的访问限制，促进技术快速传播和应用，加速进一步的创新，有助于解决全球性问题如医疗、环保和教育。然而，这两者之间的平衡充满挑战，过度保护可能限制信息流动，抑制创新发展；保护不足则可能削弱对创新的激励，减少研发投资。因此，面对 AI 技术的迅猛发展，政策制定者、企业界和法律专家亟须深思如何更新和完善知识产权保护机制，以适应新技术环境，并在保护创新的同时促进技术的公平使用。

## 4.3 本章小结

在市场竞争活动中，伦理因素起着十分重要的作用。作为一种无形的规则，它是市场竞争有序化和良性发展的重要保障，并影响着企业在竞争活动中所展示给社会的形象。国家现在越来越重视道德对竞争活动的制约作用，认为不顾道德的市场行为实际上增加了成本，是得不偿失的。就我国的实际情况而言，市场经济发展时间短，很多现存的公司从激烈拼杀的年代走出来，还没来得及建立商业伦理道德的概念，不少企业目前还处于通过放弃伦理原则来占据竞争优势的阶段。过去由于制度的不完善，一些在竞争中不遵循道德伦理准则的企业不仅没有受到相应制裁，反而在竞争中处于优势，有少数企业甚至把伦理道德弃置脑后，故意违背道德要求以满足自己的利益等，此类行为都严重影响了市场秩序和企业形象。

恶性竞争是一种双输局面，在很多知名企业身上都已表露无遗。随着我国《反垄断法》的出台和执法力度的加大，政府在处理此类竞争事件上已经逐渐总结出一套合适的执法流程和惩罚依据，营造一个有序公正的市场环境已是大势所趋。

## 自 测 题

1. 简述我国《反垄断法》出台的背景。
2. 你认为我国的市场竞争环境仍存在哪些问题？
3. 请对 2021 年以来典型的反垄断和恶性竞争事件进行简述。
4. 你认为未来的市场竞争监管会着重哪个方向？呈现怎样的趋势？
5. 请列举恶性竞争所带来的不利影响。

案例分析

# 第 5 章　环境伦理与可持续发展

## 【学习目标】

1. 了解我国当前面临的环境问题。
2. 明确企业环境责任的理念与有关可持续发展对策。
3. 解释环境伦理在数字经济时代非常重要的原因。

## 【导入案例】

### 限塑禁塑，我们在行动

从 20 世纪 50 年代人类开始大量生产塑料以来，塑料产量逐年递增。2016 年，全世界塑料制品总量已达 3.35 亿吨，年增长约为 4%。据初步估算，全球每年向海洋输出的塑料垃圾可达 480 万～1270 万吨。[1] 如今，从近岸河口区域到大洋，从赤道海域到南北极，从海洋的表层到大洋的超深渊带，微塑料已遍及全球。2015 年，海洋塑料污染已被列为与气候变化、臭氧耗竭、海洋酸化并列的重大全球环境问题。除联合国等国际机构组织外，我国政府与一些欧美国家政府、非政府组织，近年来也纷纷呼吁采取行动消减海洋塑料垃圾污染。

海洋塑料垃圾极难降解，这意味着人类制造的大多数聚合物塑料制品将持续存在数十年，甚至数百年、上千年。这些陆源塑料垃圾进入海洋，随洋流长距离输送，进入大洋环流和深海海底。研究表明，已在 100 多种海洋大型哺乳类动物如鲸、海豚，各种鸟类、鱼类和无脊椎动物等体内发现塑料。鸟类、海龟等海洋生物摄入塑料后会导致疾病或死亡，塑料会缠住鲸和海豚等生物，破坏重要的生物栖息地如珊瑚礁等。此外，塑料垃圾还可能产生化学污染，塑料碎片会导致外来物种入侵，破坏旅游业和渔业。

除了对海洋环境的直接影响，大型塑料垃圾会慢慢通过生物或物理作用碎片化，成为微塑料。室内实验研究表明，微塑料颗粒能够被海洋生物摄食，阻塞其摄食器官和消

---

[1]　Jambeck J R et al. Marine pollution：Plastic waste inputs from land into the ocean ［J］. Science, 2015, 347 (6223)：768–771.

化道，产生伪饱腹感，消耗生物储存能量等。[①] 诸多研究已表明，微塑料可以通过水产品和食盐等向人类食物链传播，但其健康风险还未见研究证实。

为了减少白色污染，培养人们的环保意识，我国于 2007 年 12 月 31 日发布《国务院办公厅关于限制生产销售使用塑料购物袋的通知》，要求自 2008 年 6 月 1 日起，在全国范围内禁止生产、销售、使用厚度小于 0.025 毫米的塑料购物袋；在所有超市、商场、集贸市场等商品零售场所实行塑料购物袋有偿使用制度，一律不得免费提供塑料购物袋。为了进一步加强塑料污染治理，建立健全塑料制品长效管理机制，2020 年 1 月 19 日，国家发展改革委、生态环境部又发布了《关于进一步加强塑料污染治理的意见》。该意见指出，要有序禁止、限制部分塑料制品的生产、销售和使用，加强重点场所、重点领域塑料替代产品推广，规范塑料废弃物回收利用，建立健全塑料制品生产、流通、使用、回收处置等环节的管理制度，有力、有序、有效治理塑料污染，努力建设美丽中国。

国际上一些国家已经开始从限塑向禁塑过渡。例如孟加拉国自 2002 年就开始禁止使用塑料袋。印度尼西亚将塑料垃圾治理纳入工业 4.0 战略，建立塑料垃圾循环系统。美国旧金山市议会 2007 年 3 月通过一项法案规定，旧金山超市和药品店等零售商只允许向顾客提供纸袋、布袋或以玉米副产品为原料生产的可生物降解塑料袋，化工塑料袋被严格禁止。法国《能源转型促进绿色增长法》的禁塑部分法令 2020 年 1 月 1 日正式实施，成为全球第一个禁止使用一次性塑料餐具的国家。禁塑正逐渐成为全球保护环境的共识和共同举措。[②]

环境是人类生存的条件，也是人类发展的根基。当前，环境问题日益突出，而保护生态环境，实现人与自然的和谐发展，已成为全人类的共识。因此，探讨环境伦理与可持续发展具有很强的理论和现实意义。

# 5.1　认识中国生态环境状况

## 【任务目标】

- 中国当前环境状况如何？
- 这些环境问题会对中国造成哪些影响？
- 环境污染和破坏产生的原因是什么？

## 【任务描述】

通过本任务的学习，了解中国目前的生态环境状况，掌握主要生态环境问题产生的

---

① 林肖惠，李建平，胡骁. 环境中微塑料的污染现状及健康危害 [J]. 中华劳动卫生职业病杂志，2020 (2)：153 – 156.

② 戴秋宁，汪永明. 塑料垃圾的危害 [J]. 生命与灾害，2019 (6)：24 – 25.

主要原因及其对中国造成的影响。

## 【知识学习】

### 5.1.1  环境污染和破坏的危害

**1. 危害健康**

健康是追求一切美好生活的基础，然而环境污染的日益严重正威胁着每一个人的健康。我们呼吸着污染的空气，饮用着污染的水，吃着从污染的土壤中生长出来的农作物……这些日常生活中不经意的"小事"所带来的长期、慢性的健康危害不容忽视。表 5.1 列举出各种空气污染物对健康、环境和气候的影响。一份由 70 多个国家 250 名科学家和专家撰写的联合国报告警告称，如果不大力改善环境保护工作，到 21 世纪中叶，亚洲、中东和非洲的部分城市和地区每年可能会有数百万人过早死亡。[①]

表 5.1 　　　　　　　各种空气污染物对健康、环境和气候的影响

| 污染物 | 对健康的影响 | 对环境和气候的影响 |
|---|---|---|
| 臭氧（$O_3$） | 降低肺功能，引起呼吸道疾病，如咳嗽和气短；加重哮喘和其他肺部疾病，增加药物使用、入院观察、急诊（ED）治疗和过早死亡的可能性 | 损害叶片、减少光合作用、破坏繁殖与生长和减少农作物收成，对植被造成明显破坏。臭氧对植物的破坏可能改变生态系统结构，减少生物多样性，减少植物对二氧化碳的摄入。臭氧也是导致大气层升温的温室气体 |
| 悬浮颗粒（PM） | 短期暴露可能加重心脏或肺部疾病，导致病发、增加药物使用、住院观察、急诊治疗和过早死亡；长期暴露可能导致心脏或肺部疾病的恶化以及过早死亡 | 降低能见度，为生态系统带来破坏性影响，损害并/或污染建筑物和财产；各种气候影响取决于粒子类型；大多数粒子反光并能导致冷却，而其他粒子（尤其是黑炭）吸收能量并导致升温；其他影响包括改变传统降雨模式的时间和地点 |
| 铅（Pb） | 损害正在发育的神经系统，导致智力损失，影响儿童的学习、记忆和行为；影响成人的心血管和肾脏，早期影响和贫血症相关 | 损害植物和野生动物，在土壤中积聚，为陆地和水生系统带来破坏性影响 |
| 氧化硫 | 加重哮喘，导致气喘、胸闷和气短，增加药物使用、住院观察、急诊治疗；较高水平的氧化硫可能会让没有肺部疾病的人产生呼吸病症 | 导致土壤和地表水酸化以及湿地地区汞甲基化；造成植被损害以及水生与陆地系统中的物种丧失；形成粒子并带来相关环境影响；硫酸盐粒子导致大气层降温 |
| 氧化氮 | 加重肺部疾病，导致呼吸疾病，住院观察和急诊治疗；增加呼吸感染的敏感性 | 导致土壤和地表水的酸化和富营养化（营养过于丰富，氮饱和）；造成生物多样性的丧失；形成臭氧、粒子和甲烷，并带来相关环境和气候影响 |

---

① 吴学谦，李韵，邓晓军. 基于 Core ML 的智能植物健康检测 App 的设计与实现［J］. 电脑知识与技术，2021，17（30）：13 - 16.

| 污染物 | 对健康的影响 | 对环境和气候的影响 |
|---|---|---|
| 一氧化碳（CO） | 减少到达人体器官和组织的氧气量；加重心脏疾病，导致胸痛和其他必须住院观察和急诊治疗的病症 | 促进二氧化碳和臭氧的形成，这些温室气体使得大气层升温 |
| 氨（$NH_3$） | 导致粒子形成，并带来其他相关的健康影响 | 导致地表水的富营养化和地下水的硝酸盐污染；形成硝酸盐和硫酸盐粒子，并带来环境和气候影响 |
| 挥发性有机化合物（VOCs） | 一些是导致癌症和其他严重健康问题的有毒空气污染物；形成臭氧并带来相关的健康影响 | 促进二氧化碳和臭氧的形成，使大气层升温 |
| 汞（Hg） | 导致肝脏、肾脏和大脑损伤以及神经与发育的损伤 | 排放进河流、湖泊和海洋，在鱼类体内积聚，使人类和野生动物面临危险 |
| 其他有毒空气污染物 | 导致癌症、免疫系统损伤以及神经系统、生殖系统、发育系统、呼吸系统和其他健康问题。一些有毒化学物质造成臭氧和粒子污染，并带来相关健康影响 | 对野生动物和牲畜有害。一部分有毒空气污染物在食物链中积聚；另一部分有毒污染物导致臭氧和粒子形成，并带来相关的环境和气候问题 |

资料来源：U. S. Environmental Protection Agency. Our Nation's Air：Status and Trends Through 2008 ［R］. February 2010。

### 2. 威胁生态平衡

正常情况下，自然界物质不断循环，维持着生态平衡。但随着工农业发展，人类活动改变了自然环境中的阳光、大气、土壤和水质，引发的酸雨已经遍及整个北半球，严重影响陆地生态和水生生态系统。臭氧空洞更是直接关系到生物圈的安危和人类的生存。没有了臭氧层的保护，照射到地面的太阳光紫外线增强，不仅会减少植物获得能量的有效面积，还会伤害甚至杀死海洋生物。

### 3. 制约经济和社会可持续发展

中国于 2006 年发布的一份有关环境污染经济核算的国家报告《中国绿色国民经济核算研究报告 2004》显示，2004 年我国因环境污染造成的经济损失高达 5118 亿元，占当年 GDP 的 3.05%。其中，水污染的环境成本为 2862.8 亿元，占总成本的 55.9%；大气污染的环境成本为 2198.0 亿元，占总成本的 42.9%；污染事故造成的直接经济损失 50.9 亿元，占总成本的 1.1%。这些惊人的数字表明环境危机已严重制约着我国经济发展，我们正在为之前欠下的环境债付出代价。

### 5.1.2 环境污染和破坏产生的原因

### 1. 人类中心主义误导，无视自然的存在和价值

长期以来，人们对自然的片面认识产生了人类中心主义，人的因素被无限放大。而

环境作为一种次要因素的存在仅仅是为了满足人类无限的利益需求，自然的内在价值遭到忽视，人们把自然视为取之不尽的仓库和倾倒废物的垃圾场，在利用自然、改造自然的过程中无理智、无节制、掠夺式地开发自然资源。

### 2. 地球人口膨胀，公共设施基础薄弱

庞大的人口基数给我国带来了巨大的人口压力，对物质资料的需求和消耗也随之增多。但煤气、供暖、污水处理等基础设施的建设远远跟不上城市发展和环境保护的需要，最终出现种种资源和环境问题。

### 3. 部分企业经济利益至上，缺乏环境保护意识

部分企业在生产过程中仍使用着高能耗、高污染、低产出的陈旧设备，防治污染措施不健全。有些企业管理者追求的目标是利润最大化，对环境的污染和资源的浪费毫不关心。

### 4. 少数地方官员不惜以牺牲环境为代价追求 GDP

此前"唯 GDP 论"的政绩考核观致使少数地方官员过分追求经济增长的速度。为了一个"看上去漂亮"的短期"数字政绩"，不少地方乱铺摊子、大搞低水平的重复建设，实施野蛮开发，以牺牲生态环境和浪费资源为代价，致使地方生态遭受严重破坏。

### 5. 监管力度不到位，相关法律不完善

环境质量标准是考核生态环境的最好依据，但我国尚未形成科学完整、能够反映不同环境要素特点的实施体系和措施。此外，某些环评人员职业素质不高，责任心不强，缺乏科学性和公正性，使得环境问题因疏于监督而逐渐恶化。

## 【工作示例】

### "五个追求"的主张

"仰望夜空，繁星闪烁。地球是全人类赖以生存的唯一家园。"① 那么，我们应如何维持地球生态整体平衡，让人类在这个美丽星球上远眺青山、闻到花香，诗意地栖居？

习近平总书记始终思考着"人与自然和谐共生"的辩证法则，他在北京世界园艺博览会开幕式上的重要讲话中指出，锦绣中华大地，是中华民族赖以生存和发展的家园，孕育了中华民族 5000 多年的灿烂文明。纵观人类文明发展史，生态兴则文明兴，生态衰则文明衰。杀鸡取卵、竭泽而渔的发展方式走到了尽头，顺应自然、保护生态的绿色发展昭示着未来。我们要像保护自己的眼睛一样保护生态环境，像对待生命一样对

---

① 习近平一年前提出的"五个追求"引领全球绿色发展 [EB/OL]. http://www.xinhuanet.com/world/2020-04/28/c_1210594972.htm.

待生态环境。在开幕式上，习近平总书记还提出了"五个追求"的主张。①

一是追求人与自然和谐。人类进入工业文明时代以来，传统工业化迅猛发展，在创造巨大物质财富的同时也加速了对自然资源的无序开发和粗暴掠夺，打破了地球生态系统原有的循环和平衡，人类因此遭到了大自然的无情报复。中国传统生态思想强调尊重自然、顺应自然，只有合理利用、友好保护，人类才能获得大自然的慷慨回报。

二是追求绿色发展繁荣。绿色是大自然的底色，绿水青山就是金山银山，改善生态环境就是发展生产力。经济"绿色化"强调经济发展应依靠研发技术创新支撑的全要素生产率提高，实现经济绿色低碳循环持续发展。通过制度创新和政策设计，使资源环境可持续性成为新的增长点，转化为生产力，内生地实现经济发展与生态环境保护相协调。

三是追求热爱自然情怀。"取之有度，用之有节"是生态文明的真谛。要倡导简约适度、绿色低碳的生活方式和尊重自然、爱护自然的绿色价值观念，拒绝奢华和浪费行为，构建全社会共同参与的环境治理体系，让天蓝地绿水清深入人心，让生态环保思想成为社会生活中的主流文化。

四是追求科学治理精神。生态治理道阻且长，行则将至。我们既要有只争朝夕的精神，更要有持之以恒的坚守。必须遵循规律，科学规划，因地制宜，统筹兼顾，打造多元共生的生态系统。

五是追求携手合作应对。面对全球生态环境挑战，没有哪个国家能独善其身。唯有携手合作，建立命运共同体，我们才能有效应对气候变化、海洋污染、生态保护等全球性环境问题，实现联合国发布的 2030 年可持续发展目标。

**讨论：**

2022 年 5 月，生态环境部发布《2021 中国生态环境状况公报》（以下简称《公报》）。《公报》显示，2021 年全国生态环境质量明显改善：一是空气更加清新。空气质量达标城市数量、优良天数比例持续上升，主要污染物浓度全面下降。二是水体更加清澈。全国地表水 Ⅰ ~ Ⅲ 类断面比例为 84.9%，同比上升 1.5 个百分点。同时，管辖海域海水水质整体持续向好，水质优良海域面积比例持续提升、劣四类海域面积持续下降。三是土壤等更加安全。土壤污染加重趋势得到初步遏制，全国受污染耕地安全利用率稳定在 90% 以上，重点建设用地安全利用得到有效保障，农用地土壤环境状况总体稳定。四是生态环境更加优美。全国生态质量指数（EQI）值为 59.77，表明我国生物多样性较丰富、自然生态系统覆盖比例较高、生态结构较完整、功能较完善。②请查找 2010 ~ 2021 年间的中国生态环境状况公报，对比相关数据，看看哪些项目有显著变化。并思考为什么会有这些变化。

---

① 习近平一年前提出的"五个追求"引领全球绿色发展［EB/OL］. http：//www.xinhuanet.com/world/2020 - 04/28/c_1210594972.htm.

② 《2021 中国生态环境状况公报》发布［EB/OL］. http：//stzg.china.com.cn/2022 - 05/31/content_41987312.htm.

## 【案例实践】

### 青海玛多环境治理迫在眉睫

玛多县位于青海省果洛藏族自治州西北部，是黄河流经的第一个县城。玛多县境内共有大小湖泊 4077 个，素有"千湖之县""中华水塔"的美称。其中较为知名的有鄂陵湖、扎陵湖、隆热措、冬格措纳合湖以及哈姜盐湖等。鄂陵湖、扎陵湖两"姊妹湖"还在 2005 年被联合国《湿地公约》列为国际重要湿地名录。

然而，由于受到温室效应的影响，全球气候日益变暖，玛多县年平均温度上升趋势非常明显，干燥程度也逐年上升。根据气象部门统计数据，自 1994 年开始，玛多县便全境开始遭受旱灾影响。1999 年，玛多县又同时遭受到旱灾与风灾的侵害，风沙天气从 1 月初一直持续到 4 月中旬，30 天风力为 7 级以上，其中 3 天为 9 级、5 天为 10 级，并在当年入春以后出现了 4 次严重的沙尘暴天气，造成高达 1072 万元的直接经济损失。同时大风刮走了玛多县的草地表土，大量牧草被连根拔起，加剧了沙化进程。多年来，这种暖干化气候已经使全县大多数草场遭受到了毁灭性破坏。另外，这种气候变化也影响了该地的冻土分布，导致多年冻土退化，植物根系层土壤水分减少，水源涵养能力降低，致使湖泊与沼泽湿地面积连续几年萎缩，部分河流更是出现干涸情况。人类活动也是玛多县环境恶化的元凶之一。除了过度利用天然草地超载放牧外，还对天然草地乱采滥挖，加剧了当地的草地退化和水土流失。黄河源头玛多县地区的环境恶化，不仅给当地人民群众的生活和生存造成很大影响，还直接或间接地制约了黄河中下游地区经济社会的发展。玛多县草地生态环境保护与治理迫在眉睫。

资料来源：刘强，黎曙，孔令贵. 黄河河源区生态环境面临的主要问题及危害［J］. 现代农业科技，2017（11）：216－217；周华坤，周立，刘伟，等. 青海省玛多县草地退化原因及畜牧业可持续发展［J］. 中国草地，2003，25（2）：5－9。

## 评述：

玛多县环境问题产生的主要原因：（1）特殊的地理位置，形成了高寒缺氧、干旱多风的气候环境，这种气候严重制约着生态环境的自我恢复和优化，是玛多县环境问题产生的主要原因之一。（2）玛多地区的土壤是典型的发育不成熟土壤，具有脆弱性、易损性和难复性，而发育不良的土壤使植被退化十分容易且恢复极难。（3）草地利用的不合理，加剧草场的退化。季节性草场划分不合理，放牧强度过大，草场超载严重。（4）鼠害破坏引起植被严重退化。随着草场退化速度的加快，草地秃斑和裸地越来越多，植被更加稀疏低矮，杂草繁生，给鼠类生存创造了条件。害鼠的大量繁殖破坏了草场，加剧了草场退化，形成恶性循环。（5）人为造成的植被破坏，是造成草场退化的又一主要原因。长期的挖采和车辆践踏，导致草场植被受到破坏，捕杀活动又导致鼠类天敌大量减少，生物链遭到破坏，人为地加快草场的退化。

如今玛多县环境问题得到有效的改善。玛多，藏语意为"黄河源头"。为保护美丽的生态环境，我国政府推行"党建＋生态环境保护"，积极构筑生态文明建设坚强堡垒。玛多县着力发挥党的建设在生态建设中的重要作用，把党的基层组织活力转化为生态环境保护的内在动力。通过专题辅导、讲座等形式，让各级党员领导干部树立"玛多最大的价值在生态、最大的责任在生态、最大的潜力在生态"的理念。调动全县1400多名党员引领生态文明创建工作，开展无职党员设岗定责，设立"生态环境巡查监督岗"。实行生态环境保护工作"党政同责、一岗双责"，各级党组织把生态管护、生态恢复治理、生态保护作为第一责任，建立生态环境保护长效机制。上级政府同玛多县政府一道从大局、全局的高度来认识河源生态环境保护与治理的重大意义，加大投入力度、人工增雨、引水工程、进行人工草场的建设等措施，对现有沼泽地进行保护性灌溉；同时，积极开展种草灭鼠工作，降低草场承载量，逐步恢复草原植被，使河源生态走上了良性循环的轨道。①

环境保护从我做起！我们每个人都应倡导和践行简约适度、绿色低碳的生活方式和尊重自然、爱护自然的绿色价值观念，拒绝奢华和浪费行为，为构建全社会共同参与的环境治理体系做出自己的贡献，让天蓝地绿水清深入人心，让生态环保思想成为社会生活中的主流文化。

# 5.2　认识企业环境破坏和污染引发的伦理问题

## 【任务目标】

- 企业经营会引发哪些环境问题？
- 利润最大化与企业环境责任之间存在着怎样的关系？

## 【任务描述】

通过本任务的学习，了解有关企业经营引发的环境问题，明确利润最大化与企业环境责任之间的关系。

## 【知识学习】

### 5.2.1　企业经营引发的环境问题

（1）"三废"问题。"三废"一般是指工业污染源产生的废水、废气和固体废弃物。我国已成为世界制造大国，废水、废渣和废气与日俱增。"三废"如果不加治理，就会危害动物、植物和人类的生命健康。

---

① 宋明慧，张浩．玛多县："党建＋生态环境保护"构筑生态文明建设坚强堡垒［N］．青海日报，2017－08－24．

（2）温室效应。自工业革命以来，企业经营不断向大气中排入二氧化碳等吸热性强的温室气体，再加上森林植被被乱砍滥伐，使得大气中的温室气体逐年增加，温室效应也随之增强。由其带来的海平面上升、病虫害增加等一系列问题已经引起了世界各国的关注。

（3）极端异常天气。由于温室气体排放得越来越多，全球变暖成为大趋势。这造成了大气层结构不稳定，使得暴雨、台风、冰雹、龙卷风等强对流天气越来越多，极端天气现象也日益频繁。

（4）生物多样性被破坏。几千年前，人类以及他们所驯养的生物就开始与自然有了矛盾冲突。随着人口数量的增加和工业技术的提高，森林砍伐、农业开垦、水污染等现象使得野生动物失去大片连续的栖息场所，种群无法正常迁移和交流，长此以往，遗传多样性水平会下降，出现近交衰退等问题，还可能会因为资源匮乏而降低繁殖或导致死亡。此外，人类滥捕乱猎、掠夺式的过度捕杀利用也造成了某些野生动物数量急剧下降。

### 5.2.2 企业的环境责任

企业环境责任是企业承担社会责任的一个重要方面，要求企业在追逐经济利益的同时确保企业行为符合法律法规及环境道德的要求，促进经济、环境、社会三者协调持续发展。在全球气候变化的今天，企业环境责任被赋予了新的内涵。从宏观角度看，企业不仅要承担在生产过程中不污染周边环境以及注重研发无害于环境和生命健康产品的环境责任，走出一条以"低能耗、低排放、低污染"为基础的低碳发展道路，还要积极开发和利用新能源，提高能源的利用效率，促进传统能源的清洁高效利用，有效控制温室气体的排放，实现节能减排，承担起应对气候变化的低碳环境责任。

企业应对气候变化的环境责任是新时代对企业提出的更高层次的重要义务，是对传统环境责任理念的一次升华，也只有这样的企业才能在未来的竞争中抢占先机。

### 5.2.3 如何看待利润最大化与企业环境责任之间的关系

蓬勃发展的工业文明实践活动加剧了人与自然的冲突，雾霾、沙尘暴、干旱、污染等一系列问题围绕在我们身边。究其原因，人类社会发展片面追求经济增长，对自然占有和征服的欲望，最终让我们面对如此严酷的现实。在追求构建和谐社会的今天，作为社会经济主体的企业肩负着重要的责任和使命，企业环境伦理问题也渐渐引起了人们的关注。如何加强企业环境伦理建设，促进实现企业经济效益、社会效益、环境效益的有机统一，取得经济发展和环境保护的双赢，是当前亟待解决的一个问题。

由于我国生产力较落后，工业化起步较晚，我国经济的发展集中体现了发展中国家经济发展的特点：经济发展速度快，主要采用以要素投入带动经济增长的外延型（粗放）投入增长方式，生产要素使用效率低下。长期以来我国大部分企业在生产经营过程中并没有树立环境保护意识，这对于企业环境伦理建设来说是最大的障碍。但事实上，利润最大化与企业环境责任之间是相辅相成的关系。利润最大化是企业履行环境责任的基础，企业环境责任的履行反过来又可以促进利润的增加。在大多数情况下，人们担心企业承担环境责任会有损于其经营业绩，因为环境责任活动意味着企业要额外支付成本，从而损害了其短期利益。但从长远来看，企业在力所能及的范围内进行一些环境责任活动相当于投资，虽然短期内这种投资或许牺牲了企业的经营业绩，但由于改善了企业在公众心目中的形象、吸引了大量人才等，这种投资可以增加利润，并足以抵补企业当初额外支付的成本。从这种意义上讲，企业在利他的同时也在利己。

现实生活中，当企业履行了对供应商、员工、政府、债权人、顾客及公众的责任时，它同时也会得到社会相应的回报，树立良好的公众形象，而这宝贵的无形资产又有利于企业获得更多的利润。就拿重视环保的企业来说，一方面企业可通过公益事业与社区共同建设环保设施，以净化环境，保护社区及其他公民的利益，有助于缓解城市尤其是工业企业集中的城市经济发展与环境污染严重、人居环境恶化间的矛盾；另一方面可以通过技术革新减少生产活动各个环节对环境可能造成的污染，同时也可以降低能耗，节约资源，降低企业生产成本，从而使产品价格更具竞争力。[1] 另外，优美的环境也可以助力企业吸引优秀的人才。

## 【工作示例】

### 用创新膜技术解决中国水问题

"江南有梅雨季，岭南有回南天。"夏汛之际，洪涝成灾的报道总是充斥于各大媒体。但中国绝不是一个水资源充沛、水质良好的国家。"绿水青山就是金山银山"这句论断非常准确地点出了中国水资源的问题所在：在中国，"绿水"很金贵。《中国地下水污染状况图》曾以国家地下水质量标准（GB/T 14848 - 93）为据，对中国各区域地下水的污染情况进行调查，结果发现除西北地区地下水受人类活动影响相对较小而污染较轻外，东北、南方地区地下水均污染严重。发展至今，中国几乎所有的城市都或多或少存在水污染问题。

北京碧水源科技股份有限公司（以下简称"碧水源"）创建于 2001 年，是一家由归国留学人员创办于中关村国家自主创新示范区的国家首批高新技术企业、国家第三批创新型试点企业、科技奥运先进集体，致力于用自主研发的膜技术解决中国水资源短缺和水环境污染的双重难题。曾参与包括太湖流域治理、滇池流域治理、南水北调丹江口水源保护地治理、海河流域治理、北京引温济潮跨流域调水工程、北京奥运龙行水系工程、国家大剧院水处理工程等众多国家水环境重点治理项目。公司研发的膜生物反应器（MBR）技术通过膜分离和生物处理工艺的有机结合，不仅能有效把污水变成可用的高品质再生水，实现出水水质稳定达到地表Ⅳ类标准（即可作为一般工业用水），还能消除地区黑臭水体，改善整体环境质量。[2] 20 年来，MBR 工艺技术及产品已用在成千

---

[1] 张梅. 企业社会责任与股东利益最大化的关系分析 [J]. 商业时代, 2010 (26): 79, 89 - 90.
[2] 王璐. 碧水源：用创新膜技术解决中国水问题 [J]. 中国科技产业, 2020 (9): 64 - 65.

上万个水处理项目之中，更是成功打入国际市场，销往澳大利亚、菲律宾、东欧等国家和地区。

## 讨论：

"既要绿水青山，又要金山银山"是当今科技发展的必然趋势。将科技创新的环境效益置于战略层面的高度已经得到广泛认可，2020 年世界知识产权日以"为绿色未来而创新"为主题，更加充分地说明了研究科技创新的环境效应与探究绿色科技创新等议题的重要意义。近年来我国的经济发展面临着严峻的环境污染和环境治理问题，科技创新是经济高质量发展的保障，也是有效缓解环境污染、加强环境治理的重要渠道。随着数字经济的蓬勃发展，数据和技术已成为支撑绿色转型的关键工具。数字技术不仅能够更有效地监测环境质量、预测污染趋势，还能为环保决策提供科学依据。例如，利用大数据分析可以更精确地识别主要污染源，而物联网技术可以帮助实现对污染排放的实时监控。

此外，数字经济也为绿色产业带来了新的商业模式和机会。智能家居、智能交通等数字化应用可以提高能源利用效率，减少碳排放，助力实现低碳经济。而区块链技术则为绿色供应链管理、碳交易等提供了可靠的技术支持。

同时，数字化也带动了绿色金融的创新。现在的投资者和消费者越来越关注企业的环境、社会和治理（ESG）表现，数字技术可以为这些利益相关者提供更加透明、准确的信息，帮助他们做出更为明智的决策。

由此可见，数字经济不仅推动了经济增长，还为环境保护和绿色发展提供了新的路径和工具。只有真正融合绿色和数字，我们才能构建一个既经济繁荣、又生态宜居的未来。

## 【案例实践】

### 采煤毁林不可取

几千年来，人类一直依赖森林获得食物、燃料、药品、化学物质和建筑材料等，解决就业和娱乐问题，但是由于人类对森林的过度采伐，世界上的森林资源正在急剧减少。而森林被毁正是温室效应的主要原因，不仅减少了可吸收二氧化碳的树木数量，还增加了土壤腐蚀问题，生态系统循环也遭到严重破坏，对毗邻的土地和水系产生负面影响。

山西煤炭运销集团和顺鸿润煤业公司成立于 2012 年 6 月 4 日，由山西和顺古盛煤业有限公司、山西和顺同安煤业有限公司、山西和顺上元煤业有限公司和山西和顺得成煤业有限公司整合而成，主要经营矿产资源开采和煤炭开采业务。该公司于 2021 年 1 月 12 日、2 月 4 日被新华社《经济参考报》两次报道存在盗采煤炭毁林占田问题。尽管和顺县林业局先后下发 11 次停工通知、7 次整改通知和 2 个文件，但禁而不绝，和顺鸿润煤业公司仍昼夜不停作业，严重破坏生态环境和林业资源，性质恶劣。国家林草局 2 月 8 日即派工作组督办，3 月 30 日挂牌督办。经查，和顺鸿润煤业公司自 2014 年以来违法侵占林地 121.25 公顷，违法采伐林木蓄积 1617 立方米。和顺县公安局、检察院、法院成立专班开展侦查，并对 16 名嫌疑人采取强制措施。和顺鸿润煤业公司被处以 1.06 亿元综合性行政处罚，缴纳矿山环境恢复和土地复垦费用 3.15 亿元。目前该案所涉林地已悉数回收并由太原市康培园林绿化工程有限公司全面实施生态修复绿化工程。国家林草局表示，各级林草主管部门要在党中央、国务院的坚强领导下，树牢"绿水青山就是金山银山"的理念，坚持严格执法，以"抓铁有痕、踏石留印"的精神，深入推进"全国打击毁林专项行动"，加大案件查处力度，坚决打击各类破坏森林资源行为，保护好宝贵的森林资源。

资料来源：和顺县关于上报群众反映山西煤炭运销集团和顺鸿润煤业有限公司环境问题（X2SX202104150016）调查处理情况的报告［EB/OL］. http://www.heshun.gov.cn/hsztzl/delzysthjbh-dcjhs/dcgg/content_72039。

**评述：**

从长期看，生态环境的改善可以为企业发展提供一个良好的外部环境。然而，在现实中，有些企业往往更加注重短期利益，甚至以非法手段破坏生态环境，获取企业超额利润。显然，部分企业生态文明建设以及责任意识不足，经营活动关注的重点主要是投入和产出，重利轻义，忽视生态和社会效益。因此，要保证生态文明建设的顺利实施，实现社会建设、经济建设、生态建设等的可持续发展，需要培养企业生态环境保护意识、建立严格生态环境保护制度、构建环境保护多元共治体系和推动生态环境问题修复治理。

# 5.3 保护后代的权利和可持续性道路

## 【任务目标】

- 什么是环境可持续性？
- 国际、国家、企业和个人在环境问题上分别扮演了怎样的角色？

## 【任务描述】

通过本任务的学习，明确环境可持续性的概念，了解不同层面主体在解决环境问题上的相关行动。

## 【知识学习】

环境可持续性是指环境继续满足当代人的需要，同时不损害后代人对环境需求的能力。如果我们要保留充足的有限不可再生资源和不可替代资源，让未来的人的生活质量能够不低于我们现在的状况，那么我们应该从各个层面做出实质改变。

### 5.3.1 国际层面

许多自然生态问题已经造成了全球性环境污染，引起世界各国对环境保护和环境科学的普遍关注。为协调全球环境保护工作，国际环境保护机构和组织相继成立。例如成立于 1948 年的国际自然和自然资源保护联合会（INCN），其宗旨是促进生物资源的保护和资源的持续利用。还有一个国际组织在确认全球环境问题并努力解决问题方面扮演了重要角色，它就是联合国环境计划组织（UNEP）。自 1972 年成立以来，它始终致力于解决臭氧减少、海洋环境退化、全球变暖、森林被毁、固体废物和危险废物、土地退化、淡水数量和质量以及生物多样性受到威胁等主要环境问题。早在 1977 年，UNEP 就研究了臭氧问题并开始为 1987 年的《蒙特利尔公约》（Montreal Protocol）进行基础工作。在该草案中，世界上大多数生产和消费含氯氟化碳的国家都同意逐步终止这些破坏臭氧物质的生产和消费。UNEP 报告中指出，由于《蒙特利尔公约》的实施，到 2060 年估计有 150 万黑色素肿瘤病例可以避免。UNEP 也正在拨款研究和支持对保护和更维护性地使用世界水源方面的信息交换。全球水源评价报告将会检查围绕共同水源所存在的问题，列出未来水源状况下可能会出现的情形，并对不同的政策选择进行分析。UNEP 也正暗中努力在全球发起合理管理危险化学物质的运动，这是构成鹿特丹会议的一个必不可少的组成部分。鹿特丹会议要求在危险化学物质通过一国边境前，要征得该国明确的同意。UNEP 也在努力保护世界生物的多样性，通过他们的努力，大象已脱离了濒临灭绝的边缘。①

1991 年，世界自然保护同盟、联合国环境规划署、世界野生生物基金会共同提出一份关于当前环境与发展危机的报告，题为《保护地球——可持续生存战略》，该报告阐述了两个基本问题：一个是关于新的道德观念，另一个是关于保护环境与发展的结合。该报告认为，通过保护将人类的行动控制在地球的承受能力之内，通过发展使人人都能度过长久、健康和令人满足的一生。该报告强调人类文明处于危险之中，呼吁所有人都采取可持续生存战略。

1992 年，联合国环境与发展大会在巴西里约热内卢召开，会议通过了世界范围内可持续发展行动计划的《21 世纪议程》文件，该文件阐明了人类在环境保护与可持续之间应做出的选择和行动方案，提出了涉及地球持续发展所有领域的 21 世纪行动方案。

2021 年，主题为"加强自然保护行动，实现可持续发展目标"的第五届联合国环境大会在线上召开，着重探讨如何通过"自然为本"的方式推动实现可持续发展目标，重建更具复原力和包容性的后疫情世界。联合国秘书长古特雷斯在致辞中表示，新冠疫情仍在全球肆虐，当下人类面临三重环境危机：气候变化、生物多样性丧失，以及每年导致约 900 万人死亡的环境污染问题。② 为实现联合国 2030 年目标，必须不遗余力地采取行动解决荒漠化、海洋垃圾、粮食和水安全问题，把地球的生态健康放在制订计划和政策的核心位置。

---

① 卡罗尔，巴克霍尔兹. 企业与社会：伦理与利益相关者管理（第 5 版）[M]. 黄煜平，等译. 北京：机械工业出版社，2004.

② 第五届联合国环境大会开幕　聚焦疫情下的环境政策 [EB/OL]. http：//www. xinhuanet. com/2021-02/23/c_1127126617.

### 5.3.2　国家层面

**1. 习近平生态文明思想**

党的十八大以来，习近平总书记站在中国特色社会主义事业"五位一体"总体布局的战略高度，对生态文明建设提出了一系列的新思想、新观点和新论断。我们要深刻领会习近平生态文明思想的核心要义，科学把握"绿水青山就是金山银山"的内涵。"两山理论"是 2005 年 8 月 15 日，时任浙江省委书记的习近平在安吉县余村考察工作时，结合我国国情首次提出的。"两山"，顾名思义，指向"两座山"，一是"绿水青山"，二是"金山银山"。具体来说，"绿水青山"是人类开展生产活动的自然资源和生态环境，兼有生产的物质要素属性和提供人类生命支持及审美要求的生态属性。"金山银山"则指向经济发展或经济收入，意味着财富或财产的充裕，它有特定的经济价值且具有保值、增值性的特点。我国的生态环境保护工作此前已经经历了"宁要金山银山，不要绿水青山""既要金山银山，也要绿水青山""宁要绿水青山，不要金山银山"这三个阶段，但"两山理论"要求的是经济的可持续发展，因此金山银山必须指向绿色发展，绿水青山就是金山银山，只有这样才能从根本上为人民带来民生福祉，让居民既看得见山、望得见水，又能提高收入水平，真正实现生态惠民，人民富有，环境美丽。

除了"两山理论"，习近平生态文明思想还包括"生态兴则文明兴"的生态文明观、"良好生态环境就是最普惠的民生福祉"的生态民生观、"山水林田湖草是生命共同体"的生态系统观以及"实行最严格的生态环境保护制度"的生态法治观。在这些理念的共同引领下，中国在环境保护方面做出了诸多努力，为全球环境治理提供了中国智慧与中国方案。①

**2. 保护生物多样性**

生物多样性是地球上所有生命的基础，是全人类的共同财富。当前全球生物多样性正面临着前所未有的挑战，已严重影响人类的生活，威胁着人类的健康。我国是世界上生物多样性最丰富的国家之一，也是受威胁最严重的国家之一。中国政府高度重视生物多样性保护，党的十八大以来，以习近平同志为核心的党中央把生态文明建设作为统筹推进"五位一体"总体布局和协调推进"四个全面"战略布局的重要内容。习近平生态文明思想为推进生物多样性保护工作提供了根本遵循，为正确处理好发展和保护的关系，实现人与自然和谐共生的愿景提供了思想指引和行动指南。

我国初步划定的生态保护红线面积约占陆域国土面积的 25%，覆盖了所有生物多样性保护生态功能区，保护了近 40% 的水源涵养、洪水调蓄功能，约 32% 的防风固沙

---

①　根据以下资料整理：郑玥."两山理论"与建设生态浙江研究［D］. 杭州：浙江理工大学，2018；赵心梦．习近平生态文明思想及当代价值研究［D］. 哈尔滨：哈尔滨师范大学，2021。

功能，生态保护红线的固碳量约占全国总固碳量的近 45%。① 近年来，我国组织开展生物多样性调查、观测和评估，颁布多部与生物多样性保护相关的法律法规，初步构建生物多样性监测网络，有力推动了生物多样性保护和管理工作。2010 年，国务院成立了"2010 国际生物多样性年中国国家委员会"（后更名为"中国生物多样性保护国家委员会"），召开会议审议通过了《中国生物多样性保护战略与行动计划（2011—2030年)》，指导我国开展生物多样性保护与可持续利用。截至 2018 年底，我国各类自然保护地总数量已达 1.18 万个，自然保护地面积超过 172.8 万平方千米，占陆域国土面积18% 以上，大熊猫、朱鹮、藏羚羊、川金丝猴等珍稀濒危物种野外种群开始恢复，数量稳中有升。②

### 3. 禁止洋垃圾

20 世纪 80 年代，我国乡镇企业迅猛发展，为缓解原材料不足等问题开始从境外大量进口可以用作原料的固体废物（俗称洋垃圾）。但进口固体废物中往往夹杂着病毒、细菌等有害物质，部分企业为了谋取利益不惜铤而走险，非法进口洋垃圾屡禁不绝，严重危害了我国人民群众的身体健康和生态环境。为了规范固体废物进口管理，彻底铲除这个影响生态环境建设的"绊脚石"，我国付出了大量努力。

早在 20 世纪 90 年代初，我国便加入了控制危险废物越境转移及其处置的《巴塞尔公约》。1995 年国家发布了《中华人民共和国固体废物污染环境防治法》。随着中国特色社会主义进入新时代，党中央、国务院更是高度重视禁止洋垃圾进口工作，民之所盼，政之所向。2017 年 4 月，习近平总书记亲自主持召开中央全面深化改革领导小组会议，审议通过《禁止洋垃圾入境推进固体废物进口管理制度改革实施方案》（以下简称《实施方案》），亲自部署推动改革进程，明确指出禁止洋垃圾进口是生态文明建设的标志性举措，要坚定不移地推进这项改革，从严把握各项管控工作。2017 年 7 月，《实施方案》经国务院办公厅正式发布，由生态环境部、海关总署等 15 个部门组成的禁止洋垃圾入境推进固体废物进口管理制度改革部际协调小组随即成立。一系列改革举措密集出台，吹响了禁止洋垃圾入境攻坚战的号角。2018 年 5 月，全国生态环境保护大会对全面打好污染防治攻坚战做出全面部署，明确指出要全面禁止洋垃圾入境，大幅减少进口固体废物种类和数量。2019 年，生态环境部会同有关部门坚决贯彻落实习近平总书记重要指示批示精神，全面落实《实施方案》，严格固体废物进口审批，严格执行生态环境部、商务部、国家发展改革委、海关总署联合印发的《关于调整〈进口废物管理目录〉的公告》，有序减少固体废物进口种类和数量。

从完善禁止洋垃圾入境相关监督制度、强化洋垃圾非法入境管控到建立禁止洋垃圾入境长效机制，从突出重点、保障改革平稳实施到提升国内固体废物回收利用水平，曾经来势汹汹的洋垃圾入境的大门正在徐徐关闭。

---

①② 国家生物多样日［EB/OL］. https：//www.mee.gov.cn/ywgz/zrstbh/swdyxbh/index_2.shtml.

**4. 碳排放**

2016 年以来，中国政府通过印发《"十三五"控制温室气体排放工作方案》（以下简称《"十三五"控温方案》）及能源领域的各项相关发展规划，加强低碳发展战略目标和政策引导，促进产业结构调整和能源结构优化，持续推进节能和能效水平的提高，努力控制非能源活动的温室气体排放，积极增加林业碳汇，推动落实与强化减缓行动的体制与机制创新，不断探索符合中国国情的低碳发展新模式。

在调整经济结构与产业结构方面，中国明确提出用 3～5 年时间较大幅度压缩产能，依法依规淘汰落后产能；加强投资引导，对钢铁、电解铝、水泥、平板玻璃、船舶等产能严重过剩行业的新增产能制定了严格的标准；并通过放宽市场准入，促进服务业优质高效发展，推动生产型服务业向专业化和价值链高端延伸，推动生活型服务业向精细和高品质转变，推动制造业由生产型向生产服务型转变。

在优化能源结构方面，中国继续采取强有力的政策措施积极发展可再生能源，稳妥推进核电发展，先后印发了可再生能源、水电、风电、太阳能、生物质能、地热能及核工业发展等一系列"十三五"规划，明确了"十三五"期间非化石能源的发展目标、规划布局和建设重点。通过编制"十三五"能源发展规划，提出加快发展天然气的目标，并推动天然气定价改革，为天然气发展提供良好的价格机制支撑。此外，中国继续实施大气污染防治十条措施，明确提出要严控煤炭消费总量，在京津冀鲁豫、长三角、珠三角、汾渭平原等重点地区实施煤炭消费减量替代，其他重点区域实施"等煤量"替代。

在节约能源和提高能效方面，中国启动了"百项能效标准推进工程"，完善节能标识管理制度，扩大了能效标识适用范围，编制了《国家重点节能低碳技术推广目录（节能部分）》；推动企业开展能效对标达标，编制了首批《"能效领跑者"产品目录》《节能机电设备（产品）推荐目录（第七批）》《"能效之星"产品目录（2016）》；推动全民开展节能行动，启动了高效节能产品倍增行动计划；还制定了绿色交通发展的体系和框架，深入实施公交优先战略，大力促进绿色出行，大部分出行模式的能耗指标均有所改善。

在控制非二氧化碳的温室气体排放方面，中国全面推行绿色制造，淘汰水泥和钢铁落后产能，积极推行清洁生产技术工艺，推动农村沼气转型升级，积极控制禽畜温室气体排放。此外，中国积极推进资源利用减量化、再利用和资源化，从源头和生产过程减少温室气体排放。逐步完善城市废弃物标准，实施生活垃圾处理收费制度，推广利用先进的垃圾焚烧技术，制定促进填埋气体回收利用的激励政策。

在增加碳汇方面，中国继续实施天然林资源保护、退耕还林、防护林体系建设、湿地保护与恢复、石漠化综合治理、京津风沙源治理等一批重大林业生态保护与修复工程，加快造林绿化步伐；还实施了"南红北柳"湿地修复工程、"生态岛礁"工程、"蓝色海湾"整治工程，逐步推进蓝碳试点工作，加强海洋碳汇管理。

中国政府通过法律、行政、技术和市场等多种手段，积极探索适合中国国情的低碳发展新模式。在中国政府的高度重视下，减缓气候变化的政策行动取得了实质性进展，调整能源结构和节能降耗方面取得显著成效，碳排放强度明显下降，温室气体排放总量得到有效控制。[①]

### 5.3.3 企业层面[②]

在当今环境危机日益加剧的背景下，企业环境责任不仅是企业承担社会责任的一个重要方面，也是人类文明进步的产物，其重要性不言而喻。尤其在应对气候变化这一全球环境问题时，企业更发挥着至关重要的作用。企业所承担的环境责任是一种全过程的责任，其要求企业在各个阶段都要承担起保护环境、节约资源的责任。

在生产准备阶段，企业要对规划和建设项目实施后可能产生的环境影响进行分析、预测和评估，提出预防或减轻不良环境影响的对策和措施，并进行跟踪监测。在选购原材料时，应尽可能地选择可再生物质或新能源材料甚至也可以是其他企业的废料，并通过先进的清洁生产技术、工艺和设备对能源进行加工与利用，这样不仅能降低企业经济成本，还能促进资源循环利用，减少对大气环境质量的影响，塑造绿色企业形象。

在产品生产设计阶段，随着人们对节能环保产品需求的增加，企业应抛弃传统的末端治理的理念，充分考虑产品在使用过程中环境污染、资源消耗情况，大力研究开发先进的环境技术，确保所生产的产品低消耗、低污染。另外，也应注意产品包装和标志的绿色设计，环境标志和能效标识的作用是不可代替的。

在生产运营阶段，企业可以根据自身特点制定总体低碳标准与相关的内部规章制度，对企业的能耗指标、排放指标以及污染指标进行详细的规定，并全过程监控企业的生产行为，严格检测各项指标值，努力实现低碳生产经营。一旦发现超标，企业应该及时地采取措施降低能耗、减少二氧化碳等温室气体的排放，使企业环境责任的范围从"末端治理"扩大到全方位的环境责任，更好地实现企业碳排放标准。此外，企业应利用新闻发布会、展览会、广告、年度报告、环境报告等手段，定期或不定期地向社会公开与环境有关的信息，包括企业所执行的环境保护方针、年度环境保护目标及最终成效；生产过程中资源、能源的利用情况；废物的排放及循环利用情况以及为应对气候变化所进行的投资以及相关环境技术开发情况等。让利益相关者更好地了解企业为环保做出的贡献，同时适当给予企业进行环境保护的压力，督促企业管理者做出更为环保的决策。

为了更好地应对环境挑战，企业可以采用战略环境管理方法来实现环境管理体系的有效性。麦肯锡 7S 框架提供了一个很好的方法。该框架中确认并整合了组织成功所必需的 7 个典型的组成部分，并给出了 7 条绿色建议。企业能够把他们的环境组成部分反

---

① 中华人民共和国气候变化第二次两年更新报告 ［EB/OL］. https：//www. mee. gov. cn/ywgz/ydqhbh/wsqtkz/201907/P020190701765971866571. pdf.

② 本部分根据以下资料整理：高翼鹏. 企业环境责任法治问题研究 ［D］. 石家庄：河北经贸大学，2015；贝拉斯克斯. 商业伦理：概念与案例（第 7 版）［M］. 刘刚，程熙镕，译. 北京：中国人民大学出版社，2013。

映到它们的超级目标、战略、结构等方面，以便制订一个完整的组织环境反应计划（见图5.1）。使用这种方法，所有组织的部门及层次的环境管理者都能关心环境并采取环境敏感性的行为。对他们来说，使用这一模型的关键是在每一个组成部分中确定制订环境反应计划的机会，并且保证这些反应中的任何一个都与其他相协调。

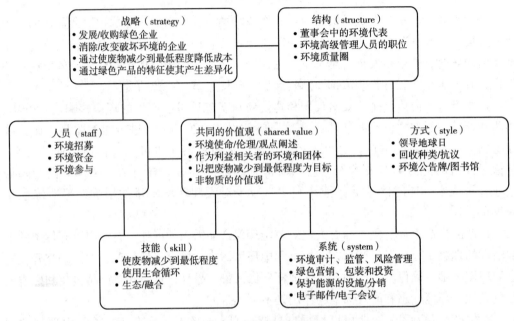

图5.1 战略环境管理

### 5.3.4 个体层面[①]

随着我国环境问题日益严峻，"绿色发展""生态环保"的理念深入人心，生态环境不仅是国家的战略、企业的发展决策，更是居民日常生活、生产过程中的重中之重。作为最广泛的实践基础，国民的意识和行为的阶段性变化是环境治理和质量改善的核心措施之一。因此，应重视个体的环保行为，微观层面的环境保护是解决环境问题、实现美丽中国的基础支撑和不竭动力。

2014 年环境保护部发布了"同呼吸共奋斗"公民行为准则：

（1）关注空气质量。遵守大气污染防治法律法规，参与和监督大气环境保护工作，了解政府发布的环境空气质量信息。

（2）做好健康防护。重污染天气情况下，响应各级人民政府启动的应急预案，采取健康防护措施。

（3）减少烟尘排放。不随意焚烧垃圾秸秆，不燃用散煤，少放烟花爆竹，抵制露

① 王群勇，赵玮，刘旭阳. 个体身份与环境保护：基于身份经济学的考察 ［J］. 中国经济问题，2020（5）：43 - 54.

天烧烤。

（4）坚持低碳出行。公交优先，尽量合作乘车、步行或骑自行车，不驾驶、乘坐尾气排放不达标车辆。

（5）选择绿色消费。优先购买绿色产品，不使用污染重、能耗大、过度包装产品。厉行节约，节俭消费，循环利用物品，参与垃圾分类。

（6）养成节电习惯。适度使用空调，控制冬季室温，夏季室温不低于 26 度；及时关闭电器电源，减少待机耗电。

（7）举报污染行为。发现污染大气及破坏生态环境的行为，拨打 12369 热线电话进行举报。

（8）共建美丽中国。学习环保知识，提高环境意识，参加绿色公益活动，共建天蓝、地绿、水净的美好家园。

## 【工作示例】

### 数字化助力污染防治

2021 年 4 月 25 日，以"构建智慧高效信息化体系，助力生态环境高水平保护"为主题的第四届数字中国建设峰会"数字生态"分论坛在福州举办。在此次峰会上，全国各地企业纷纷展示了数字生态的最新成果，国网电子商务有限公司研发的"重点企业污染防治大数据应用"于其中脱颖而出。

国网电子商务有限公司的"重点企业污染防治大数据应用"充分应用人工智能、物联网、移动互联等数字技术，综合使用电力、环保、气象等多元数据，将重点区域、行业、企业的运营情况一览无余，成功实现了"电力大数据 + 环境保护"创新模式，打造出智慧环保服务新生态。其所研发的电力大数据助力污染防治攻坚系统主要涉及以下三方面监测服务：（1）区域及行业用电监测，即通过多维监测手段收集不同区域、行业的用电数据（日用电量统计、日用电量波动分析等），构建不同区域、行业用电分析模型，助力生态环境部门掌握区域及行业的整体用电情况，精准定位存在污染物排放及污染风险的重点区域和重点行业。（2）重点企业运行情况监测，即基于重点污染企业的用电行为、区域分布特征，构建重点企业用电分析模型，全面分析企业用电量、用电趋势、生产活跃度等指标，助力生态环境部门跟踪监测重点污染企业的区域分布和生产用电情况。（3）管控期间违规生产监测，即基于企业总体生产用电数据，构建企业用电特性的异常生产研判、生产模式识别和转移等分析模型，精准研判企业在减产、限产、停产等应急状态下的生产运行情况，辅助执法部门在重污染天气或特殊时期在线识别违规生产、违规偷排企业。

总体而言，该系统利用电力数据所生成的区域、行业用电波动分析，可助力环保部门对重污企业实行差异化、精准化污染防治管控。此外，电力数据的实时性使得环保部门的"污染源清单"得以及时更新，从而确保相关部门能够根据最新行业现状做好防污工作。国网电子商务有限公司的"电力大数据 + 环境保护"模式对于我国污染防治工作做出了极大的贡献，也取得了显著的成效。该应用平台上线至今，已覆盖 26 个省份、329个市、1959个县，并对3.8万家污染源进行了匹配和监测，完成电力监测"全国一张图"。未来，国网电子商务有限公司将对系统进行持续升级，重点关注排污许可证、"散乱污"企业识别、臭氧污染防治监测等服务，积极开展"碳达峰、碳中和"智能分析、长江黄河流域排污企业监测、智慧环保用电指数等方面的研究工作，进一步推动我国生态环境治理体系建设。

资料来源：国网电商公司重点企业污染防治大数据应用入选数字中国优秀应用案例［EB/OL］. http：//finance. sina. com. cn/jjxw/2021 - 04 - 28/doc - ikmxzfmk9494603. shtml。

**评述：**

国网电子商务有限公司（国网金融科技集团）是国家电网有限公司的全资子公司，成立于2016年1月。在2018年7月，按照"两块牌子、一套人马"运作，实行"一体两翼"的管理模式。依据卡罗尔（2000）提出的社会责任观，企业应遵守经济、法律、道德和慈善期望。其中，经济责任意味着，企业首先是一个经济组织，企业的首要任务就是生产社会需要的产品和服务，并以反映产品和服务真实价值的价格出售。法律责任是指社会在赋予企业经济任务的同时，也需要企业遵守法律，例如履行合同义务、依法经营等。道德责任是指那些超越法律规定的、社会成员所期望或禁止的活动，例如成为道德表率等。慈善责任是社会希望企业做到的，例如企业捐款等。值得注意的是，上述四种责任并不是并列关系，也不是依次递进的关系，彼此之间存在交叉和重叠。国网电商作为一家国有公用事业公司，其社会责任一方面体现在遵守国家法律法规、依法经营，确保产品和服务满足社会的需要，另一方面也体现为在如何保障多方利益相关者的利益。这也符合利益相关者理论的观点，企业是由职工、管理人、合作伙伴和公司股东、消费者等利益相关者形成共同契约关系的组织，企业不能只为了满足股东利益最大化而损害其他利益相关者的权益，应当对所有利益相关者的责任负责。在本案例中，国网电商实现了"电力大数据＋环境保护"创新模式，将母公司、政府部门、公众等利益相关者纳入，构建社会责任价值共创的"利益生态圈"模式，实现国有企业履行社会责任与可持续发展二者之间相互融合和促进。

值得注意的是，相较于私营企业，国有公共事业企业具有更为复杂和严格的社会责任。在提高市场竞争力，获取经济利润和实现国有资产保值增值，同时也承担消费者责任、出资人责任、职工责任、供应商责任等。与此同时，也需全面推进国家现代化经济发展、增强宏观调控效果、实现国家战略目标、维护国家经济安全和促进民生保障建设等。在复杂的社会责任体系背景下，单一的国有公共事业企业应依据自身的功能定位和主营业务范围，厘清其相对应的社会责任边界问题。从而，更加精准履行社会责任，更好地发挥国有企业的功能作用。在实现履行社会责任的精细化责任定位的同时，企业应建设履行社会责任的生态化协同能力，通过构建国有企业"利益生态圈"体系，奠定社会责任价值共创的基础，在协同过程中，引领和带动更多利益相关者参与，扩大社会责任价值共创的影响效应。

## 【案例实践】

### 八步沙，六老汉，三代人

在甘肃河西走廊东端的祁连山脚下，有一条由柠条、沙枣、花棒、白榆等沙生植物"织"成的"隔离带"，这条南北长 10 千米、东西宽 8 千米的隔离带挡住了风沙侵蚀的步伐，使 4 万多亩荒漠得以治理，有效保护了西油（气）东输、干武铁路、省道 308 线、营双高速、金武高速和 S316 线等通道免受风沙掩埋，为构筑西部生态安全屏障做出了贡献。然而在 30 多年前，这片林带所在的地方还是一块寸草不生、狂沙肆虐的大漠，被叫作"八步沙"，沙魔从这里以每年 7.5 米的速度吞噬农田村庄。1981 年，古浪县开始对荒漠化土地进行开发治理，郭朝明、贺发林、石满、罗元奎、程海、张润元等六位年过半百的老人拿起锄头，扛上稻草，义无反顾挺进八步沙，誓言"要用白发换绿洲"。他们以联户承包方式组建了八步沙林场，至此开启了"六老汉"植树的传奇经历。

"三代愚公志，黄沙变绿颜"。38 年来，从第一代治沙人"一棵树、一把草，压住沙子防风掏"，到第二代治沙人创新应用"网格状双眉式"沙障结构，实行造林管护网格化管理，再到第三代治沙人全面尝试"打草方格、细水滴灌、地膜覆盖"等新技术，八步沙林场已完成治沙造林 21.7 万亩，管护封沙育林（草）37.6 万亩，植树 1000 多万株。以矢志不渝的坚守和奋斗践行了习近平总书记"绿水青山就是金山银山"的理念，诠释了科学治沙、绿色发展之路。昔日的不毛之地，已变成了农民增收致富的"绿色银行"。自脱贫攻坚战打响以来，林场探索将防沙治沙与产业富民、精准扶贫相结合，按照"公司＋基地＋农户"的模式，建立"按地入股、效益分红、规模化经营、产业化发展"的公司化林业产业经营机制，将各类林地林木补偿费全部用于防沙治沙，累计筹资上千万元。帮助从山区下来的移民贫困群众发展特色产业，实现增收致富。经过多年努力，职工年收入由原来的年均不足 3000 元增加到现在的 5 万多元，彻底改变了贫苦落后的面貌，实现了沙漠变绿、治沙人致富。

资料来源：许冬梅，梁开军，张兴林. 甘肃省古浪县八步沙林场践行"两山"理论的调查与思考［J］.环境保护，2019，47（21）：73－74。

## 评述：

党的二十大报告提出，推动绿色发展，促进人与自然和谐共生。习近平总书记指出，大自然是人类赖以生存发展的基本条件。尊重自然、顺应自然、保护自然，是全面建设社会主义现代化国家的内在要求。必须牢固树立和践行绿水青山就是金山银山的理念，站在人与自然和谐共生的高度谋划发展。我们要推进美丽中国建设，坚持山水林田湖草沙一体化保护和系统治理，统筹产业结构调整、污染治理、生态保护、应对气候变化，协同推进降碳、减污、扩绿、增长，推进生态优先、节约集约、绿色低碳发展。[①]

---

① 习近平提出，推动绿色发展，促进人与自然和谐共生［EB/OL］. https：//www. xuexi. cn/lgpage/detail/index. html？id＝6043535193020225165&item_id＝6043535193020225165.

三代人 38 年，初心未改，做到了"任凭风浪起，稳坐钓鱼台"，始终体现着一种坚守初心、为民谋福的精神实质；三代人 38 年，始终在与黄沙做斗争，体现着一种保护生态、绿色发展的精神，是典型的"两山"理论践行者。三代人还传承着一种群众首创、不甘落后、勇于探索、唯实创新、科学治沙的精神。38 年来，八步沙林场"六老汉"三代人的治沙实践也充分证明，党的领导是生态文明建设的根本保障，只要加强党对生态文明建设的领导，美丽中国的目标就会更进一步。八步沙林场的成功实践也证明，生态文明建设离不开人民群众的参与和支持，生态文明建设必须要坚持走群众路线。八步沙林场 38 年来取得的成绩，靠的正是以共产党员为骨干的三代人，忠于使命、信守誓言、扎根荒漠、压沙造林，用生命和汗水成功击退了风沙的侵蚀，创造了荒漠变绿洲的奇迹。建设生态文明必须发扬斗争精神，只有敢于斗争、善于斗争，才能在生态文明建设中把牢方向，做到"不畏浮云遮望眼""乱云飞渡仍从容"。①

# 5.4　本章小结

2020 年，我国圆满完成污染防治攻坚战阶段性目标，但依然还存在着各种各样的环境挑战。作为市场经济中的基本组成部分，企业在对自然环境的污染和消耗中扮演了主要角色，因此需要为环境问题负主要责任。在追逐经济利益的同时确保企业行为符合法律法规及环境道德的要求，促进经济、环境、社会三者协调持续发展，走出一条以"低能耗、低排放、低污染"为基础的低碳发展道路。

除了企业层面，解决环境污染问题还可以从国际、国家、个人等层面出发。许多国际环境保护机构和组织相继成立，各种环境大会相继召开，致力于地球可持续发展。在国家层面，本书结合习近平总书记提出的"两山理论"，引导学生明确什么是环境价值观，了解中国在环境保护方面做出的努力。企业所承担的环境责任是一种全过程的责任，为了更好地应对环境挑战，企业可以采用战略环境管理方法来实现环境管理体系有效性。国民的意识和行为的阶段性变化是环境治理和质量改善的核心措施之一，要重视个体的环保行为，从生活小事做起。

# 自　测　题

1. 探讨中国当前的主要环境问题及其可能的解决方案。
2. 简述企业环境责任的内涵。
3. 什么是"两山理论"？
4. 环境问题的日益恶化，对企业的经营管理者提出了哪些要求？
5. 如何正确看待企业追求利润最大化与承担环境责任之间的关系？

---

① 万积平．"八步沙精神"的内涵及其时代启示 [J]．甘肃理论学刊，2019（6）：24 - 29．

6. 分析党的二十大报告中提出的 "中国式现代化是人与自然和谐共生的现代化"，并探讨其对中国未来发展的意义。

**案例分析**

# 第 6 章　工作场所中的伦理

## 【学习目标】

1. 了解数字经济时代下工作场所中企业伦理的重要性。
2. 理解工作场所中企业商业伦理的相关基本概念。
3. 掌握企业在工作场所中应该承担的法律责任。

## 【导入案例】

### 工贸行业有限空间生产安全事故

据统计，2016 年 1 月 1 日至 2021 年 7 月 15 日，工贸行业共发生有限空间较大事故 66 起，共造成 248 人死亡。2021 年以来，工贸行业已发生 6 起有限空间较大事故，共造成 26 人死亡，特别是四川省连续发生了两起死亡 6 人以上的有限空间中毒事故。这些事故暴露出一些企业对有限空间中毒伤亡风险认识不清，不落实"先通风、再检测、后作业"的要求，安全培训不到位、防护装备不齐全等问题，从而反映出一些企业安全责任的缺失。

四川省某食品厂发生的一起较大中毒和窒息事故造成 7 人死亡、1 人受伤。发生原因是：食品厂废水处理间好氧池曝气风机发生故障，企业未停止使用污水处理相应的设施。曝气风机重新启动，高浓度硫化氢等有毒有害气体逸出扩散，作业及先期施救员在未采取任何安全防护措施的情况下进入废水处理间，吸入硫化氢等有毒有害气体中毒死亡。主要教训：企业违法组织生产。事发前 20 天，废水处理间曝气风机和废水提升泵无法正常运行、处于停机状态后，企业未按照《四川省环境保护条例》向生态环境部门报告并停止运行相应的生产设施，仍然继续违法组织生产。企业有限空间作业安全管理严重缺位，未辨识出废水处理过程中可能产生硫化氢等有毒有害气体的风险，未执行有限空间作业审批以及"先通风、再检测、后作业"有关规定要求。企业未制定生产安全事故应急救援预案，未组织开展应急救援培训、演练，缺少有毒有害气体检测报警仪等必要的防护用品。

在明知生产设备存在故障的前提下，企业却依旧违规使用不合格的生产设备组织生产，从而导致安全事故的发生，该类行为严重违反了企业生产安全的相关规定，侵害了劳动者的生命健康权。在夏季高温时节，有限空间作业安全风险明显加大。相关部门要通过宣传教育指导和依法处罚，让企业负责人、安全管理人员和员工充分认识和了解到有限空间作业的安全风险，提高企业作业人员的安全意识，此外也要加强配备全身式安全带、三脚架、安全绳、通风设备、与作业环境危险有害因素相适应的检测报警仪器、正压式呼吸器等一系列防护装备，切实保障人员安全。

资料来源：郭静原. 应急管理部公布一批工贸行业有限空间生产安全事故典型案例［EB/OL］. https：//baijiahao. baidu. com/s？ id＝1707809126695343755&wfr＝spider&for＝pc。

党的二十大报告提出，增进民生福祉，提高人民生活品质。用人单位应当为每个职工提供一个安全健康的工作环境，并保障他们的安全和健康免受职业伤害。工作场所中，企业伦理亦无处不在。企业应该高度重视工作场所中的伦理问题，尊重并保护员工的基本权益，为员工营造良好的工作环境。为了更好地理解这一话题，本章将从企业与员工的劳动关系出发，探讨员工在工作场所中所拥有的基本权利以及企业应为员工所承担的伦理责任。

# 6.1 劳动关系和员工权利

## 【任务目标】

- 何为企业与员工之间的劳动关系？
- 工作场所中员工拥有哪些权利？

## 【任务描述】

通过本任务的学习，掌握企业与员工之间劳动关系的概念以及工作场所中员工所拥有的基本权利。

## 【知识学习】

### 6.1.1 劳动关系

**1. 劳动关系的概念**

劳动关系是指劳动者与用人单位依法签订劳动合同，由此在劳动者与用人单位之间产生的法律关系。劳动者接受用人单位的管理，从事用人单位安排的工作，成为用人单位的成员，从用人单位领取劳动报酬和受到劳动保护。

**2. 劳动关系的法律特征**

（1）为了保护劳动者的合法权益。《中华人民共和国劳动法》（以下简称《劳动法》）第一条明确指出："为了保护劳动者的合法权益，调整劳动关系，建立和维护适应社会主义市场经济的劳动制度，促进经济发展和社会进步，根据宪法，制定本法。"

（2）国家通过促进经济和社会发展，创造就业条件，扩大就业机会。《劳动法》第十条指出："国家通过促进经济和社会发展，创造就业条件，扩大就业机会。"

（3）我国《劳动法》适用于在中华人民共和国境内的企业、个体经济组织（包括外资企业）。《劳动法》第二条规定："在中华人民共和国境内的企业、个体经济组织（以下统称用人单位）和与之形成劳动关系的劳动者，适用本法。"

### 6.1.2 员工权利

（1）取得劳动报酬的权利。劳动报酬权是指劳动者依照劳动法律关系，履行劳动义务，由用人单位根据按劳分配的原则及劳动力价值支付报酬的权利。企业不得克扣和无故拖欠员工工资。

（2）获得劳动安全卫生保护的权利。这是保证劳动者在劳动中的生命安全和身体健康，是对享受劳动权利的主体切身利益最直接的保护。

（3）劳动者享有休息的权利。我国宪法规定，劳动者有休息的权利，国家发展劳动者休息和休养的设施，规定职工的工作时间和休假制度。

（4）享有社会保险和福利的权利。我国《劳动法》规定劳动保险包括：养老保险、医疗保险、工伤保险、失业保险、生育保险等。

（5）接受职业技能培训的权利。我国宪法规定，公民有受教育的权利和义务。所谓受教育既包括受普通教育，也包括受职业教育。

（6）法律规定的其他权利。法律规定的其他权利包括：劳动者依法参加和组织工会的权利，依法享有参与民主管理的权利，依法享有参加社会义务劳动的权利，依法享有从事科学研究、技术革新、发明创造的权利，依法解除劳动合同的权利，对用人单位管理人员违章指挥、强令冒险作业有拒绝执行的权利，对危害生命安全和身体健康的行为有权提出批评、举报和控告的权利，对违反劳动法的行为进行监督的权利等。

## 【工作示例】

### 外卖骑手与平台之间是否存在劳动关系？

2020年12月21日，某外卖平台骑手小韩在送餐途中死亡，经调查小韩系猝死。其家属在追究其工伤保险责任由谁承担时，被该外卖平台告知，小韩与平台并无任何关系，平台出于人道主义，愿给家属提供2000元，其他则以保险公司理赔为主。在此之前，小韩购买了一份1.06元的旅行人身意外伤害险，但猝死只获赔3万元。人没了，却只能换来如此微薄的赔偿，此次纠纷也让外界对平台的切割做法产生了潮水般的质疑。在事件发酵之后，平台最终宣布给60万元抚恤金，并承认"众包骑手的保险结构不尽合理，承保金额也依然有所不足"。

资料来源：史洪举. 外卖小哥的权益谁来保护？[N]. 海南日报，2021-01-12（A08）。

**讨论：**

近年来，随着平台经济的发展，劳动者的就业方式越来越灵活，但随之而来的是劳动关系愈发模糊，其中最典型的就是外卖骑手与外卖平台之间的劳动关系。外卖骑手作为当下社会的"高危"职业之一，骑手遭遇交通事故的案例数不胜数，由于缺乏明确的劳动关系，骑手因工受伤甚至死亡却难以获得相应的理赔。一些平台把外卖骑手推给外包公司，外包公司再以各种"免责式"协议规避义务，这其实就是在打法律的"擦边球"，是一种变相推卸责任。基于劳动关系订立规范的、完善的合同，为员工缴纳社保，是企业应担的义务。如果一些企业确实因此产生了经济压力，也应该多用市场调节的手段。外卖骑手需增强自身法律意识、积极维权，平台方与政府相关部门也应主动作为，平衡行业发展的问题。

**【案例实践】**

### 企业"家规"是否涉及侵权？

近年来，关于企业"家规"引起的劳动争议案例一直备受关注："请假犯难、动辄开除""拒绝参加公司聚会被开除""连上 2 次厕所被罚款"……在一些企业内部，不合法的"家规"正在侵犯劳动者的合法权益，也给企业自身带来不利影响。有一则"穿短裤上班被开除后员工状告公司"的劳动争议引起了人们的热议。裁判文书网显示，丁某穿短裤上班，店长要求丁某着工装上班，丁某以天气热、没有开空调为由拒绝，于是店长对丁某罚款 50 元予以惩戒。但此后丁某仍穿短裤上班，遂以不服从管理为由被辞退。丁某认为不着工装即被开除处罚过重，将公司告上法庭，法院审理认为，公司有权因为丁某违反规章制度与其解除劳动合同，但公司未提交证据证明其规章制度制定的合法性，故支持了丁某的主张。该案例惹来不少争议：有人支持用人单位，认为员工应该遵守公司规定；有人支持员工维护个人合法权益的举动；还有网友认为"现如今公司处罚员工的理由越来越奇葩"。

资料来源：何勇. 企业"家规"不能凌驾法律之上 ［N］. 珠海特区报，2021 - 08 - 06 (04)。

**评述：**

《中华人民共和国劳动合同法》（以下简称《劳动合同法》）第四条规定，"用人单位应当依法建立和完善劳动规章制度，保障劳动者享有劳动权利、履行劳动义务"。这也就意味着，制定"家规"是企业的法律责任。同时，制定合法有效的企业"家规"，是企业实现规范化管理和用工自主权的重要方式和依据。所以，一个好的"家规"，除了必须严格遵守法律规定，还应当从本企业的实际出发，具备合理性和可操作性。① 清除逾越法律红线和社会道德底线的企业"家规"，一个关键环节是提升企业管理者的法律意识，促使企业管理者认识到企业规章制定权不是不受约束的，而应建立在依法和合

---

① 周情. 用"家规"惩戒员工，企业就可以任性吗？［N］. 工人日报，2021 - 08 - 5 (07)。

乎社会道德基础之上。通过有效的内部约束和监督机制，将企业"家规"中的不合法、不道德成分剔除，将侵害职工合法权益的企业"家规"消灭在萌芽中。同时，要切实强化外部监管和执法、司法，及时纠偏，让奇葩企业"家规"没有生存的机会。要让一些违规企业付出相应的代价，以警示其他企业不能步其后尘。[①] 在数字经济的大背景下，企业在制定"家规"时，不仅要遵循法律和社会道德，还要考虑到技术和数据的特殊性，以及灵活劳动模式所带来的新的挑战和机会。只有这样，企业才能在数字经济时代实现健康、可持续的发展。

# 6.2　工作场所的个人隐私

## 【任务目标】

- 工作场所中涉及哪些个人隐私？
- 工作场所中的个人隐私该怎么得到保护？

## 【任务描述】

通过本任务的学习，掌握工作场所中涉及的个人隐私问题以及我国对于员工隐私权的相关规定。

## 【知识学习】

### 6.2.1　工作场所的个人隐私问题[②]

隐私权是指公民享有的私人生活安宁与私人信息依法受到保护，不被他人非法侵扰、知悉、搜集、利用和公开等的一种人格权。劳动者作为自然人，享有隐私权。在工作场所中，以下几种情形可能会涉及劳动者的个人隐私权问题。

**1. 监视**

工作场所的监视，是指用人单位对员工的控制性观察，以了解其工作表现、行为性格特征等情况的行为。过去，用人单位一般是安排居于前线的监督人员进行监督、管理员工的工作和保护工作场所。但是，随着现代摄像设备、长焦距照相设备、计算机技术以及其他相关技术的发展，居于生产前线的监督人员退居幕后，使用先进的技术手段对员工进行监视。事实上，用人单位的监督人员可能是一个与被监控的员工没有任何直接

---

① 郭振纲. 向逾越底线的企业"家规"坚决说"不"［N］. 工人日报，2021 - 08 - 19（05）.
② 张新宝. 雇员在工作场所的隐私权保护与限制［J］. 现代法学，1996（5）：4 - 14.

接触，也不存在任何利害关系的人。① 这种在幕后由与被监视者无直接接触的监督人员采用先进技术进行的监视，比过去的监视更为全面彻底，员工在工作场所的一切活动都可能毫无例外地暴露于用人单位的眼前。在现实生活中，用人单位对员工进行监视的实例很多，在一些生产特殊产品的工厂里，用人单位通过电视监视器进行监视，如印制钞票和其他特殊票证的工作场所就安装有监控设备。在银行营业厅，监控设备不仅监视顾客的行为，也监视员工的行为。超市的情况也是相同的，监视器在监视顾客行为的同时，员工的一举一动也在用人单位的监视之下。甚至有的公司在办公室里安装监视装置，监视公司员工的工作表现。

**2. 监听**

工作场所的监听，是指用人单位在工作场所以秘密方式听取员工的谈话。监听包括对员工工作的偷听和机械审查。传统的监听方式主要为电话监听。但是电子技术的发展为用人单位监听员工的电话和其他谈话提供了极大的方便。用人单位现在还可以使用经过特别开发编写的软件包监听员工对计算机的使用情况。在工作场所对员工谈话的监听，可以是即时的监听，也可以是通过技术方法进行录音，在事后进行审查。在实践中，后一种情况更为多见。

**3. 搜查**

工作场所的搜查，是指用人单位对员工的办公室、写字台、文件、公文包、柜子、邮件以及人身进行侵入和检查的一种行为。用人单位习惯于用搜查的方式来保持工作场所的安全和维护企业的财产利益。

**4. 检验**

工作场所的检验，是指用人单位在工作场所用医学、生物化学、心理学等技术手段对员工进行测试，或者要求员工主动到有关部门如到医院进行体检，然后向用人单位提交检验结果的一种行为。工作场所进行的检验常见的种类有：（1）健康检验，主要是对员工健康状况进行检验，尤其是涉及有关禁止性疾病的检验，如传染性疾病。这种检验既包括企业每年进行的例行年度体检，也包括在某些特殊情况下临时进行的检验。（2）药物检验，主要是对员工是否使用了某些违禁药物进行检验，尤其是涉及毒品如海洛因、可卡因、吗啡、鸦片及其制成品等的检验。招工时可能进行药物检验，年度体检时也可能进行药物检验，但是在实践中，药物检验大多是临时安排的。（3）酒精检验，主要是对员工在上班时体内酒精浓度的检验。同药物检验一样，酒精检验大多是用人单位临时安排的，有的是随机抽查，有的则是从外观上感觉到某个员工体内酒精浓度过度如出现醉酒症状而令其进行检验。（4）心理检验，主要是对员工的心理状况进行检验，尤其是涉及使用测谎器、催眠术等器材或方法对员工是否说谎、其心理状态是否

① Cavico F J. Invasion of Privacy in the Private Employment Sector: Tortious and Ethical Aspects [J]. Houston Law Review, 1993 (30): 1263.

处于正常状况等进行的检验。对于员工心理健康状况的检验多于招工时进行，只是在怀疑某一员工在雇用期间出现了显著的心理变化时才会考虑临时性的心理检验。

**5. 通信**

员工在工作场所通信，包括使用工作场所的地址、传真号码、电传号码、传真、电传设备、电子邮件接收设备以及联网计算机和密码等，进行信息的发送和接收的行为。员工在工作场所的通信行为，有一部分是属于完成职务工作的行为，与其个人私事无关。也有一些员工在工作场所进行私人性质的通信，这便涉及这些员工的隐私权保护问题。而通信秘密与自由又是国际人权公约与各国宪法明确确认的公民的基本权利或者自由。通信秘密一般也被认为是隐私权的重要组成部分。

### 6.2.2 《中华人民共和国民法典》对个人隐私权的规定

隐私是自然人的私人生活安宁和不愿为他人知晓的私密空间、私密活动、私密信息。《中华人民共和国民法典》（以下简称《民法典》）对个人隐私权有详细的规定。第一百一十条规定，"自然人享有生命权、身体权、健康权、姓名权、肖像权、名誉权、荣誉权、隐私权、婚姻自主权等权利"。第一千零三十二条规定，"自然人享有隐私权。任何组织或者个人不得以刺探、侵扰、泄露、公开等方式侵害他人的隐私权"。第一千零三十三条规定，"除法律另有规定或者权利人明确同意外，任何组织或者个人不得实施下列行为：（一）以电话、短信、即时通信工具、电子邮件、传单等方式侵扰他人的私人生活安宁；（二）进入、拍摄、窥视他人的住宅、宾馆房间等私密空间；（三）拍摄、窥视、窃听、公开他人的私密活动；（四）拍摄、窥视他人身体的私密部位；（五）处理他人的私密信息；（六）以其他方式侵害他人的隐私权"。

个人信息是以电子或者其他方式记录的能够单独或者与其他信息结合识别特定自然人的各种信息，包括自然人的姓名、出生日期、身份证件号码、生物识别信息、住址、电话号码、电子邮箱、健康信息、行踪信息等。个人信息中的私密信息，适用有关隐私权的规定；没有规定的，适用有关个人信息保护的规定。我国《民法典》第一千零三十九条规定，"国家机关、承担行政职能的法定机构及其工作人员对于履行职责过程中知悉的自然人的隐私和个人信息，应当予以保密，不得泄露或者向他人非法提供"；第一千二百二十六条规定，"医疗机构及其医务人员应当对患者的隐私和个人信息保密。泄露患者的隐私和个人信息，或者未经患者同意公开其病历资料的，应当承担侵权责任"。

### 【工作示例】

#### "用坐垫监视员工"的奇葩管理何时休

2021年初，两家公司的奇葩规定，刷爆了朋友圈，引发网友热议。

某网友发帖称，自己在杭州一家科创型公司上班。该公司最近给员工发了一批外形跟普通坐垫一样的"黑科技"坐垫，内有生物传感芯片模组，不仅可以监测心率、呼吸、坐姿以及疲劳度，还能看到人使用坐垫当日总时长和单次就座时长。与此同时，有网友爆料，某公司有员工因上厕所被罚款。网传的处罚公告显示，该公司规定每个班只允许上一次洗手间，而被处罚人员上了两次，还有被处罚者后面备注着"上班时间上两次洗手间，罚 20 元。"

给员工配备"神奇坐垫"，这种"特殊"福利表面上是出于一种人性化关怀，实则是侵犯员工隐私的反人性化"损招"。而在上班时间限制员工如厕次数，违者就罚款，这样的公司规定不仅不合理，更不合法。

资料来源：戴先任. "用坐垫监视员工"的奇葩管理何时休 [N]. 河北日报，2021-01-07 (07)。

## 讨论：

我国《劳动法》规定，劳动者享有获得劳动安全卫生保护的权利，用人单位应当依法建立和完善规章制度，保障劳动者享有劳动权利和履行劳动义务。无论是限制劳动者的"如厕自由"，还是发放"监控坐垫"，实质上都侵犯了员工权利。这既反映了一些企业管理者的蛮横霸道，也暴露了他们在管理方面的无能与愚蠢，不利于企业的长远发展。在劳动者维权意识日益觉醒的今天，用人单位制定规章制度或劳动纪律，不能脱离实际和矫枉过正，更不能以损害员工的合法权益为代价。相关部门也要加强监管，加大执法力度，打造法治化用工环境，避免一些用人单位打着关怀员工等"看上去很美"的旗号行侵犯劳动者权益之实，切实保护好劳动者的合法权益。

随着数字经济的不断发展，人工智能、大数据和物联网技术在企业管理和运营中的应用越来越普及。这也为企业提供了更为高效、精确的管理工具，但同时也给劳动者的权益带来了一系列的挑战。第一，数字监控技术的普及导致员工的隐私权越来越受到威胁。例如，使用人脸识别技术进行打卡，或是通过智能监控系统实时监控员工的工作状态。这些技术虽然可以提高工作效率，但也可能侵犯员工的隐私权和人格尊严。第二，随着大数据技术的应用，企业可以通过分析员工的行为数据来对其进行评价和管理。但这也可能导致企业过于依赖数据分析，忽视员工的真实感受和需求，甚至可能导致对员工的不公平对待。第三，数字经济的发展也导致了劳动形态的多样化。例如，远程工作、零工经济等新的工作模式的出现。这些新的工作模式虽然为劳动者提供了更多的选择和灵活性，但也可能使其更难以获得稳定的工作和社会保障。

综上所述，虽然数字经济为企业管理带来了很多便利，但也对劳动者的权益提出了新的挑战。企业在追求效率和创新的同时，也应该高度重视和尊重员工的权益，确保技术和数据的应用不会侵犯到员工的合法权益。同时，政府和相关部门也应该加强监管，确保数字经济的健康发展，真正实现技术进步与人权保护的双赢。

## 【案例实践】

### 在员工工位正上方装摄像头，是否侵犯员工隐私权？

目前，在公共、工作场所安装摄像头已经司空见惯，很多企业将安装摄像头作为加强管理和安全的一种手段，一些管理者也认为这种"透明"管理更有助于提高工作效率，而且一旦发生安全偷盗等事故时也易于为分清责任提供证据。然而，企业安装摄像头的行为在加强员工管理的同时，也时常引发是否侵犯员工隐私的争议。

2019年，深圳某公司就因在工作场所安装摄像头问题陷入了劳动争议。事件的起因是：深圳某公司在工作区域内安装了多个高清摄像头，其中一个摄像头位于张某某工位的上方，张某某认为该摄像头能够拍摄到其个人隐私，就拿了两把伞将该摄像头遮挡了起来。随后，该公司通过人事经理两次口头与张某某就打伞行为进行沟通后，两次书面向张某某发送了《警告信》，但张某某仍坚持在工位上撑伞10多天。于是该公司以张某某严重违纪为由与其解除了劳动合同。张某某认为公司的行为是违法解除劳动合同，提起劳动仲裁，后将公司诉至法院，要求公司支付违法解除劳动合同赔偿金，同时主张公司未足额向自己支付产假工资及2019年7月的工资，应该补齐差额。

该公司在法庭上辩称，张某某故意将两把雨伞放置在桌面，将工位全部遮挡，导致公司无法掌握其上班是在工作还是在从事其他与工作无关的事情。同时，其行为对其他员工造成严重负面影响，影响正常的办公环境，因此公司与其解除劳动合同是合法的，且其主张的工资也是足额发放。一审法院判决公司不属于违法解除劳动合同后，张某某又将此案诉至深圳市中级人民法院。深圳中院认为，该公司安装监控摄像头的目的是保证工作场所人、财、物的安全，且安装区域是多人工作的公共场所，而非个人单独的工作场所，也不是劳动者的私人生活区域，其行为明显符合普遍的公司行使用人单位管理权合理行为，并无不妥。

张某某主张摄像头的位置侵害其权益，其提供的照片无法证明其主张。而张某某作为劳动者，在工作时间、工作区域应接受用人单位的管理，虽然监控摄像头有可能拍到员工账号和密码，但员工账号和密码本来就是为了处理工作事务，而不是处理私人事务，并非属于个人隐私信息。至于张某某主张其所在位置能被拍到个人身体隐私部位，其完全是以一种极端角度顾虑监控摄像头的功能作用，现在公共区域安装监控摄像头已是普遍现象，只要规范着装，完全可以避免所谓"走光"问题，所以，张某某主张该安装监控摄像头侵犯个人隐私，法院不予采信。张某某为了躲避监控摄像头坚持在工位上撑伞多个工作日，被提醒警告后仍拒不改正、拒绝服从公司管理，其行为属于严重违反劳动纪律之情形。二审法院判决该公司属于合法解除劳动合同，但该公司存在未足额发放张某某产假期间绩效工资的情形，应向张某某补足工资差额。张某某对这一判决结果仍不满意，于是又向广东省高院提起了再审申请，广东省高院审查后认为，二审法院判决并无不当，驳回了张某某的再审申请。

资料来源：庄德通. 劳动者隐私权和用人单位管理权如何平衡？［N］. 民主与法制时报，2021 - 07 - 23（04）。

**评述：**

上述案例体现了企业管理权与员工隐私权之间的矛盾。用人单位在工作地点安装摄像头有合理性，但也要注意对员工个人隐私的保护。首先，任何形式的监控都应当以单位管理和确保工作安全为目的，而非为了无故干涉或侵犯员工的隐私。这意味着用人单位需要明确其监控目标，避免对员工产生不必要的心理压力和不安。其次，监控设备的安装位置应当限制在工作相关的区域和公共空间。绝对禁止在涉及员工隐私的地方，如更衣室、卫生间、宿舍等设备。这样做不仅是为了尊重员工的个人隐私，也是为了遵循相关法律法规。除此之外，技术上的规范也不容忽视。摄像头和其他监控设备的配置、清晰度以及存储方式都应当与管理的实际需求相匹配，避免对个人隐私产生过度的、不必要的侵犯。最后，员工的知情权是必不可少的。所有的监控措施在实施前都应当明确告知员工，并确保他们明白这是出于哪些考虑。秘密监控不仅侵犯了员工的权利，还可能导致用人单位面临法律风险。

## 6.3　工作场所的各种歧视

### 【任务目标】

- 工作场所中存在哪些常见的歧视问题？
- 我国对于工作场所中的各类歧视问题有何规定？

### 【任务描述】

通过本任务的学习，掌握工作场所中涉及的各类歧视问题以及我国对于就业歧视的相关规定。

### 【知识学习】

#### 6.3.1　工作场所中的歧视问题[①]

劳动者依法享有平等就业的权利。然而在现实工作场所中，企业因各类就业歧视侵害劳动者平等就业权的现象层出不穷。就业歧视是指没有法律上的合法目的和原因而基于种族、肤色、宗教、政治见解、民族、社会出身、学习方式、性别、户籍、残障或身体健康状况、年龄、身高、语言等原因，采取区别对待、排斥或者给予优惠等任何违反平等权的措施侵害劳动者劳动权利的行为。在工作场所中，最常见的歧视问题主要有以下几类。

**1. 性别歧视**

性别歧视指在性别上存在的偏见，在工作场所中，女性常因性别问题遭受用人单位的差别对待。诸如，企业拒录女性劳动者，男女招录条件不同，女性孕期、产期、哺乳

---

① 贾琳. 劳动力市场歧视理论下招聘过程中的典型歧视现象研究［J］. 现代营销（下旬刊），2021（2）：112－113.

期被降职停薪、劝退开除，甚至与女性劳动者签署禁孕协议等都体现了企业对女性的歧视，侵害了女性的平等就业权。2019 年 3 月 14 日，国务院新闻办公室发表的《2018 年美国的人权纪录》指出，美国性别歧视触目惊心。美国女性遭受性骚扰和性侵犯的严重威胁，人身安全缺乏保障，面临明显的就业和职场歧视。

**2. 地域歧视**

地域歧视就是基于地域差异而形成的一种"区别对待"。它是由地域文化差异、经济发展不平衡、人类心理活动等因素引发的。地域歧视是"社会刻板印象"的一种体现。地域歧视是从众心理和集体无意识的结果。地域歧视问题最常体现在企业招聘过程中。

**3. 年龄歧视**

工作场所中的年龄歧视是对任何年龄员工潜在的不公和歧视，包括对年轻员工或老年员工的偏见和不公。在企业招聘过程中，企业所发布的多数岗位的招聘信息均含有严格的年龄限制。例如，企业招聘办公室文秘人员，要求年龄必须 28 岁以下；在网络公司和游戏设计公司，基本只招 35 岁以下的人员。然而事实上，个人工作能力是随着年龄的增长而不断提升的，企业在拒绝录用年长的劳动者的同时也容易损失人才。

**4. 容貌歧视**

容貌歧视是就业歧视中比较突出的一项。在招聘过程中，有的单位标注相貌佳、身高 1.65 米以上、体形偏瘦等具体条件，或者注明某类相貌条件优先录用。有些规模大一点的比较正规的用人单位虽不便在招聘要求中标明类似条件，但是在实际招聘过程中，即便长相、身高对于完成岗位任务并没有具体明确的影响，长相好、身材好的应聘者仍占相对多的优势。而身材矮小、相貌不佳的应聘者，均在招聘过程中处于相对的劣势，或者根本争取不到被录用的机会。

**5. 学历歧视**

我国教育部严禁发布含有限定"985"高校、"211"高校等字样的招聘信息，严禁发布违反国家规定的有关性别、户籍、学历等歧视性条款的需求信息，严禁发布虚假和欺诈等非法就业信息，不得发布院校、学习方式（全日制和非全日制）等（原始学历）歧视性信息。但实际上，许多企业在招聘的过程中，早已把学历作为筛选简历的第一条件。一些企业对于学历要求的设定并不是完全按照岗位的实际需要，而是盲目"跟风"。在很多情况下，一些学历偏低但工作经验丰富、能力完全能够胜任岗位要求的人员却比不过学历较高、经验少、实际能力不高的人。即便在同等学历的情况下，毕业学校也成为比较的条件，有的单位虽然没有注明，但是只录用"985""211""双一流"等名校的毕业生。

**6. 户籍歧视**

户籍歧视主要是指一些大城市针对外地求职和就业人员所采取的一些不公平政策和

待遇。户籍歧视主要有三种情形：一是某些行业和工作岗位限制聘用外地人；二是同工不同酬；三是某些企事业单位不对外地员工提供社保和其他福利。

在同等条件下，城镇户口明显优于农村户口，本地户口明显优于外地户口。很多单位招聘直接要求应聘者持有本地户口。外来务工人员和农民工在这方面劣势更为明显。有的单位即使能够录用，在薪酬定级和待遇上，还有劳动条件上，明显和本地人员有差距。

### 6.3.2 我国对于就业歧视相关法律规定

**1.《中华人民共和国劳动法》**

第十二条　劳动者就业，不因民族、种族、性别、宗教信仰不同而受歧视。

第十三条　妇女享有与男子平等的就业权利。在录用职工时，除国家规定的不适合妇女的工种或者岗位外，不得以性别为由拒绝录用妇女或者提高对妇女的录用标准。

**2.《中华人民共和国就业促进法》**

第三条　劳动者依法享有平等就业和自主择业的权利。

劳动者就业，不因民族、种族、性别、宗教信仰等不同而受歧视。

第二十五条　各级人民政府创造公平就业的环境，消除就业歧视，制定政策并采取措施对就业困难人员给予扶持和援助。

第二十六条　用人单位招用人员、职业中介机构从事职业中介活动，应当向劳动者提供平等的就业机会和公平的就业条件，不得实施就业歧视。

第二十七条　国家保障妇女享有与男子平等的劳动权利。

用人单位招用人员，除国家规定的不适合妇女的工种或者岗位外，不得以性别为由拒绝录用妇女或者提高对妇女的录用标准。

用人单位录用女职工，不得在劳动合同中规定限制女职工结婚、生育的内容。

第二十八条　各民族劳动者享有平等的劳动权利。

用人单位招用人员，应当依法对少数民族劳动者给予适当照顾。

第二十九条　国家保障残疾人的劳动权利。

各级人民政府应当对残疾人就业统筹规划，为残疾人创造就业条件。

用人单位招用人员，不得歧视残疾人。

第三十条　用人单位招用人员，不得以是传染病病原携带者为由拒绝录用。但是，经医学鉴定传染病病原携带者在治愈前或者排除传染嫌疑前，不得从事法律、行政法规和国务院卫生行政部门规定禁止从事的易使传染病扩散的工作。

第三十一条　农村劳动者进城就业享有与城镇劳动者平等的劳动权利，不得对农村劳动者进城就业设置歧视性限制。

**3.《中华人民共和国民法典》**

第一千一百八十三条　侵害自然人人身权益造成严重精神损害的，被侵权人有权请求精神损害赔偿。

**4. 《中华人民共和国妇女权益保障法》**

第二十二条　国家保障妇女享有与男子平等的劳动权利和社会保障权利。

第二十四条　实行男女同工同酬。妇女在享受福利待遇方面享有与男子平等的权利。

第二十五条　在晋职、晋级、评定专业技术职务等方面，应当坚持男女平等的原则，不得歧视妇女。

**5. 《中华人民共和国残疾人保障法》**

第三十八条第二款　在职工的招用、转正、晋级、职称评定、劳动报酬、生活福利、休息休假、社会保险等方面，不得歧视残疾人。

## 【工作示例】

### 浙江就业性别歧视第一案

2014年6月24日，应届毕业生郭某在赶集网上看到杭州市西湖区A职业技能培训学校在招聘文案人员，她认为自己的学历以及实习经验符合学校的要求，便在网上提交了简历。等待多天后没有得到任何回复，郭某又浏览了赶集网相关的页面，才发现招聘页面上写着"限男性"的要求。郭某表示不解，多次向对方咨询，并到学校当面了解，对方坚持只要男性，表示这个岗位不适合女生。7月8日，郭某向杭州市西湖区人民法院提起诉讼。11月12日，这起"浙江就业性别歧视第一案"在杭州市西湖区人民法院宣判，法官认为"被告不对原告是否符合其招聘条件进行审查，而直接以原告为女性、其需招录男性为由拒绝原告应聘，其行为侵犯了原告平等就业的权利，对原告实施了就业歧视"。

资料来源：章慧芬，邹伟锋. 我省首例就业性别歧视案被全总列为"第一反面教材"［EB/OL］. http://www.zjgrrb.com/zjzgol/system/2015/03/05/019095033.shtml。

**讨论：**

要解决劳动关系中的性别歧视问题，可以从哪些方面努力？劳动者依法享有平等就业和自主择业的权利。招聘中的性别歧视很有可能涉嫌违法，我国的《劳动法》和《就业促进法》明确规定：劳动者就业，不因民族、种族、性别、宗教信仰不同而受歧视；妇女享有与男子平等的就业权利，在录用职工时，除国家规定的不适合妇女的工种或者岗位外，不得以性别为由拒绝录用妇女或者提高对妇女的录用标准。保障平等就业，要保障女性求职者获得同等的就业与发展机会。对此，要在全社会形成尊重女性、保障女性就业权益的良好氛围，创造良好的环境和条件。相关执法部门要加大对用人单位的监督力度，对严重侵犯平等就业权的用人单位依法予以严厉处罚。此外，在职场中遭遇歧视的女性求职者，可以向工会、妇联等社会组织求助，或是向法院提起诉讼，通过合法途径维护自己的合法权益。①

随着数字经济的蓬勃发展，女性面临了双重的挑战。一方面，数字化为她们开辟了新的机遇；但另一方面，也孕育了新型的隐性性别歧视。例如，在某些招聘算法中，技术或高级职位的工作机会可能偏向于男性，而女性往往被推向传统的"女性适合"的岗位。为了解决这一问题，我们必须采取多管齐下的策略。首先，推广并应用中立、公正的算法和技术，确保招聘和晋升的过程既公平又透明。其次，强化对数字平台和企业的规范和监督，确保其在招聘和晋升中真正做到性别平等。通过大数据和 AI 技术来追踪和揭露职场性别歧视，使我们能够迅速找出并纠正此类问题。此外，进一步加强对女性在数字经济领域权益的普及和教育，有助于提升女性的权益保护意识。

## 【案例实践】

### A 公司被诉平等就业权纠纷案

随着互联网的迅速发展，网络招聘已经成为各企业招聘人才的主要渠道之一，各企业倾向于通过猎聘、前程无忧、智联招聘、Boss 直聘等招聘网站发布招聘信息并与求职者进行初步的沟通。移动互联网为用人单位招聘人才和劳动者就业均提供了极大的便利。然而，在网络招聘过程中，就业歧视现象也时有发生。

2019 年 7 月，A 公司在智联招聘网站上发布了一则招聘信息，招聘职位涉及法务专员和董事长助理。7 月 3 日，小闫在网上投递了求职简历分别应聘这两个岗位，但很快就收到了公司发送的不合适岗位的通知，而不合适的原因却只有简单的三个字：××（省）人。小闫认为，A 公司以××（省）人为由拒绝录用的行为属于地域歧视，侵害了劳动者平等就业的权利，遂花了 1000 元公证费对上述事实进行公证，并向法院提起诉讼，诉讼请求如下：（1）判令 A 公司向小闫口头道歉；（2）判令 A 公司自判决生效之日起连续十五日在《人民日报》及相关省日报上向小闫登报道歉；（3）判令 A 公司向小闫支付精神抚慰金 6 万元；（4）诉讼费、公证费等一切与诉讼相关费用由 A 公司承担。A 公司认为，其拒绝小闫的求职申请是由于缺乏工作经验而非针对某省人的地域歧视，"××（省）人"只是公司工作人员的备注。

2019 年 11 月 26 日，小闫求职遭拒案在杭州互联网法院开庭。法院认为，根据《中华人民共和国就业促进法》第三条规定，劳动者依法享有平等就业和自主择业的权利。劳动者就业，不因民族、种族、性别、宗教信仰等不同而受歧视。A 公司以小闫是"××（省）人"为由拒绝其求职申请，对其构成地域歧视，侵害了其平等就业权。一审判决如下：（1）A 公司于判决生效之日起十日内赔偿小闫精神抚慰金及合理维权费用损失共计 1 万元；（2）A 公司于判决生效之日起十日内，向小闫进行口头道歉并在《法制日报》公开登报赔礼道歉，所需费用由 A 公司承担；（3）案件受理费 300 元，由 A 公司负担。

一审判决之后，小闫与 A 公司再次上诉。小闫主张一审判决的精神抚慰金偏低，A

① 韩雪. 消除职场性别歧视 保障平等就业权利 [N]. 北京日报，2021 - 06 - 16 (10).

公司完全有能力承担其 6 万元精神损害抚慰金的主张。A 公司则主张其并不存在地域歧视，并提供其他应聘人员的简历作为比对以印证该主张。2020 年 5 月 15 日，二审驳回小闫及 A 公司的上诉，维持一审做出的判决，二审案件受理费 300 元，双方各负担 150 元，该案至此尘埃落定。

资料来源：鞠实. 遏止招聘地域歧视不能只靠劳动者较真［N］. 经济参考报，2020 – 05 – 19（08）；沈建峰. 反对就业歧视，营造公平就业制度环境［N］. 人民政协报，2019 – 12 – 02（07）。

**评述：**

在上述案例中，A 公司因小闫为某省人而拒绝其简历的行为构成了就业歧视中的地域歧视。企业的地域歧视行为有违企业伦理，也违反了法律对于劳动者平等就业的规定。而地域歧视多来自企业人员对于不同地区人民的刻板印象。小闫有较强的维权观念。然而，遏制招聘地域歧视不能只靠应聘者的努力。因此，一方面，相关监管部门在建立公平的法律法规的同时，还需要不断优化企业人力资源管理的社会环境，维护社会公平正义，引导企业实行以人为本的管理，合理利用人力资源；另一方面，企业管理者不仅要学法、懂法，自觉遵守法律，而且还要有仁爱之心，公道正直，知人善任，用人之长，人尽其才，促进企业招聘工作公平有效地开展。在数字经济时代，数据分析和人工智能技术为企业提供了更为精确和客观的招聘工具。这些工具可以帮助企业更加公平、准确地评估求职者的能力和潜力，而非仅仅基于其地域或其他非相关因素。例如，通过大数据分析，企业可以更准确地预测求职者在某个职位的潜在表现，从而减少偏见和歧视的机会。

同时，远程工作和数字化协作工具也正在改变企业的招聘策略。无论求职者来自何处，只要他们具备相应的技能和经验，都可以通过数字工具与企业进行合作。这样，企业不再受到地域限制，能够吸引全球范围内的顶尖人才。

但是，尽管数字技术为公平招聘提供了便利，企业也需要认识到技术并非万能。企业还需要注重培训和教育管理者，确保他们能够充分利用这些工具，不放弃人性化的管理。

# 6.4　职场中的性骚扰

## 【任务目标】

- 职场中存在哪些常见的性骚扰问题？职场性骚扰该如何规避？
- 我国对于职场中的性骚扰问题存在哪些规定？

## 【任务描述】

通过本任务的学习，掌握职场中常见的性骚扰问题，掌握我国关于职场中性骚扰的相关规定以及各主体对于反职场性骚扰应该采取的措施。

## 【知识学习】

### 6.4.1　职场性骚扰的概念

性骚扰指以带性暗示的言语或动作针对被骚扰对象，强迫受害者配合，使对方感到不悦。职场性骚扰一般是指劳动者在工作场所（包括招聘阶段），违反对方意志，以动作、语言、图文等方式表达的具有性意味的民事侵权行为。

在职业场所中，由于上下级的地位、权力不对等，下级很容易受到来自上级的性骚扰。大体可以分为非身体形式和身体形式两种，但是相比于公共场所性骚扰，职业场所性骚扰的受害者由于自身处于权力更弱的一方，因此更难以发声维护自己的权利。受害者拒绝上级的骚扰行为可能会影响其职业发展，而服从这种行为会使其对工作环境产生反感，影响其工作表现。职业场所性骚扰的受害者不仅有女性，也有男性，但女性的比例要高一些。职业场所性骚扰与公共场所性骚扰也有相似的地方，二者都广泛出现于20 世纪女性开始进入职场之后。这时候的女性走出家庭、独立于男性，受到性骚扰的概率大大增加。但女性的独立绝不是性骚扰发生的原因，问题根本还是在于性骚扰者的不轨行为。

### 6.4.2　职场性骚扰的分类

根据行为方式划分，职场中的性骚扰主要存在以下三种类型：（1）言语性骚扰。言语性骚扰是指任何人当面讲让受害者感到尴尬或不舒服的关于性的言论，如当面或当众讲黄色笑话或者用污秽的言语对受害者评头论足。其主要特点是比较露骨的性指向，甚至赤裸裸地直接表明性要求，这与在尊重对方人格基础上的文明的爱慕表白和求爱、求婚显然不同。（2）行为性骚扰。行为性骚扰一般指做出令受害者感到不适的低俗下流的动作，对受害者动手动脚，触摸受害者的身体敏感部位等。（3）环境性骚扰。环境性骚扰指的是通过布置环境给受害者以不适和被侵犯的方式，比如摆放性刺激图片、淫秽书刊物品、播放淫秽音像制品等。

根据行为的轻重程度划分，性骚扰主要存在以下五种类型：（1）性别骚扰，概括为蔑视女性之言语或行为；（2）性诱惑，不适当及冒犯性行为，但不具有惩戒性，对于不顺从者并没有惩罚效果；（3）性贿赂，要求性活动或其他与性有关的行为，并承诺给予回报；（4）性要挟，以性恐吓惩罚作为要挟他人就范的手段；（5）性侵害，身体接触上的抚弄、抓握或强暴等严重的性侵害行为。

美国有关职场性骚扰的法律较为完备。一直以来，美国立法和司法实践的做法都是将职场性骚扰划分为两种类型，这种划分依赖于受害人被拒绝给予雇用机会的类型。如果受害人被拒绝给予的是有形雇用机会，如升迁、提高工资，则被称作"交换型性骚扰"，其核心是他（她）必须以性贿赂作为获得雇用机会的"交换"条件，如果拒绝施予性贿赂就会被拒绝给予此类机会。若被害人被拒绝给予的是一种相对无形的雇用机会，如得到与男人同样的尊重，则被称作"敌意环境型性骚扰"。[①]

### 6.4.3 职场性骚扰可能侵犯的权利

（1）性自主权。性自主权是一项未被法律具体化的人格权。也正基于此，有些学者认为性骚扰侵害性自主权于法无据，因此对性骚扰受害人应以侵犯人格尊严权来救济。但是，人格尊严权概念过于宽泛，适用人格尊严权是在无具体人格权条款可引用的情况下的一种无奈选择，对受害人的保护是不够完善的。因此，有必要将性自主权具体化为一项人格权利。

（2）就业平等权。职场性骚扰会造成两性就业机会的不平等，尤其是那些以性贿赂、性要挟为职位提升、保持以及降级、解雇条件的交换型性骚扰会严重侵犯受害人的就业平等权。除可能造成上述有形损害外，职场性骚扰还可对受害人的就业机会造成无形损害，如色情语言、图片、动作、表情等泛滥会使受害人的工作环境变得充满敌意，甚至会迫使受害人退出该环境。

（3）隐私权、身体权、休息权、名誉权。以当众宣扬受害人与性有关的隐私为主要方式的性骚扰行为，会导致对受害人隐私权的侵犯。侵犯受害人身体权的情况主要表现在身体行为的性骚扰案件中，特别是那些暴力型的性骚扰行为。另外，性骚扰还可能导致对受害人休息权的侵犯，如持续性的电话骚扰。性骚扰是否会侵犯受害人的名誉权，争议颇多。曹艳春、刘秀芬（2008）认为，性骚扰会侵犯到受害人的名誉权，但不宜将名誉权泛化。只有那些以侮辱、诽谤方式进行的、导致受害人社会评价降低的性骚扰才导致对受害人名誉权的侵犯。[②]

### 6.4.4 我国对于职场性骚扰的相关法律规定

2005 年修订的《中华人民共和国妇女权益保障法》中，性骚扰首次被纳入法律之中，该法律明确指出，禁止对妇女实施性骚扰。受害妇女有权向单位和有关机关投诉。同时，该法也确定了单位有受理此类事件的申诉、控告、检举的义务，如怠于处理或打压报复，单位直接负责的主管人员和其他直接责任人员将依法受到行政处分。

2018 年 12 月最高人民法院发布的《关于增加民事案件案由的通知》将"性骚扰损害责任纠纷"列为新增案由，受害人可以在性骚扰损害责任纠纷中要求侵害方停止侵害、赔礼道歉、赔偿损失。同时，受害人还可以向工会、妇联、法律援助中心等投诉，向民间社团求助，获得他们的支持、出面协调或支持起诉。

2021 年 1 月 1 日生效的《中华人民共和国民法典》首次对性骚扰行为做出界定，该法律第一千零一十条规定："违背他人意愿，以言语、文字、图像、肢体行为等方式

① 曹艳春，刘秀芬. 职场性骚扰类型研究［J］. 学习论坛，2009，25（4）：67–72.
② 曹艳春，刘秀芬. 解读职场性骚扰［J］. 河北科技师范学院学报（社会科学版），2008，7（4）：1–8.

对他人实施性骚扰的，受害人有权依法请求行为人承担民事责任。机关、企业、学校等单位应当采取合理的预防、受理投诉、调查处置等措施，防止和制止利用职权、从属关系等实施性骚扰。"

2021 年全国妇联发布《防治职场性骚扰指导手册》，对用人单位如何防治职场性骚扰、如何避免对他人造成骚扰、遭遇职场性骚扰该如何应对等做出系列指引。

## 【工作示例】

### 职场性骚扰的用人单位责任

在中国，对性骚扰问题的正式关注可以追溯至 20 世纪 90 年代初期。近年来，反性骚扰运动在国内外引起广泛关注。职业场所是性骚扰行为的高发区，受害者通常处于职场权力的末端，面临身体、精神以及工作利益方面的多重损害。相较于其他类型的性骚扰，职场性骚扰有其特殊之处：性骚扰行为发生在职业场所这样一个相对封闭的空间范围内，具有一定的隐蔽性；性骚扰行为人与受害者之间通常具有特定的工作关系，如上司与下属或者同事之间等，性骚扰行为与正常的工作交往之间有时具有一定的模糊性；性骚扰行为往往可以重复发生，给受害者带来较长时间的不利影响等。

## 讨论：

用人单位是否应该对职场中的性骚扰承担责任？关于用人单位为什么要对发生在职场中的性骚扰承担责任的问题，现有文献主要围绕以下几种理论展开。第一，报偿理论。报偿理论认为，利益之所在即责任之所在，劳动者可能遭受的危险以及由此产生的损失理应通过用人单位所获得的利润予以偿付。职场中的性骚扰对于劳动者来说无疑是针对其人身以及工作利益的一种危险，且通常会造成劳动者实际的经济利益损失。第二，危险理论。危险理论认为，从危险源中获取经济利益的人也有义务控制这种危险的发生。职场中存在的性骚扰显然构成危害劳动者的危险源，用人单位作为经济上的获利者，有义务管控、制止此项危险源。用人单位未能履行上述义务的，则应承担相应的责任。第三，社会成本理论。社会成本理论认为，立法者需要在权利配置结构最优化和社会成本最低化之间择取平衡。相比之下，职场性骚扰事先预防的社会成本要远远低于事后的救济成本，用人单位责任机制可以促使用人单位采取切实的事先预防措施，使社会成本降至最低。第四，企业社会责任理论。企业社会责任的核心价值观是以人为本，最大限度地增进经济利益以外的其他社会利益，包括消费者利益、职工利益、债权人利益、中小竞争者利益、当地社区利益、环境利益、社会弱者利益以及整个社会公共利益等内容。用人单位履行防止职场性骚扰的义务，为劳动者创造良好的劳动环境，保障劳动者人格尊严不受侵害，是劳动者体面劳动的要求，也是用人单位承担企业社会责任的体现。①

---

① 卢杰锋. 职场性骚扰的用人单位责任——从《民法典》第 1010 条展开 [J]. 妇女研究论丛，2020（5）：87 - 96.

## 【案例实践】

### 如何反职场性骚扰？

2003 年 7 月，武汉市女教师何某诉上司盛某性骚扰案，武汉市中级人民法院终审判决认定被告侵扰原告事实成立，判令被告向原告赔礼道歉。此案为全国首例原告胜诉的性骚扰案。蒋月等（2021）研究发现在我国当前发生的职场性骚扰中，妇女指控男性实施职场性骚扰的占九成多；逾四成案件是上司或上级涉嫌骚扰下属或下级；肢体行为占性骚扰近五成；约四至五成的用人单位在规章制度中明确有防止性骚扰的规定。

资料来源：侯方峰，黎昌政. 武汉女教师诉上司性骚扰案尘埃落定［N］. 新华每日电讯，2003 - 10 - 31（03）.

### 评述：

如何反职场性骚扰？企业层面：（1）要完善职场性骚扰事前预防机制，包括建立开放、通透的办公环境，尽量避免设置过于独立或私密性过强的办公空间；合理配备安保人员；在不侵犯员工隐私权的前提下，在工作场所安装监控设备，且尽量不留死角。（2）制定明确的禁止性骚扰规章制度，遏制职场中的性骚扰现象。具体制度包括性骚扰禁止制度、惩罚制度、监督制度等。（3）明确甚至优化单位内部投诉程序，为员工反抗性骚扰提供便利的程序支持。设置专员处理单位性骚扰投诉问题，做好受害者隐私保护工作，避免投诉人信息泄露而引来报复和二次伤害。（4）进行反对性骚扰的宣传教育与培训，通过印制在员工手册、发布在公司官网等，确保员工熟知性骚扰的危害、法律规定和政策；定期对全体员工进行培训，共同维持良好的工作环境。（5）要对性骚扰实施者进行惩罚。包括对性骚扰的实施者与受害者进行隔离，避免出现再次威胁；根据我国《民法典》或其他相关规定以及实施者行为的恶劣程度对其进行处罚，比如警告、降职、开除等，在必要时应将实施者交由司法机关处理。①

劳动者层面：面对性骚扰，应当坚定而明确地向性骚扰实施者表示拒绝，只有每个人都拒绝沉默，才能推动职场风气的改善。受害者应第一时间报警或向单位相关部门反映情况，一方面表达自己对行为的抗拒，另一方面通过警方介入做技术上的调查取证。受到伤害后，还要及时到医院检查，并视具体情况接受相关心理咨询和心理治疗，医治精神创伤，保留医疗诊断记录。另外，要及时固定并调取相关监控录像，避免录像因时间过久被覆盖。案发前后双方的电话录音、微信、短信、QQ 聊天记录、电子邮件等带有骚扰信息的电子文档都可以作为证据，可以对相关电子数据进行公证，以免被对方删除或质疑真实性。为了防止受害人申诉不成反遭打击报复，受害人可以保留工作单位关于自己工作能力和成绩的书面评估、鉴定材料，以及一切可以证明自己工作能力和业绩

---

① 杨钇紫. 遭遇职场性骚扰该怎么办？［N］. 重庆日报，2021 - 08 - 30（05）.

的备忘录，包括评价、证书、口头表扬等。受害人应及时向单位相关部门或上级领导反映情况。如果受到严重性骚扰，除了报警请求对骚扰者予以行政处罚或依法追究其刑事责任，还可以向法院起诉。①②

# 6.5 辞退员工中的伦理问题

## 【任务目标】

- 企业辞退员工中存在哪些伦理问题？
- 我国关于企业辞退员工有何规定？

## 【任务描述】

通过本任务的学习，掌握企业辞退员工中的常见伦理问题以及我国关于企业合法辞退员工的相关规定。

## 【知识学习】

### 6.5.1 企业辞退员工的类型

**1. 过失性辞退**

过失性辞退是指企业在劳动者有过错的情况下，无须提前 30 天通知，而即刻辞退职工的行为。过失性辞退主要有以下情形：（1）在试用期间被证明不符合录用条件的；（2）严重违反劳动纪律或者用人单位规章制度的；（3）严重失职，营私舞弊，对用人单位造成重大损害的；（4）被依法追究刑事责任的。

**2. 预告性辞退**

预告性辞退是指企业在辞退职工时，按照法律的规定提前 30 天以书面形式通知劳动者本人或者额外支付劳动者一个月工资的方式辞退职工的行为。主要有以下情形：（1）劳动者患病或非因工负伤，医疗期满后，不能从事原工作也不能从事单位另行安排的工作的；（2）劳动者不能胜任工作，经过培训或者调整工作岗位，仍不能胜任工作的；（3）劳动合同订立时所依据的客观情况发生重大变化，致使劳动合同无法履行，经双方协商不能就变更劳动合同达成协议的。

---

① 杨铌紫. 遭遇职场性骚扰该怎么办？［N］. 重庆日报，2021 - 08 - 30 (05).
② 汪姣钰. 反职场性骚扰，用人单位和劳动者该怎么做？［J］. 中国工人，2021 (6)：72.

### 6.5.2 辞退员工过程中可能产生的伦理问题

劳动者一旦和企业签订劳动合同就受劳动法律法规的保护，企业不得随意辞退员工。然而在企业人力资源管理过程中，企业以各种"奇葩"理由辞退员工的现实案例却数不胜数。企业辞退员工过程中的伦理问题主要可以分为以下几种。

**1. 试用期辞退**

在试用期辞退员工通常需满足四个条件：（1）公司存在试用期录用的条件；（2）公司有证据能够证明员工不符合录用条件；（3）公司解除劳动合同的时候，应当在员工还处于试用期的期间发出通知；（4）公司需要在解除通知书内说明理由并交由员工签收。然而现如今，许多公司经常在缺乏事实依据的情况下以"试用期不符合录用条件"为由，随意辞退处于试用期员工。此种情形属于公司违法解除劳动合同，需支付员工2倍经济补偿金。

**2. 违纪辞退**

"员工严重违纪"是企业辞退员工的常见事由，但近年来，许多企业的规章制度越来越丧失人性化，甚至将严苛的规章制度作为辞退员工的工具。企业的规章制度需具备以下条件：（1）与国家人力资源相关的管理制度、企业员工手册的相应规定相符，规章制度的内容不得违反法律、行政法规以及政策规定。（2）具体某项制度的内容要完整，譬如说制定奖惩适用的范围、主要方式、审批程序等，在执行时所依据的条款规定要具有可操作性，不能有歧义导致不同的人有不同的理解。（3）规章制度要体现人性化管理内涵。企业在设计规章制度时要处处体现以人为本的思想。企业制定规章制度是为了更好地管理员工，因此规章制度需以人为本，遵守法律与社会伦理道德。若企业以不合理的规章制度辞退员工，就侵犯了员工的合法权益，属于非法解除劳动合同。①

**3. "末位淘汰"与"不能胜任"**

我国《劳动合同法》规定，劳动者不能胜任工作，经过培训或者调整工作岗位，仍不能胜任工作的，用人单位提前三十日以书面形式通知劳动者或者额外支付劳动者一个月工资后，可以解除劳动合同。本法条赋予了用人单位对"不能胜任工作员工"的法定解除权。实践操作中，很多企业将"末位淘汰"与"不胜任工作下法定解除"画等号，认为员工只要经过考核被排在末位就当然属于"不胜任工作"。事实上，这是对法律的一个重大误解——排在末位并不等于不胜任工作。劳动者业绩居于末位，可能是其不胜任工作，也可能是其能够胜任工作，却因各种因素仍在考核中居于末位。用人单位必须正确界定"末位"的内涵，将"不能胜任工作而处于末位"和"能胜任工作却

---

① 陈玉春. 员工辞退处理不能任性简单随意［J］. 通信企业管理，2021（5）：38－39.

处于末位"两种情形区分开来。

综上可得，公司在辞退员工时务必注意合法性问题，即辞退员工时一定要保证证据确凿、依据充分、程序合法，不得随意辞退员工，侵犯其合法权益。只有做到事实依据确凿、制度依据合法有效、程序符合规范要求，公司辞退违纪员工才能确保尽量减少劳动争议纠纷，避免承担违法解除劳动合同的赔偿责任。[①]

### 6.5.3 《中华人民共和国劳动法》关于解除劳动合同的相关规定

第二十四条 经劳动合同当事人协商一致，劳动合同可以解除。

第二十五条 劳动者有下列情形之一的，用人单位可以解除劳动合同：

（一）在试用期间被证明不符合录用条件的；

（二）严重违反劳动纪律或者用人单位规章制度的；

（三）严重失职，营私舞弊，对用人单位利益造成重大损害的；

（四）被依法追究刑事责任的。

第二十六条 有下列情形之一的，用人单位可以解除劳动合同，但是应当提前三十日以书面形式通知劳动者本人：

（一）劳动者患病或者非因工负伤，医疗期满后，不能从事原工作也不能从事由用人单位另行安排的工作的；

（二）劳动者不能胜任工作，经过培训或者调整工作岗位，仍不能胜任工作的；

（三）劳动合同订立时所依据的客观情况发生重大变化，致使原劳动合同无法履行，经当事人协商不能就变更劳动合同达成协议的。

第二十七条 用人单位濒临破产进行法定整顿期间或者生产经营状况发生严重困难，确需裁减人员的，应当提前三十日向工会或者全体职工说明情况，听取工会或者职工的意见，经向劳动行政部门报告后，可以裁减人员。

用人单位依据本条规定裁减人员，在六个月内录用人员的，应当优先录用被裁减的人员。

第二十八条 用人单位依据本法第二十四条、第二十六条、第二十七条的规定解除劳动合同的，应当依照国家有关规定给予经济补偿。

第二十九条 劳动者有下列情形之一的，用人单位不得依据本法第二十六条、第二十七条的规定解除劳动合同：

（一）患职业病或者因工负伤并被确认丧失或者部分丧失劳动能力的；

（二）患病或者负伤，在规定的医疗期内的；

（三）女职工在孕期、产期、哺乳期内的；

（四）法律、行政法规规定的其他情形。

第三十条 用人单位解除劳动合同，工会认为不适当的，有权提出意见。如果用人单位违反法律、法规或者劳动合同，工会有权要求重新处理；劳动者申请仲裁或者提起

---

[①] 刘业林. 以"末位淘汰制"辞退员工合法吗？[J]. 工会信息，2013（3）：15-16.

诉讼的，工会应当依法给予支持和帮助。

第三十一条　劳动者解除劳动合同，应当提前三十日以书面形式通知用人单位。

# 【工作示例】

## "末位淘汰制"辞退员工

末位淘汰制这种绩效考核制度，最早由美国通用电气公司前 CEO 杰克·韦尔奇提出，于20世纪90年代传入中国，深受国内一些企业追捧。不少企业将"末位淘汰制"写入企业规章制度或者劳动合同中，作为绩效考核体系的一种重要制度，每月底、季度末或年末，用人单位就会按照一定的考核标准，对员工进行考核、排名，排名末位的员工就会被以不胜任工作的理由淘汰，但由此引发的劳动争议纠纷也逐渐增多。

2012年，沈某便因末位淘汰制而被辞退。沈某是某银行的一名合同制员工，于2009年8月入职。2011年1月，该银行在全市各营业网点中全面推行末位淘汰制，并专门研究制定了《员工业绩末位淘汰工作的实施细则》。细则规定，末位淘汰采取定额比率方式，按年度实施，即各营业网点对所有职工每月进行综合考核排名，并视情况作相应奖罚，在一个年度内进行末位淘汰，各营业网点淘汰率不能低于职工总数的3%。

2012年1月，沈某和另外一名职工年度综合排名并列倒数第一，成为末位淘汰制的首批受害者。结果公布后，该银行人力资源部通知他们即日起解除劳动关系，办理相关交接手续。沈某坚决不同意，认为自己兢兢业业，2011年实际完成指标数超过2010年指标30%多，自己已经尽心尽力，不能因为自己综合排名排在末位，就解雇自己。人力资源部答复，各项考核指标都量化、细化，指标面前人人平等，排名末位，就属于不胜任工作，优胜劣汰，解除合同在所难免。沈某不能接受银行的解释，自己争取不成，就通过市政府热线电话、网络平台进行投诉。市政府热线将此案件转交给市总工会进行协调处理。在市总工会的协调下，该银行认识到自己做法的不妥之处，撤销了对沈某解除劳动合同的决定，沈某重新回到银行上班。该银行吸取此次劳动争议的教训，在反复讨论的基础上，否决了末位淘汰制这一做法，重新建立了标准线淘汰制，不预设淘汰名额，职工只要努力工作，达到科学合理的标准线，就可以证明自己能胜任工作。此制度出台后，经该银行职代会讨论通过后，得到各营业网点职工的一致认可。

资料来源：刘业林. 以"末位淘汰制"辞退员工合法吗？[J]. 工会信息，2013（3）：15-16。

## 讨论：

用人单位能否通过"末位淘汰制"单方解除劳动合同？我国《劳动合同法》对用人单位单方解除劳动合同的条件进行了严格限制。其中，《劳动合同法》第四十条第（二）项规定了，劳动者不能胜任工作，经过培训或者调整工作岗位，仍不能胜任工作的，用人单位可以提前三十日以书面形式通知劳动者本人或者额外支付劳动者一个月工资后，解除劳动合同。用人单位制定《员工绩效管理办法》，规定末位淘汰制度，以业绩居于末位者不能胜任工作为由直接单方解除劳动合同，违反了上述法律规定，应当属于无效条款。如果遭遇了末位淘汰，劳动者应该如何维护自己的权利呢？在维权中，我们必须谨记，在单位绩效考核中处于末位并不等于不胜任工作。即使是在企业规章制度里或是劳动合同中，用人单位规定或者与劳动者约定了末位淘汰，那也是违法的，对企业和职工都不具有约束力。当用人单位以劳动者考核末位、主张其不胜任工作时，劳动者可以要求用人单位提供不胜任工作的证据。即使考核居于末位的劳动者确实属于不能胜任工作，用人单位也无权直接解除合同，而应当对劳动者进行培训或调整工作岗位。只有在劳动者转岗或培训后，第二次被证明不能胜任工作的情况下，用人单位才能提前三十日以书面形式通知劳动者本人或者额外支付劳动者一个月工资后解除劳动合同，同时要按照我国《劳动合同法》的规定支付补偿金。[①]

## 【案例实践】

### 网易裁员事件

2019年11月23日，一篇阅读量超10万的文章《网易裁员，让保安把身患绝症的我赶出公司。我在网易亲身经历的噩梦！》一夜之间传遍网络，引发舆论极大关注。该文章首发于微信公众号"你的游戏我的心"，作者是网易公司的一名高级游戏策划，在网易工作5年，2019年1月底被确诊为"扩张型心肌病"。其生病后，其业绩虽位于小组排名第二却被评定为D等，主管、人力资源总监采用各种方式希望其离职，避免进行N+1的离职赔偿，其间，他遭遇了逼迫、算计、监视、陷害、威胁，被保安暴力驱逐等不公平待遇。[②]

资料来源：郑莉. 网易辞退员工事件何以引来广泛关注？[N]. 工人日报，2019 – 11 – 27（03）；路月玲. 从网易裁员事件看人力资源舆情危机的化解——基于情法理融通的视角[J]. 公关世界，2020（2）：41 – 42。

## 评述：

用人单位能否辞退处于医疗期间的劳动者呢？我国《劳动合同法》明确规定，"劳动者患病或者非因工负伤，在规定的医疗期满后不能从事原工作，也不能从事由用人单位另行安排的工作的"，用人单位在满足"提前三十日以书面形式通知劳动者本人或者额外支付劳动者一个月工资"的条件下，可以解除劳动合同。需说明的是，该条款提及的"医疗期"，是指企业职工因患病或非因工负伤停止工作治病休息不得解除劳动合同的时限，根据《企业职工患病或非因工负伤医疗期规定》：职工因患病或非因工负伤，需要停止工作医疗时，根据本人实际参加工作年限和在本单位工作年限，给予三个

① 用人单位能否以"末位淘汰制"单方解除劳动合同[N]. 山西日报，2021 – 01 – 18（12）.

② 路月玲. 从网易裁员事件看人力资源舆情危机的化解——基于情法理融通的视角[J]. 公关世界，2020（2）：41 – 42.

月到二十四个月的医疗期。也就是说，劳动者医疗期满后不能从事原工作，用人单位应为其另行安排工作，只有在其仍不能从事另行安排的工作时，用人单位才可以与之解除劳动关系，否则不能任意解除。任何企业的发展都离不开广大员工的共同努力，给员工由衷的尊重和关爱，依法保障其基本权益，营造健康和谐的职场生态，这才是企业不断突破困境、保持基业长青、获得生机活力的重要保证。[①] 随着数字经济的兴起，劳动关系也在发生深刻的变化。大数据、人工智能等技术正在改变工作方式、工作内容和工作环境，为劳动者带来了新的机遇和挑战。企业需要重新考虑其与劳动者之间的关系，更加尊重和关心员工，充分利用数字技术为员工提供更好的工作条件和发展机会，实现企业和员工的共同发展和共赢。

# 6.6 工作场所中的安全问题

## 【任务目标】

- 工作场所中存在哪些常见的安全问题？
- 工作场所中的安全问题该如何改善？

## 【任务描述】

通过本任务的学习，掌握工作场所中常见的安全问题和改善方式，掌握我国对于工作场所安全问题的法律规定。

## 【知识学习】

### 6.6.1 工作场所中常见的安全问题

工作场所安全是用以确保员工在工作场所的安全和健康的相关政策和程序，包括符合政府制定标准的危险识别和危险控制，以及对员工持续的安全培训和安全教育。工作场所安全是确保公司长远发展的重要因素之一。安全的工作场所，不仅能提高内部员工的生产力，更能吸引外部优异人才的加入，同时它还将大幅提升公司的形象。在工作场所中，在各类因素的综合影响下，安全问题仍十分常见，主要可以分为以下几类。

**1. 化学品安全**

工作场所中常见的化学品包括建造及装修材料、办公室家具、地毯、清洁剂、复印件及传真机所用碳粉等，这些物质均可能含有有害物质，经常接触可能导致呼吸系统毛病、皮肤感染或炎症等病症。在一些特殊的工作场所中，可能还存在具有毒害、腐蚀、

---

① 李军. 考核未达标就能"被裁"吗？［N］. 北京日报，2019 - 12 - 04（14）.

爆炸、燃烧、助燃等性质的危险化学品，对企业员工的生命安全造成威胁。企业可以通过识别各类化学品并妥善储存，适当处理化学废物，标明化学品名称、危险性及预防方法等一系列措施来改善工作场所中的化学品安全问题。

**2. 吸烟导致的安全问题**

一方面，吸烟本身危害身体健康，当一支烟被点燃的同时就有很多人的健康因此遭受侵害，全球每年有 700 万人死于烟草，其中包括 89 万名因长期接触二手烟而死亡的非吸烟者[①]；另一方面，吸烟存在安全隐患，有可能导致工作场所发生火灾，在使用化学品的特殊工作场所中甚至会造成安全事故。企业应积极推动工作场所全面禁烟，从而保障员工的健康以及工作场所的安全。

**3. 火警安全**

办公室总是让人以为是低火灾风险的工作场所，但事实上，每年却有不少员工因工作场所的火警而受伤，因此办公室应执行适当的火警预防措施以确保安全。企业应设置好灭火设施及安全逃生通道，做好员工的火警知识培训以及火灾逃生的安全演练。此外，企业应按正确的标准安装电力装置，定期检查电线损耗情况并及时彻底更换损毁部分，确保工作场所中的火警安全。

**4. 空气质量安全**

在工作场所中，员工吸烟，工作场所过于拥挤，通风系统维修不足，由建筑物产生的石棉纤维，由打印机、复印件等办公机器排放的室内空气污染物等都会让工作场所的空气质量出现问题，不利于员工的正常呼吸，致使员工出现过敏性鼻炎、呼吸道等问题。企业可以通过在工作场所全面禁烟、合理安排办公间距、定期检查及清洁通风系统（包括通风管道、隔尘网等）、升级室内空气消毒设备、合理安置办公机器的位置等一系列措施改善工作场所中的空气质量问题，保证空气质量安全。

**5. 工作场所中的暴力问题**

工作场所中的暴力是指任何不理性的行动、偶然事件或者行为，导致一个人在工作过程中，或者因为工作的直接关系，受到攻击、威胁或者伤害。对员工实施暴力行为已经成为工作场所中一个严重的安全问题，其中常见的暴力行为包括辱骂、威胁、攻击甚至谋杀。企业可以通过以下方法改善工作场所中的暴力问题：（1）加强工作场所的安全措施，如改善外部照明，安装无声报警器和摄像头等；（2）改进员工甄选工作，企业在雇用员工之前需进行严格的背景调查，详细了解员工的各方面情况；（3）开展有关工作场所暴力的培训，使员工及时识别暴力事件发生之前的线索，如典型画像、口头威胁等，从而做好预防措施。

---

① 证券之星. 身处全球最大烟草消费国中国科企宣布进入"无烟时代"［EB/OL］. https：//baijiahao. baidu. com/s？id = 1606199669747720533&wfr = spider&for = pc.

### 6.6.2 健全工作场所安全机制的措施①

党的十八届三中全会明确了安全生产治理体制的改革方向，即建立隐患排查治理体系和安全预防控制体系。健全工作场所安全机制，是创新和完善安全生产治理体系的关键。具体来说，可以从三个方面着手。

（1）强化企业安全生产责任落实。无论政府如何建立监管机制，企业的安全才是安全生产机制的最终保障。从理论上讲，当生产和安全两者发生矛盾时，应该执行"安全第一"的方针。但是，在实际操作上，往往是强调生产而忽视安全。西方有关工伤问题的社会学研究早就发现，安全和利润是工业化发展中一对长期存在的矛盾。对利润的过分追求会导致安全事故的发生，而安全事故的发生最终影响利润的增长。必须让企业经营者和用人单位充分认清安全和生产的关系，只有全面保障企业职工的人身安全、身体健康，才能确保企业可持续发展。所以，将安全生产责任落到实处，对于企业自身的发展来说有其实质性的意义。

（2）健全企业职工监督机制，维护职工安全权利。在目前的安全生产管理体制中，往往着重强调工人在安全生产中的义务，而对工人在安全生产方面的权利明显不够重视。《中华人民共和国安全生产法》规定，生产经营单位应向从业人员如实告知作业场所和工作岗位存在的危险因素、防范措施以及事故应急措施。而多个调查显示，在企业层面，尤其在建筑业和采矿业，一定比例的一线生产工人没有被很好地告知工作岗位的危险性。在企业层面，工会在保障工人职业安全方面的作用是极为关键的。在《中华人民共和国劳动法》《中华人民共和国工会法》《中华人民共和国安全生产法》《中华人民共和国职业病防治法》等法律条款中，都明确地规定了工会在保障职工职业安全、建立群众监督机制方面的作用。近年来，由于生产方式和职工结构的变化，工会在企业劳动保护方面的作用受到相当程度的影响。建立和健全基层工会组织，同时推进行业劳动安全卫生的专项集体合同，是健全职工监督机制，维护工人安全权益的基本保障。

（3）促进社会安全监督机制的形成。作为创新社会治理体制的一部分，安全生产管理体制的变革也同样需要有社会力量的参与。具体来讲，应该鼓励包括新闻媒体、多种类型的社会组织，如关注企业社会责任、农民工权益、企业安全生产和环境保护的社会公益组织，以及安全生产监督中介组织等，参与到安全生产管理体系中。由此，才能形成政府、企业和基层工会组织的主体力量共同参与安全生产治理的合力。

### 6.6.3 关于工作场所安全问题的法律规定

**1. 《中华人民共和国劳动法》**

第五十二条　用人单位必须建立、健全劳动安全卫生制度，严格执行国家劳动安全

---

① 赵炜. 健全工作场所安全机制是安全生产治理的关键 [N]. 光明日报，2015-01-26（11）.

卫生规程和标准，对劳动者进行劳动安全卫生教育，防止劳动过程中的事故，减少职业危害。

第五十三条　劳动安全卫生设施必须符合国家规定的标准。

新建、改建、扩建工程的劳动安全卫生设施必须与主体工程同时设计、同时施工、同时投入生产和使用。

第五十四条　用人单位必须为劳动者提供符合国家规定的劳动安全卫生条件和必要的劳动防护用品，对从事有职业危害作业的劳动者应当定期进行健康检查。

第五十五条　从事特种作业的劳动者必须经过专门培训并取得特种作业资格。

第五十六条　劳动者在劳动过程中必须严格遵守安全操作规程。

劳动者对用人单位管理人员违章指挥、强令冒险作业，有权拒绝执行；对危害生命安全和身体健康的行为，有权提出批评、检举和控告。

第五十七条　国家建立伤亡事故和职业病统计报告和处理制度。县级以上各级人民政府劳动行政部门、有关部门和用人单位应当依法对劳动者在劳动过程中发生的伤亡事故和劳动者的职业病状况，进行统计、报告和处理。

**2.《中华人民共和国安全生产法》**

第五十二条　生产经营单位与从业人员订立的劳动合同，应当载明有关保障从业人员劳动安全、防止职业危害的事项，以及依法为从业人员办理工伤保险的事项。生产经营单位不得以任何形式与从业人员订立协议，免除或者减轻其对从业人员因生产安全事故伤亡依法应承担的责任。

第五十三条　生产经营单位的从业人员有权了解其作业场所和工作岗位存在的危险因素、防范措施及事故应急措施，有权对本单位的安全生产工作提出建议。

第五十四条　从业人员有权对本单位安全生产工作中存在的问题提出批评、检举、控告；有权拒绝违章指挥和强令冒险作业。

生产经营单位不得因从业人员对本单位安全生产工作提出批评、检举、控告或者拒绝违章指挥、强令冒险作业而降低其工资、福利等待遇或者解除与其订立的劳动合同。

第五十五条　从业人员发现直接危及人身安全的紧急情况时，有权停止作业或者在采取可能的应急措施后撤离作业场所。生产经营单位不得因从业人员在前款紧急情况下停止作业或者采取紧急撤离措施而降低其工资、福利等待遇或者解除与其订立的劳动合同。

第五十六条第二款　因生产安全事故受到损害的从业人员，除依法享有工伤保险外，依照有关民事法律尚有获得赔偿的权利的，有权向本单位提出赔偿要求。

第五十七条　从业人员在作业过程中，应当严格落实岗位安全责任，遵守本单位的安全生产规章制度和操作规程，服从管理，正确佩戴和使用劳动防护用品。

第五十八条　从业人员应当接受安全生产教育和培训，掌握本职工作所需的安全生产知识，提高安全生产技能，增强事故预防和应急处理能力。

第五十九条　从业人员发现事故隐患或者其他不安全因素，应当立即向现场安全生产管理人员或者本单位负责人报告；接到报告的人员应当及时予以处理。

第六十条　工会有权对建设项目的安全设施与主体工程同时设计、同时施工、同时投入生产和使用进行监督，提出意见。

工会对生产经营单位违反安全生产法律、法规，侵犯从业人员合法权益的行为，有权要求纠正；发现生产经营单位违章指挥、强令冒险作业或者发现事故隐患时，有权提出解决的建议，生产经营单位应当及时研究答复；发现危及从业人员生命安全的情况时，有权向生产经营单位建议组织从业人员撤离危险场所，生产经营单位必须立即做出处理。

工会有权依法参加事故调查，向有关部门提出处理意见，并要求追究有关人员的责任。

第六十一条　生产经营单位使用被派遣劳动者的，被派遣劳动者享有本法规定的从业人员的权利，并应当履行本法规定的从业人员的义务。

## 【工作示例】

### 2021年全国生产安全事故十大典型案例

案例一：2021年1月10日13时13分许，山东某金矿发生爆炸事故，造成11人死亡，直接经济损失6847.33万元。案例二：2021年4月21日13时43分，黑龙江省某公司在车间制气釜停工检修过程中发生中毒窒息事故，造成4人死亡、9人中毒受伤，直接经济损失873万元。案例三：2021年6月13日6时42分许，湖北省某集贸市场发生燃气爆炸事故，造成26人死亡、138人受伤，其中重伤37人，直接经济损失约5395.41万元。案例四：2021年6月13日10时30分许，四川省某公司污水处理站发生一起有限空间中毒和窒息事故，造成6人死亡，直接经济损失542万元。案例五：2021年6月25日，河南省某武馆发生火灾事故，造成18人死亡、11人受伤，直接经济损失2153.7万元。案例六：2021年7月12日15时31分许，江苏省某酒店辅房发生坍塌事故，造成17人死亡、5人受伤，直接经济损失约2615万元。案例七：2021年7月15日3时30分，广东省某隧道施工过程中，掌子面拱顶坍塌，诱发透水事故，造成14人死亡，直接经济损失3678.677万元。案例八：2021年7月24日15时40分许，吉林省某婚纱城发生火灾事故，造成15人死亡、25人受伤，过火面积6200平方米，直接经济损失3700余万元。案例九：2021年7月26日14时5分，G22青兰高速公路甘肃平凉泾川段发生一起大客车失控冲出路面侧翻的道路交通事故，造成13人死亡、44人受伤，直接经济损失2100余万元。案例十：2021年8月14日12时10分，青海省某煤矿发生顶板抽冒导致溃砂溃泥事故，造成20人死亡，直接经济损失5391.02万元。

资料来源：李航天.2021年全国生产安全事故十大典型案例［N］.中国应急管理报，2022-01-21（04）.

## 讨论：

这些生产安全事故都导致了十分严重的后果，分析其发生的原因，主要有：涉事企业法律意识缺失、安全意识淡薄；安全风险辨识和隐患排查治理不到位；安全管理混乱；作业员工的岗位培训不足，应急处置能力严重不足；相关部门履行安全生产领导责任不力等。针对这些问题，应如何改善工作场所安全呢？目前，人们将企业内与安全相关的精神财富（也就是安全知识、安全管理制度、安全管理理念等）和物质财富（安全工程技术、设备、设施等）的总和叫作企业安全文化。安全文化的建设对于降低事故率、事故发生的次数以及重大事故发生的概率等都有重要意义。因此，安全文化建设具有必要性，尤其是在一些特殊的工作场所，如井下作业。安全文化建设有以下基本方法：第一，必须加强现场管理与环境建设，在确保机械设备安全运行的同时，还要加强对员工行为的控制。为此，企业需要健全安全监督检查机制，使员工在安全、良好的作业环境和严密的监督监控管理中，预防"人"的不安全因素。第二，对管理人员、操作人员，特别是关键岗位、特殊工种人员，要进行强制性的安全意识教育和安全技能培训，使员工真正懂得违章的危害及严重的后果，提高员工的安全意识和技术素质。[①] 与此同时，企业还可以通过运用新技术，如物联网技术，使安全生产再上新台阶。物联网设备虽然并不能完全保护高风险行业的员工，但是它有利于管理者处理大量可以预防的威胁。物联网软件的一个特点是预测性维护，其优点在于它利用机器学习算法帮助预测潜在的问题，在这些问题造成实际事故、伤害、损失或损害之前进行改进。例如，物联网技术在预防火灾方面具有卓越的效果。火灾安全传感器可以识别温度上升，物联网软件可以增强火灾安全传感器对温度上升的探测功能，从而对预防火灾，及时疏散员工有着非常重要的作用。[②]

## 【案例实践】

### 互联网企业员工猝死事件

近年来，随着互联网企业的兴盛和发展，"996"甚至是"007"的工作制度[③]日渐成为互联网公司常态，并且逐渐蔓延至各行各业。不知从什么时候起，不加班成了不努力的代名词，似乎唯有加班加点，拼命工作才是"正常"的工作状态。在此工作模式下，员工承受着巨大的工作压力，累了不敢休息，猝死事件屡屡发生。2021 年开年，某互联网 A 公司员工小张猝死事件迅速成为舆论焦点，引发网友热议，也再次唤起了公众对"996"工作制的思考。

该事件引发广泛争议，相关话题迅速登上微博、百度、知乎等网站的热搜榜。2021 年 1 月 4 日，劳动保障监察部门对 A 公司的劳动用工情况进行了调查，对该公司用人合同、用工时间等情况进行检查。

据了解，小张从事的工作是 A 公司最辛苦的业务，相比于其他一周上 6 天班的业务，该业务几乎全周无休。A 公司其他团队主管要求每月工作时间不低于 300 小时，而小张从

---

① 任乃俊. 基于过程控制的安全风险管控理论与实践研究 [D]. 北京：中国矿业大学, 2015.

② 北京升哲科技有限公司. 如何利用物联网提高工作场所的安全性？[EB/OL]. https://baijiahao.baidu. com/s? id=1694898479597027536&wfr=spider&for=pc.

③ "996"指工作时间从早上 9 点到晚上 9 点，一周工作 6 天，代表着中国互联网企业盛行的加班文化；"007"是一种违反《中华人民共和国劳动法》的延长法定工作时间的工作制度，是一种比 996 工作制更狠的弹性工作制，即从 0 点到 0 点，一周 7 天不休息，俗称"24 小时"。

事的工作无休且比其他业务部门的员工下班都要晚，每月不低于400工时，并且公司要求该业务员工春节留守，无法回家过年。小张生前所在的团队是A公司年底新开拓的业务，新团队从无到有，业务量远超一般工作。2020年，A公司股价上涨3倍，用户超7亿户，市值达2000多亿美元，这一切正是A公司7000多名员工拿命拼出来的结果。

资料来源：任晓宁. 互联网员工频发猝死背后 [N]. 经济观察报，2021 - 01 - 11（17）。

**评述：**

"996" 工作制的蔓延有着多方面原因。第一，社会竞争加剧、生活压力增加。随着全球经济下行，以及新冠疫情对经济发展的冲击，各个行业的竞争进入白热化阶段，加之不断增长的人力资源成本，企业只得勉励员工刻苦工作，以提升企业竞争力，并弥补增长的人力资源成本。同时，在住房、养老、子女供养等巨大社会生存以及经济压力下，大幅度延长工作时长虽然可能对自身健康无益，但为了保住工作岗位，劳动者也只能接受。第二，员工权益保护的制度缺失。劳动者与企业之间的劳动纠纷属于民法范畴，民事纠纷往往尊重当事人意思自治，遵循"不告不理"的基本原则。在职员工为了保住岗位，很难站出来和公司对抗。只有极少数员工选择与企业"抗争"，但也存在着取证困难、公司威胁、胜诉率低等问题。第三，员工导向的企业文化缺失。为数不少的企业经营奉行股东价值和绩效至上的企业文化，对员工关怀文化的塑造相对缺失。这使得企业在决策过程中，将股东和企业利益优先于员工权益，从而构成对员工的损害。

"996" 工作制超越了员工生理限度、侵犯员工合法权益，在伦理上应受到谴责。我国《劳动法》第三十六条规定，国家实行劳动者每日工作时间不超过8小时、平均每周工作时间不超过44小时的工时制度。而按照 "996" 计算，每天去掉1小时午休时间，员工工作时长高达11小时，一周高达66小时。每月按4周计算，"996" 每月工作高达264小时，是国家规定上限的1.5倍。从法律角度来说，尊重公民的休假权是宪法宣示的 "尊重和保障人权" 的应有之义。"996" 显然违背了相关的法律规定。从企业角度来看，企业除了盈利，更承担着巨大的社会责任。正如《史记·货殖列传》记载的 "以义取利" 商业价值观，作为企业，应该义利兼顾，从以人为本，敬畏法律和尊重生命的角度出发，将员工视为企业的宝贵财富、企业发展的资本，尊重员工、关爱员工，企业应努力破解 "996" 现象。

事实上，舆论对 "996" 的诟病主要在于 "强制加班" "无偿加班" "无效加班"。因此，要破解 "996"，需要在企业层面建立健全工时协商机制，在行业层面科学制定劳动定额，在立法层面明确界定 "过劳死" 标准，在政府层面加大执法惩处力度，才能切实维护劳动者合法权益。

# 6.7　本章小结

在工作场所中，企业的人力资源管理伦理是企业伦理的重要组成部分之一，是任何企业在人力资源管理过程中都应该遵循的道德规范。企业应当遵守道德准则和伦理价值观念，在工作场所中正确处理与员工之间的关系，构建和谐工作环境。然而许多企业在进行人力资源管理的过程中，各类工作场所中的伦理问题频繁显露，归纳起来主要包括以下几类：

（1）劳动关系和员工权利。数字经济时代，灵活的就业模式在促进劳动者就业的同时也为劳动者带来了维权困难的境遇。许多劳动者与就业之间不存在明确的劳动关系，以致当其合法权益受到侵害时无法获得理赔。而企业在雇用劳动者的同时，有义务与劳动者签订劳动合同，保障员工的基本权利。

（2）工作场所中的个人隐私。隐私权是指公民享有的私人生活安宁与私人信息依法受到保护，不被他人非法侵扰、知悉、搜集、利用和公开等的一种人格权。劳动者作为自然人，享有隐私权。在工作场所中，企业可能会对员工采取监视、监听、搜查、检验、通信等方式以加强管理，然而这些行为均可能使员工的个人隐私受到侵犯。因此，企业应平衡好企业管理权与员工隐私权之间的关系，确保员工隐私不受侵犯。

（3）工作场所的各种歧视。劳动者依法享有平等就业的权利。然而在现实工作场所中，企业因各类就业歧视侵害劳动者平等就业权的现象层出不穷，其中最常见的歧视问题包括性别歧视、地域歧视、年龄歧视、容貌歧视、学历歧视和户籍歧视等。企业应加强内部管理，在企业人力资源管理的每一个环节都平等地对待所有员工，构建公平公正的工作环境。

（4）职场中的性骚扰。性骚扰指以带性暗示的言语或动作针对被骚扰对象，强迫受害者配合，使对方感到不悦。职场性骚扰一般是指劳动者在工作场所（包括招聘阶段），违反对方意志，以动作、语言、图文等方式表达的具有性意味的民事侵权行为。按行为方式划分，性骚扰包括言语性骚扰、行为性骚扰和环境性骚扰；按行为的轻重程度划分，性骚扰则包括性别骚扰、性诱惑、性贿赂、性要挟和性侵害。企业应将防范职场性骚扰写入企业规章制度之中，并通过采取物理措施，加强职场性骚扰安全保护知识宣传，建立健全企业内部性骚扰投诉、处罚机制等方法保障员工的合法权益。

（5）辞退员工中的伦理问题。企业辞退员工主要包括过失性辞退和预告性辞退两种类型。在现实工作场所中，一些企业常以"试用期不符合录用条件""员工严重违纪""末位淘汰、不能胜任"等理由任意辞退员工，甚至以"员工拒绝加班""员工深夜没有及时回微信"等奇葩规定辞退员工，侵犯劳动者的合法权益。企业辞退员工必须遵循伦理道德准则，存在事实依据并遵守法律法规，不可随意辞退员工。

（6）工作场所的安全问题。工作场所安全是保障劳动者生命健康权的重要基础，但员工的生命健康却常因工作场所中的各类安全问题而受到侵害，其中最常见的安全问题主要包括化学品安全、吸烟导致的安全问题、火警安全、空气质量安全以及工作场所中的暴力问题。企业必须依照法律和伦理要求，严格规范工作场所中的安全，为员工提供安全可靠的工作环境。

综上所述，工作场所中存在各类伦理问题，而人力资源管理过程中的伦理道德缺失将会导致员工权益受到侵害，不利于企业内部稳定，也不利于企业的长治久安。因此，企业必须加强企业内部伦理建设，改善工作场所中的各类伦理问题，为员工创造公平友善、安全幸福的工作环境。

# 自 测 题

1. 工作场所中存在哪些伦理问题？
2. 劳动者隐私权和用人单位管理权该如何平衡？
3. 面对就业歧视，劳动者可以采取哪些措施保障自身的合法权益？
4. 你怎样看待"996"工作制，在伦理上是否可以接受，为什么？
5. 从劳动者权利角度和企业社会责任角度谈谈工作场所中伦理问题的重要性。
6. 党的二十大报告中强调，坚持全面依法治国，推进法治中国建设。在此背景下，请讨论如何在工作场所加强伦理规范的建设与执行。

案例分析

# 第 7 章 营销活动中的伦理

## 【学习目标】

1. 了解商业伦理在数字经济时代下企业营销活动中的重要性。
2. 理解企业营销活动中所涉及的商业伦理维度。
3. 熟悉企业在营销活动中不同伦理维度下所要承担的责任。

## 【导入案例】

### 权健传销门

2018 年 12 月 25 日，A 微信号发表文章指出权健虚假宣传保健品功效并对消费者进行洗脑骗钱等一系列不法行为。内蒙古一女孩的父母就因误信权健疗法，耽误了女儿的癌症治疗，导致她不幸离世，年仅 4 岁。然而离奇的是，女孩过世后，权健公司反而宣称她的生殖细胞瘤被权健秘方治愈。

2018 年 12 月 26 日凌晨，权健自然医学科技发展有限公司通过官方微信号发布"严正声明"，称 A 微信号发布的文章不实，要求 A 微信号撤稿并道歉。2018 年 12 月 26 日，A 微信号转发权健声明回应称：不会删稿，对每一个字负责，欢迎来稿。2018 年 12 月 27 日，天津市委、市政府责成天津市市场监管委、天津市卫生健康委和武清区相关部门成立联合调查组，对网民关注的诸多问题展开调查核实，并进驻权健集团展开核查。进驻权健集团的联合调查组分成若干小组，分别针对舆情关注的"女孩就诊"、是否涉嫌夸大宣传、是否涉嫌非法传销、医疗资质、保健食品安全等开展工作。经过一系列调查，2019 年 11 月，被告单位权健自然医学科技发展有限公司、被告人束某等人涉嫌组织、领导传销活动等罪案，由天津市武清区人民检察院依法向天津市武清区人民法院提起公诉。

经审理查明，自 2007 年以来，权健公司以高额奖励为诱饵，引诱他人购买成本与售价严重背离的产品成为权健公司会员，再以发展会员的人数为依据进行返利，诱使会员继续发展他人参加，形成金字塔式层级关系，获取巨额经济利益。被告人束某作为权健公司实际控制人，对公司组织、领导传销活动起决定作用，其他被告人分别按照束某的授意参与组织、领导传销活动，或作为权健公司经销商，发展会员参与传销活动。

2020 年 1 月 8 日，天津市武清区人民法院对被告单位权健自然医学科技发展有限公司及被告人束某等 12 人组织、领导传销活动一案依法公开宣判，认定被告单位权健公司及被告人束某等 12 人均构成组织、领导传销活动罪，依法判处被告单位权健公司罚金人民币 1 亿元，判处被告人束某有期徒刑 9 年，并处罚金人民币 5000 万元；对其他 11 名被告人分别判处 3~6 年不等的有期徒刑，并处罚金；对违法所得予以追缴，上缴国库。被告人束某当庭表示认罪服法。

资料来源：徐建华. 让权健成为"保健"市场乱象整治反面典型［N］. 中国质量报，2020 – 01 – 13（04）。

该案例揭示了企业在营销活动中存在的伦理问题。权健公司一直以来利用人们对健康的追求或是人们对治病的急切期盼，以保健品为弄虚作假、坑蒙拐骗的工具，进行非法营销，骗取消费者的钱财，其多种违法行为严重损害了消费者的合法权益，导致无数家庭饱受痛苦。由此可见，企业在营销活动中必须遵从伦理道德规范，遵守国家法律法规。国家相关部门则应大力整治、严厉打击营销活动中的违法行为，营造良好的市场环境。为了更好地理解这一话题，本章将从营销活动的不同伦理维度入手，继而对企业营销活动中存在的伦理问题展开探讨，为企业如何在营销活动中更好地遵守商业伦理提供一定的借鉴。

# 7.1　认识企业在营销活动中涉及的伦理维度

## 【任务目标】

- 企业在营销活动中为什么涉及伦理？
- 企业在营销活动中涉及哪些伦理维度？

## 【任务描述】

通过本任务的学习，掌握数字经济时代企业与顾客关系中涉及的伦理维度。

## 【知识学习】

营销，指企业发现或发掘准消费者需求，让消费者了解该产品进而购买该产品的过程。市场营销（marketing）是在创造、沟通、传播和交换产品中，为顾客、客户、合作伙伴以及整个社会带来经济价值的活动、过程和体系。市场营销主要是指营销同时针对市场开展经营活动、销售行为的过程，即经营销售实现转化的过程。企业的营销活动通过满足顾客需求而实现企业获取利润的目标，企业在营销活动中主要存在以下几个重要的伦理维度。[1]

（1）顾客需求。企业提供的产品和服务可以满足顾客的需求，但顾客的需求各种

---

① 杨杜，许艳芳. 企业伦理［M］. 北京：中国人民大学出版社，2019：131 – 132.

各样，有些需求是明确的，有些需求是潜在的，有些需求是被企业刺激产生的。企业应该满足顾客什么样的需求、提供什么样的服务是企业在伦理决策中应该仔细考虑的。

（2）产品质量。企业提供的产品和服务应该满足特定的质量要求。假冒伪劣、有瑕疵、有缺陷的产品不能满足顾客的需求。产品质量是企业与顾客关系中的一个伦理维度。

（3）产品包装。企业提供的产品需要必要的包装。如何做出合乎伦理的包装决策、避免过度包装和其他不适宜的包装方式，是企业与顾客关系中的重要伦理维度。

（4）产品定价。企业提供的产品和服务的价格制定应该遵循一定的规则。如何合理定价，避免不合理的定价影响公司声誉，都是企业处理与顾客的关系时应该关注的问题。

（5）广告与营销。在市场经济条件下企业生产是为了扩大和控制市场份额。为了满足投资者不断膨胀的投资回报心理，企业必须创造有影响力的营销方式以操控消费者。正是这种营销理念造成企业拼命生产、拼命营销，同时鼓励消费者无节制消费的现象。这种营销方式和消费理念一方面导致资源的大量浪费，另一方面导致人们盲目购买和消费，值得我们从伦理的角度深思。

（6）售后服务。企业提供的产品和服务，难免会在售后环节出现问题。如何为顾客提供合适的售后服务，是企业处理与顾客关系的一个重要维度。

## 【工作示例】

### 企业营销活动中的非伦理行为的危害及治理

企业不管是制造、销售质量低劣产品，还是用不公平的价格和虚假广告欺骗顾客，以及采用其他不正当营销手段，从短期看，企业可能会获取些眼前的利益，但从长远看，其不道德的营销手段甚至是违法活动，迟早会被揭露，受到社会舆论的谴责和消费者的唾弃，最终必然会危及企业的声誉和信誉，从而失去顾客和市场。因此，企业在营销过程中产生的伦理问题，不仅损害了广大消费者的利益、社会公共利益，也破坏了市场公平竞争秩序；同时严重影响了企业的形象，降低了企业营销能力，阻碍了企业的持续发展。

## 讨论：

可以采取哪些措施来预防和规避营销活动中的非伦理行为？第一，完善相应的法律法规，建立相对完善的失信惩戒机制。众多厂商在面临失信惩戒机制的巨大威慑时，会选择遵守相关的公共秩序，及时公布真实的产品信息。第二，国家质量监督和产品检验检疫部门应当及时地发布各种产品的质量监督信息，同时向社会公众传播各种产品的质量检验监督知识，使得公众能够在信息资源相对较少的情况下，获得对产品比较充分的认识，降低厂商通过违反商业道德和营销伦理的可能。第三，企业要树立"以消费者为核心"的现代营销观念和重视社会效益的社会营销观念,这是企业营销伦理建设的最根本措施。现代营销观念把顾客需要作为企业的营销方向放在首位,对消费者利益的重视是企业的主动要求,而不是被动行为。社会营销观念要求企业自觉考虑社会责任和义务,注重社会利益,讲究社会公德。第四,建立、巩固以营销伦理道德规范为核心的企业文化。企业营销伦理虽属价值观领域的问题,但企业文化却是企业价值观的集中体现,因此企业营销伦理规范和企业文化的主旨是一致的。企业营销伦理规范可以通过形式多样的企业文化活动融入企业的每个细胞。①

## 【案例实践】

### 果冻伤害案

2001 年 5 月,一对夫妇为 1 岁多的儿子从超市购买了果冻。当小孩食用果冻时,却因果冻卡住了喉咙窒息而死。巨大的丧子之痛使这对夫妇将超市和该果冻生产商告上了法庭。理由是:据有关专家认为,果冻对于 3 岁以下的儿童具有较大的危险性,而生产企业在产品包装上对这一点并未加以说明,既没有必要的警示标志,也没有中文警示说明。最终,法院判决该果冻生产商对小孩的死负有责任,并判决该果冻生产商给予经济赔偿。但该果冻生产商对此却有不同看法,因为根据《预包装食品标签通则》(GB 7718)规定,产品外包装应该标明产品的名称、厂名、厂址、规格、数量、出厂日期,而对警示标志或者中文说明没有明文规定和要求。因此,他们生产的产品完全符合规定,没有任何过错。另据调查,从 2000 年开始,全国各地有 10 余起这种幼儿因食用果冻而致死的案件。

资料来源:王健. 产品设计中的伦理责任——由一起"果冻"伤害案引发的思考 [J]. 东北大学学报 (社会科学版),2002,4 (3):163 - 165。

**评述:**

在上面的案例中,法院追究的是果冻生产商事后的法律责任,惩戒了责任者,警示了相关者,意义重大。但对受害者来说,"事后"法律责任追究改变不了悲剧的结果。企业需要采取更积极的措施,在"事前"做一些有益的工作,防止悲剧的再次发生。首先,安全需要是人的基本需要,产品设计的目的是为消费者提供满足其需要的产品,维护消费者生命财产安全是产品设计者的基本伦理责任。其次,消费者对购买的产品具有知情权,但由于现代技术产品的专业性较强,对产品的潜在危险及相关的副作用,只有产品的设计者和少数专业工作者比较了解,一般的消费者很难知晓,设计者有责任向消费者说明产品的潜在危险和可能的负面影响。最后,产品的设计者除了要满足消费者的需求,同时也要注意满足社会需求,对保护生态环境负有伦理上的责任。进入数字经济时代,以上的观点同样适用于新兴的技术和应用。例如,数字产品和服务,尤其是那些依赖人工智能和大数据的工具,不仅需要确保功能性和用户友好性,还必须确保其不

① 刘爱军,钟尉. 商业伦理学 [M]:北京:机械工业出版社,2016.

损害用户的隐私和数据安全。数字经济中的产品设计师和开发者不仅面临传统的伦理挑战，如确保消费者的安全和知情权，还需要考虑如何避免算法歧视，确保数据的公正性和透明性。此外，随着数字化技术日益渗透到各个生活领域，其对生态环境的影响也越来越受到关注。比如，大规模数据中心的能源消耗和碳排放问题。这要求数字产品的设计者在创新的同时，也要积极探索更环保、更可持续的解决方案，响应社会对绿色数字经济的期待。

# 7.2 顾客需求与合乎伦理

## 【任务目标】

- 顾客需求是否都合乎伦理？
- 企业应如何满足顾客需求？

## 【任务描述】

通过本任务的学习，掌握顾客的不同需求类型以及企业在满足顾客需求时涉及的伦理决策。

## 【知识学习】①

### 7.2.1 顾客需求的不同类型

不同的顾客有不同的需求。根据马斯洛的需求层次理论，人类的需求层次由低到高依次为生理、安全、社交、自尊、自我实现，较低层次需求的满足是实现较高层次需求的基础。

企业以顾客为上帝，企业通过为顾客提供有价值的产品或服务，满足顾客需求来获取利润。然而顾客的需求多种多样，但并非所有需求都是合乎伦理的。一些顾客需求有违传统价值观念，如毒品、电子游戏、色情娱乐、博彩行业等；一些顾客需求本身存在争议，如烟、酒、来自野生动物的皮草等。企业不能为了经济利益而一味满足顾客的不正当需求，而应仔细斟酌顾客需求是否应该得到满足，以免企业自身陷入危机。

我们可以根据合理与否，将顾客需求归纳为如下四类：其一是不合法的需求，比如对毒品、私人枪支、色情等需求；其二是对顾客本身有利，但对其他人和社会有害的需求，如一次性消费品（会导致资源浪费、环境污染）；其三是对他人和社会无害，但对顾客有潜在不利影响的需求，如高脂肪食品；其四是对顾客有利，且不损害他人及社会的利益，或者对他人及社会也有利的需求。

---

① 杨杜，许艳芳. 企业伦理［M］. 北京：中国人民大学出版社，2019：132 - 135.

### 7.2.2 满足顾客需求的伦理决策方法

卡罗尔提出了一个 VENN 模式，可以帮助企业判断应该生产何种产品、提供何种服务，该模式从经济、法律和伦理三个维度考虑企业的产品/服务决策（见图 7.1）。

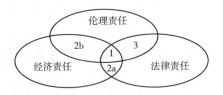

**图 7.1 进行伦理决策的 VENN 模型**

注：区域 1 是可盈利的、合法的、符合伦理的，应追求它；区域 2a 是可盈利的并且合法的，但可能不符合伦理，需小心行事；区域 2b 是可盈利的并且符合伦理的，但可能不合法，需小心行事；区域 3 是合法的、符合伦理的，但是可能不盈利，需寻找可以盈利的方法。

资料来源：卡罗尔，巴克霍尔茨. 企业与社会：伦理与利益相关者管理（第 5 版）［M］. 黄煜平，等译. 北京：机械工业出版社，2004.

（1）区域 1：可盈利的、合法的、符合伦理的，企业要追求它。这样的区域在现实中非常多见。海尔开发能洗地瓜的洗衣机就是一个事例。1996 年 10 月张瑞敏在四川出差，有人对他说海尔的洗衣机质量不太好，排水管经常堵。张瑞敏立刻派人向用户做深入了解。原来四川一些农民把洗衣机买回去以后，不是用来洗衣服，而是用来洗地瓜。地瓜泥沙多，排水口自然会堵塞。排水口经常堵，农民不愿意用，洗衣机在农村销售受阻。面对这种情况，张瑞敏敏锐地发现了新的商机——开发能洗地瓜的洗衣机。有的技术人员认为太不合理了。但张瑞敏认为对用户的要求说不合理是不行的，应该转变观念，开发产品不能从洗衣机的定义出发，而应从用户的需求出发。只要开发出一个适应需求的产品，就能创造出一个全新的市场。没过多久，一种能洗地瓜、土豆等多种农产品的洗衣机开发出来了。它在技术上并不复杂，只需把里面的摩擦系数减小，出水管道加粗，并将过滤系统改得疏一些，不让泥沙把管道堵塞就行了。能洗地瓜的洗衣机开发出来后，果然在农村市场大受欢迎。一个新的细分市场就这样被海尔创造出来。

美国有一家专做女性内衣和新娘礼服的缝纫店。一天，一位年轻的女顾客来到店里，要求店主给她缝制三件孕妇穿的衣服。店主说："我们店本来只做内衣和结婚礼服，不过，因为您是孕妇，我们可以破例为您服务。""谢谢！"孕妇喜形于色，"为了以后不再来麻烦你，我想一次做三件。"店主问："为什么要做三件？"孕妇不好意思地说："我的意思是，随着时间不断推移，请给我增大尺寸，做大小不同的 3 件。"店主笑着说："您真聪明。一式三件，有大有小，肚子小时穿小的，肚子大时穿大的，都是同一颜色、同一款式，也不会引起人们的注意。好吧，一个星期后您来取衣服。"店主做衣服时，发现布料不够做 3 件大小不同的衣服。她躺在床上琢磨，想起自己怀孕时，也特地做过几件衣服，现在都束之高阁了。她突然若有所悟：如果有一件衣服能随孕妇形体的变化而变化，该多好啊。她开始认真研究起来。但研究来研究去，总觉得这种衣服不好做。如果太紧，会妨碍胎儿的发育，如果太松，又显得难看。最后，她终于想出一个办法：在孕妇装上加一条特制的松紧带，这种松紧带可以随意伸缩，这样孕妇穿上就没有半点不适了。一个星期后，女顾客来取衣服。店主告诉她只做了一件。女顾客起初不解，但当她穿上这种可以随腹部扩张而扩张的松紧衣时，十分满意。这种衣服不仅孕妇喜欢穿，普通女性也喜欢穿，因此成为流行服装。店主一边申请专利，一边大量生产，后来成为一名企业家。

（2）区域 2a：可盈利的并且合法的，但可能不符合伦理，企业要小心行事。这样的区域现实中也比较多。有些领域可以盈利，而且不违背现有法律，但是可能违背伦理道德。香烟、白酒就属于这样的区域。

（3）区域 2b：可盈利的并且符合伦理的，但可能不合法，企业也不能做。由于法律不可能涉及企业经营的方方面面，因此这样的区域现实中也可能有。比如，2013 年春节期间铁路系统首次实行网络订票，网上售票比窗口提前两天。有些人不会上网，常常在窗口排几个小时的队也无法买到票。听到这些人的抱怨，有位网店店主为了解决当地农民工不会上网无法抢购火车票的问题，利用开网店的便利，在网上帮人代购火车票，每张收取 10 元的手续费，其中包括帮购票者去火车站取票的费用。但是，铁路公安局以"倒卖"火车票为由对这位店主进行了刑拘。之后，法院判决这位店主犯倒卖车票罪。

（4）区域 3：合法的、符合伦理的，但是可能不盈利，企业要寻找可以盈利的方法。社会创业可以视为企业在这一领域的尝试。社会创业是用创新的方式整合和运用资源，以寻求促进社会发展或解决社会问题的机会。社会创业解决的问题都是合法的、符合伦理的，但是可能不获利。如何寻找合适的商业模式，在解决社会问题的同时盈利，正是社会创业企业需要做的事情。社会创业的两大关键特征是创业性和社会性。创业性表现为不知疲倦地寻找新机会，不断创新、修正和改进，不受当前稀缺资源的限制大胆行动。社会性表现为实现社会目标、履行社会使命、实现社会价值、创造社会价值、增加社会价值。孟加拉国尤努斯教授开创的小额信贷是社会创业的典型事例。中国也有许多社会创业公司，如分享收获、朗力养老、乐朗乐读等，它们在解决社会问题的同时，采用创新的商业模式，实现了盈利。

## 【工作示例】

### "立顿"茶：根据顾客需求确立定位

来自英伦的立顿红茶，不仅把自己的品牌卖到了世界茶叶产量最高的国家——中国，而且在中国通过短短的 5 年时间就实现了茶包销售额第一、市场占有率第一的业绩神话。是什么让立顿能够在茶文化如此深厚的中国市场迅速发展呢？最关键的因素在于：立顿任何行为的出发点，均在于洞察消费者的需求特性。

立顿红茶消费者科学部主任介绍："立顿每年要拿出占销售额 0.7% 的资金来研究顾客的需求。"其研究的内容包括消费者的饮茶习惯，对茶的冲泡、选配和包装形式的偏好，影响消费者选择茶叶的各种因素以及饮茶的流行趋势等。立顿对全球 41 个国家消费者的饮茶习惯进行了详细深入的调查和研究，且建立了相应的数据库，进入立顿官网就可以获取关于这个调查研究的初步数据资料。同时，为了更好地了解消费者的饮茶偏好，立顿在英国的红茶研发基地还特别建立了一个名为"感官项目室"的实验室，主要用于消费者洞察研究。研发人员会召集一组没有特别喜好、性格平稳、能够准确表达自己意见的消费者为研究对象，让他们对产品的细节特征进行客观评判，然后通过计算机统计的方法科学评估各种产品的特性，为有效开发符合消费者需求的新产品提供依据。洞察消费者时，立顿不仅仅从人口统计学角度去判断，而且通过对消费者的生活方式的调查研究，从中获得消费者的价值趋向、审美理想、职业定位、阶层归属等各种要素的判断。在目标人群与茶的关系中，立顿发现了传统茶叶饮用方式与消费者生活方式之间的疏离感，发现了他们在茶叶消费上对"简单明快"饮用方式的需求、对茶叶消费的"补充活力""自然美好的乐趣"等方面的需求。

在茶品同质化极其严重的今天，利用品牌内涵给产品附加特色并使其显性化是茶企市场竞争的有力武器之一。立顿并没有拘泥于告诉消费者自己的茶有多营养，更多的是从消费者的身心状况和生活习惯出发，倡导一种能与之产生共鸣的消费习惯和生活方式。根据消费者不同的需求和购买行为，立顿研发出不同的产品。根据企业精英和白领的需要，生产符合他们消费习惯和可承受价位的茶品；根据时尚女性的需要，研发具有美容减肥功效的女性丽颜茶；根据年轻人的需要，制作不同口味的奶茶和水果茶。

立顿在中国市场立足正是找准了目标消费者的定位。在进入中国市场的早期，立顿一反中国消费者心中"茶叶是中老年人悠闲生活饮品"的理念，把事业成功人士作为进入市场的突破口，由于这部分群体的消费能力以及对于品牌的身份认同，更容易接受外来的品牌。随着国内外茶饮料的竞争逐步激烈，立顿逐渐将先锋消费群体扩大到18～35岁年龄段的年轻人，具体代表为都市青年和公司白领，他们是青春时尚的先锋力量，也比较容易接受新事物和速食文化，对于立顿茶品不会有太强的抗拒心理。同时，利用这两个群体充当意见领袖，可以在中国的年轻一代中传播立顿的青春时尚理念，并借机进行口碑营销，进一步扩大消费者群体。在包装上，立顿以时尚、阳光、健康的形象面对年轻的中国消费者，明黄色的产品包装给消费者耳目一新的感觉。而经典的茶叶包设计避免了传统冲泡茶方法带来的麻烦和尴尬，给办公室白领泡茶提供了便捷；对于喝茶不是特别讲究和没有喝茶习惯、易接受速食文化的年轻人和办公室白领们来说，袋泡茶是他们的首选。此外，在进入中国市场之初，立顿主推经典红茶。但根据联合利华调查，当时中国茶叶市场有95%的人消费绿茶，只有5%的人在消费红茶。基于中国茶叶市场的消费状况，立顿对自身产品风格进行了重新定位，并借改变形象之时延长产品线，推出全新的绿茶、茉莉茶和铁观音茶等符合中国消费者口味的茶包。就这样，立顿依靠精准的目标消费者定位和市场定位，成功地占据了中国时尚茶饮市场的制高点。

资料来源：浙江大学 CARD 中国农业品牌研究中心．"立顿"茶：根据顾客需求确立定位［N］．农民日报，2013－08－26（08）。

**评述：**

在数字化时代，顾客需求是企业开展营销活动的前提。企业应充分挖掘顾客需求，把握不同顾客的差异化需求，进行精准营销，从而为企业创造最大的经济价值。立顿以顾客需求为中心，重新定位品牌内涵，不断创新营销思维和方式，从而创造了独特的竞争优势，最终占领市场的一席之地。由此可见，任何企业在营销活动中都不可背离顾客需求而盲目营销，唯有以顾客需求为导向，根据顾客的多元化需求提供多元化产品，才能创造出更多的顾客价值，从而与顾客建立起长期稳定的关系，促进企业长远发展。

**【案例实践】**

### 科技异化下的智能产品设计伦理困境

目前智能化进程已涉及可穿戴、家居、交通、通信、娱乐、医疗、服务等各个领域，智能产品也以一种迅雷不及掩耳之势进驻人类生活的方方面面。当然，人们在享受智能产品带来的便捷而乐在其中时，其实已然逐渐陷入智能化依赖的"泥潭"之中。而过度的智能化依赖所带来的是人体机能退化、人类情感冷漠等严重的人类异化问题。

首先，智能化依赖影响人类健康。2011 年赫尔辛基资讯科技研究院和英国特尔实验室研究发现，重度的智能手机使用者基本上每隔 10 分钟就会强迫性地触屏于手机，其中每天自发性确认手机是否收到信息高达 34 次。同样来自 2014 年 2 月的新华社报道，调查显示全球范围内智能手机用户平均每日打开手机的次数高达 150 次以上。如果除去人类正常的睡眠时间外，平均每 6.5 分钟就要翻看手机一次。长期使用智能手机将引发肩周炎、颈椎反弓、颈椎退变、腰椎间盘突出、腰肌劳损和劳损型颈椎等疾病。

如果从心理层面看，智能手机过度依赖者所产生的抑郁之心、焦虑之态、孤独之感便是现代重要的心理疾病之一——"手机依赖征"，又称"手机依赖综合征""手机综合征""手机焦虑征""手机瘾"。顾名思义，"手机依赖征"就是个体因为使用手机行为失控而产生的对手机持续的需求感和强烈的依赖感，进而导致其在生理、心理以及社会功能上表现出明显受损的痴迷状态。

其次，智能化依赖导致人情冷漠。当智能产品成为我们工作、生活、娱乐当中重要的组成部分并对其产生过度依赖时，我们会发现智能产品的负面效应不仅影响着我们的身心健康，也加剧着我们情感的疏离和人情的冷淡。尽管智能产品带来了物质的充盈，但却造成了情感的空白；尽管智能产品拉近了人与人之间的关系，但却疏远了心与心之间的距离，使得友情疏远、爱情冷淡、亲情疏离。

资料来源：周帅. 智能产品的设计伦理问题研究［D］. 北京：中国艺术研究院，2018。

**评述：**

如今，我们面对的产品已经越来越聪明，越来越智能，一方面我们期待未来的智能产品设计能够解放我们，另一方面担心未来的智能产品设计会让人被物役和异化。智能产品作为人类改造利用自然的工具，生产生活服务于人类的全过程，又反过来作为一种力量影响着人类，超出人类控制能力范围甚至威胁、支配、统治人类。对于智能产品设计，我们最终的目标是希望创造能够像人类一样高效地从经验中学习的智能产品，使智能产品进一步拓展人类的能力，而非取代人类，更多的是希望达到人机、人际交互的目的，使智能产品更好地服务于人，从而实现人机共生的发展理念，这是我们最为理想的发展模式。[①] 因此，在智能时代，设计者的伦理准则和道德标准在工作中有着更加重要的作用。产品设计者不能完全以制造样式新奇、功能完备、刺激消费、追求利润最大化为自己的工作目标，而是有责任在产品设计中将技术理性和人文理性结合起来，自觉设计出充满人文关怀的技术产品。

# 7.3 产品质量中的伦理

## 【任务目标】

- 什么是产品质量？产品质量中涉及哪几类伦理问题？
- 企业该如何保证产品质量？

## 【任务描述】

通过本任务的学习，掌握产品质量的概念，熟悉企业产品质量所存在的五类问题，即假冒产品、伪劣产品、不安全的产品、达不到性能要求的产品以及人为强制淘汰的产品，并为企业保证产品质量提出一些方法和建议。

## 【知识学习】

### 7.3.1 产品质量的概念

产品质量是指产品满足规定需要和潜在需要的特征和特性的总和，可以从产品性能、寿命（即耐用性）、可靠性、维修性、安全性、适应性、经济性几个方面进行衡量。产品设计考虑不周、生产技术水平不够、生产过程把关不严等原因均会造成产品质量的不确定性。企业在销售产品之前，一方面有责任和义务严格把控产品质量，确保产品质量达标，另一方面也应做好产品质量的风险评估，预测产品在使用过程中可能存在

---

① 张英. 关于智能产品设计伦理问题的研究［J］. 设计，2018（3）：49-50.

的风险并告知消费者。

### 7.3.2 主要的产品质量问题

目前，企业产品质量主要存在以下五大问题：

**1. 假冒产品①**

假冒产品是指在制造时模仿其他同类产品的外部特征或未经授权对受知识产权保护的产品进行复制和销售借以冒充别人的产品。在当前市场上假冒产品主要表现为：（1）冒用、伪造他人商标、标志；（2）冒用他人特有的名称、包装、装潢、厂名厂址；（3）冒用优质产品质量认证标志和生产许可证标识。

在市场上被假冒的商品都是一些质地优良、适销对路、深受消费者和用户厚爱、在国内外市场上有较高声誉的名牌商品，这些商品的生产商在其创业、创名牌的过程中都付出了长时间艰辛的劳动。假冒产品大都借助原有品牌的影响力，以相对低廉的价格迅速获取产品竞争优势，吸引购买力相对较弱的消费者，从而损害了原创品牌的利益。

**2. 伪劣产品**

伪劣产品是指生产、经销的商品，违反了我国现行法律法规的规定，其质量、性能指标达不到国家标准、行业标准及地方标准所规定的要求，甚至是无标生产的产品。因此，与假冒产品不同，伪劣产品主要是指质量低劣或者失去了使用价值的产品。伪劣产品有时也假冒其他名牌产品进行销售，则此时它既是伪劣产品，又是假冒产品。②

伪劣产品的生产者主要表现为以下几种情况：（1）伪造或者冒用认证标志、名牌产品标志、免检标志等质量标志和许可证标志；（2）伪造或者使用虚假的产地；（3）伪造或者冒用他人的厂名、厂址；（4）假冒他人注册商标；（5）产品掺杂、掺假，以假充真、以次充好；（6）产品失效、变质；（7）存在危及人体健康和人身、财产安全的不合理危险；（8）所标明的指标与实际不符；（9）国家有关法律、法规明令禁止生产、销售。

此外，在我国经销下列产品经指出不予改正的，即视为经销伪劣产品：（1）无检验合格证或无有关单位允许销售证明的；（2）内销商品未用中文标明商品名称、生产者和产地（重要工业品未标明厂址）的；（3）限时使用而未标明失效时间的；（4）实施生产（制造）许可证管理而未标明许可证编号和有效期的；（5）按有关规定应用中文标明规格、等级、主要技术指标或成分、含量等而未标明的；（6）高档耐用消费品无中文使用说明的；（7）属处理品（含次品、等外品）而未在商品或包装的显著部位标明"处理品"字样的；（8）剧毒、易燃、易爆等危险品而未标明有关标识和使用说明的。

伪劣产品本身便存在缺陷，销售该类产品严重损害了消费者经济利益，甚至会对消

---

①② 杨杜，许艳芳．企业伦理［M］．北京：中国人民大学出版社，2019：136．

费者的生命健康权产生威胁。企业在营销过程中，应遵守道理伦理，杜绝销售假冒伪劣产品，而应销售符合法律规定、满足消费者需求的优质产品。

### 3. 不安全的产品

产品的安全性是指产品在使用、储存、销售过程中，保障人体健康和人身、财产安全免受伤害或损失的能力。不安全产品是指有可能对人体健康造成危害的产品。地沟油、毒奶粉、瘦肉精、假疫苗等问题食品药品，毒跑道、有问题的化妆品、甲醛超标的家具及服装等，都是不安全的产品。①

从安全性角度来看，一方面，产品的安全问题由产品生产制造者决定，如农药残留、甲醛超标、化妆品成分中存在有害物质等安全问题均是由生产制造者的非道德行为所导致；另一方面，许多产品自身便存在安全隐患，如锋利的刀具存在割伤的风险、热水壶存在烫伤的风险，消费者一旦使用该类产品，安全风险就随之产生。产品的安全性该如何保证，安全风险又该如何规避呢？对企业而言，在生产制造销售等一系列环节中，企业都应恪守道德底线，遵守法律法规，诚信且合规经营，确保所售产品质量达标。此外，对于刀具等本身存在安全隐患的产品，企业可以研发安全性更强的替代品或是生产可预防安全风险的配套产品，如防割伤刀具或防割伤手套等。对消费者而言，在使用具有安全风险的产品时应小心谨慎并做好防御措施，尽量降低安全风险。

### 4. 达不到性能要求的产品

产品性能是指在一定条件下，实现预期目的或者规定用途的能力。任何产品都有特定的使用目的或用途。目前，国内市场上存在一些达不到特定使用目的或者用途的产品，保健品就是其中一例。21世纪，国内保健品市场虽然没有了20世纪90年代的非理性和疯狂，仍然潜龙暗伏，不时出来兴风作浪。

### 5. 人为强制淘汰产品

产品寿命是产品质量的另一个重要维度。如同人的寿命一样，产品也有自己的寿命。产品的寿命可以分为自然寿命与经济寿命。自然寿命是指产品从研究设计开始，经过生产制造、市场销售、用户使用，直到没有使用价值完全报废为止所经历的全部时间。经济寿命是指从经济方面考虑产品的寿命。随着经济的发展和科学技术的进步，原有产品的技术性能落后，经济效益低下，虽然还没有达到它的自然寿命周期，但如果继续使用已经不经济了，必须将其强制淘汰。这种从产品研发开始，直到其因技术性能落后、经济效益低下而被淘汰所经历的全部时间，就是产品的经济寿命。人为强制淘汰产品也称为有计划的产品淘汰，通常是指生产厂商在生产产品时预先设定一个寿命，这个寿命比正常的寿命短，这样就迫使消费者在较短的时间内再购买产品。从社会的层面

---

① 杨杜，许艳芳. 企业伦理［M］. 北京：中国人民大学出版社，2019：136.

看，人为强制淘汰产品会带来资源的浪费。①

## 【工作示例】

### 海尔勇砸冰箱

1984 年 12 月，张瑞敏临危受命，出任海尔前身青岛电冰箱总厂的厂长。当时，青岛电冰箱厂是一家街道小企业，资不抵债、濒临倒闭。

张瑞敏刚到厂时，制定的十三条厂规是：不迟到、不早退、不旷工；不准代他人划出勤卡；工作时间不准打扑克、下棋、织毛衣、干私活等；工作时间不准串岗；工作时间不准喝酒；工作时间不准睡觉；工作时间不准赌博；不准损坏工厂的设备；不偷工厂里的财物；不准在车间里大小便；不准破坏工厂的公物；不准用棉纱柴油烤火；不准带小孩和外人进入工厂。同时，张瑞敏制定了工厂的第一个发展战略——品牌战略。

1985 年，一位用户来信抱怨说：自己攒了多年钱才买的冰箱上有道划痕。于是，张瑞敏派人把库房里的 400 多台冰箱全部检查了一遍，发现，76 台冰箱不合格。在研究处理办法时，一些干部提出，可以将不合格冰箱作为福利处理给本厂的员工。当时，一台冰箱的价格是 800 多元，相当于一名职工两年的收入。实际上，在那个物资十分紧缺的年代，别说正品，就是次品也要找人托关系才能买到。

张瑞敏却做出了有悖"常理"的决定。他立即召开全体员工的现场会，把 76 台冰箱当众砸掉，而且由生产这些冰箱的员工亲自砸。在全场员工面前，张瑞敏抡起大锤亲手砸下了第一锤。之后，许多老工人边流泪边抡起锤子砸冰箱。砸过冰箱后，张瑞敏告诉员工，有缺陷的产品就是废品。

自此以后，"有缺陷的产品就是废品"的质量观念，深深印在海尔人的脑海中。本着"对用户负责"这一基本理念，在生产制造过程中，海尔始终坚持"精细化、零缺陷"的标准，让每个员工都明白"下道工序就是用户"，从而创造出"零缺陷"的海尔产品。1988 年 12 月，海尔捧回了中国冰箱行业的第一块国家质量金奖，由此奠定了海尔冰箱在中国冰箱行业的领军地位。1991 年，海尔成为中国家电行业唯一入选"中国十大驰名商标"的品牌。2005 年 8 月，海尔被选定为 2008 年北京奥运会的白色家电赞助商。2009 年 9 月，在德国柏林举行的 2009 年国际消费电子展（IFA）上，海尔冰箱获得全球最大媒体集团锐德商讯授予的"全球冰箱领袖奖"，这是中国企业参展 IFA 以来首次问鼎该奖项。

回望来时路，海尔的成功正是源于当时的一"砸"。那一"砸"，将"零缺陷"的质量意识砸进了海尔成长的基因中；那一"砸"使一家亏空 147 万元、濒临破产的街道小企业，蜕变为今日营业额超过千亿元的国际化知名家电企业。

资料来源：杨杜，许艳芳. 企业伦理 [M]. 北京：中国人民大学出版社，2019：154-155.

---

① 杨杜，许艳芳. 企业伦理 [M]. 北京：中国人民大学出版社，2019：137.

## 讨论：

如何看待张瑞敏把 76 台质量不合格的冰箱全部砸掉的行为？正如案例中所述，海尔砸冰箱的行为将"零缺陷"的质量意识深深地烙印进了海尔成长基因之中，自此海尔内部也逐渐建立起全面质量管理体系。海尔砸冰箱所造成的短暂损失为海尔带来了良好的企业声誉，也带来了长久的经济利益。由此可见，产品质量对于企业发展至关重要，良好的产品质量是企业成功的基石。在数字经济时代，传统的产品质量管理方式已经和先进的数字技术相结合，为企业提供了更为强大和精确的工具。例如，物联网（IoT）设备可以实时监控生产线上的产品质量，并及时反馈给生产者，使其能够快速调整生产过程，保证产品的稳定性和一致性。此外，大数据分析帮助企业深入理解消费者的真实需求和反馈，进而优化产品设计，提高产品的满意度和市场接受度。

人工智能和机器学习技术在产品质量的风险评估方面也起到了不可替代的作用。它们可以对大量的生产和销售数据进行深度分析，预测哪些因素最有可能影响产品的质量，并为企业提供预防和应对措施的建议。这不仅提高了产品的质量，还极大地减少了因产品质量问题引发的风险和损失。

数字化工具还为企业提供了与消费者更加紧密、实时的沟通渠道，如社交媒体、移动应用和在线客服。这使得消费者可以更方便地提供关于产品的反馈和建议，同时企业也可以迅速回应消费者的疑虑，加强消费者的信任感。

## 【案例实践】

### 三聚氰胺毒奶粉事件

2008 年 9 月 8 日，甘肃岷县 14 名婴儿同时患有肾结石病症，引起外界关注。至 2008 年 9 月 11 日甘肃全省共发现 59 例肾结石患儿，部分患儿已发展为肾功能不全，同时已死亡 1 人，这些婴儿均食用了三鹿 18 元左右价位的奶粉。而且人们发现中国多省已相继有类似事件发生。中国卫生部高度怀疑三鹿牌婴幼儿配方奶粉受到三聚氰胺污染，三聚氰胺是一种化工原料，可以提高蛋白质检测值，人如果长期摄入会导致人体泌尿系统膀胱、肾产生结石，并可诱发膀胱癌。

2008 年 9 月 11 日上午 10 点 40 分，新民网连线三鹿集团传媒部，该部负责人表示，无证据显示这些婴儿是因为吃了三鹿奶粉而致病。据称三鹿集团委托甘肃省质量技术监督局对三鹿奶粉进行了检验，结果显示各项标准符合国家的质量标准。不过事后甘肃省质量技术监督局召开新闻发布会，声明该局从未接受过三鹿集团的委托检验。很快在同一天的晚上，三鹿集团承认经公司自检发现 2008 年 8 月 6 日前出厂的部分批次三鹿婴幼儿奶粉曾受到三聚氰胺的污染，市场上大约有 700 吨，同时发布产品召回声明，不过三鹿亦指出其公司无 18 元价位奶粉。

事件曝光后，国家质量监督检验检疫总局对全国婴幼儿奶粉三聚氰胺含量进行检查，结果显示，除了河北三鹿外，还有 22 家婴幼儿奶粉生产企业的 69 批次产品检出了含量不同的三聚氰胺，被要求立即下架。国产奶粉至此丧失民众信任。

2009年1月22日，河北省石家庄市中级人民法院一审宣判，三鹿前董事长被判处无期徒刑，三鹿集团高层管理人员分别被判有期徒刑5~15年不等。三鹿集团作为单位被告，犯了生产、销售伪劣产品罪，被判处罚款4937万余元。涉嫌制造和销售含三聚氰胺牛奶的奶农，三名被判处死刑，另有数名被判无期徒刑或有期徒刑。

资料来源：叶文添，周丽敏. 三鹿毒奶粉惊曝乳业乱象内幕［N］. 中国改革报，2008 - 09 - 16（05）。

**评述：**

三聚氰胺毒奶粉事件之后，曾领跑国内奶粉市场的乳业巨头三鹿随之陨落，全行业亦陷入质量泥沼。在该事件中，企业为了经济利益，漠视消费者的生命健康权，不仅严重侵害了婴幼儿生命安全，也严重扰乱了市场经济秩序。毒奶粉事件给各企业敲响了产品质量的警钟，时刻提醒着企业要严格把控产品质量，确保流通于市场的产品质量达标。企业对消费者负责，就是对自己负责。食品从生产、分配、流通到消费过程中，充满了伦理道德的价值诉求，当前的产品质量问题已经不再仅仅是企业的技术和管理技能问题，而是涉及企业社会责任和商业伦理。有些企业即便有各种质量认证和质量管理制度，仍然爆发质量问题，可见仅仅从企业内部的生产上加强质量管理已经不能解决质量问题，需要从战略层面加以分析，强调企业生产经营的质量伦理性。质量伦理是指企业在确保产品质量符合质量标准的同时，也符合消费者和公众对产品质量的期望。质量伦理不仅关乎消费者的利益，从长远来看，直接关系到企业战略的实现和长远发展。从社会责任的角度，通过质量伦理战略，从战略上进行创新，既是竞争的需要，也是消费者和公众的期待。食品企业可通过打造"全产业链"以及管理模式的变革和创新来塑造质量伦理形象，通过投资社会责任、提升经营伦理水准来提升企业伦理形象和声誉，进而获取特殊的竞争优势。

# 7.4 产品包装中的伦理

**【任务目标】**

- 产品包装中涉及哪些伦理问题？
- 企业该如何进行产品包装的伦理决策？

**【任务描述】**

通过本任务的学习，掌握产品包装的概念，熟悉产品包装中所涉及的四类伦理问题，即过度包装、虚假包装、混合包装及使用劣质包装材料，思考企业该如何做出合乎伦理的包装决策。

## 【知识学习】

### 7.4.1 产品包装的概念

产品包装是指在产品运输、储存、销售等流通过程中，为了保护产品、方便储存促进销售，按一定技术方法采用容器、材料和辅助物等对产品所附的装饰的总称。产品包装不仅有利于保证特殊产品的安全和产品质量，而且能够很好地保护产品的仓储者、运输者、销售者和消费者的合法权益。

### 7.4.2 产品包装中存在的伦理问题

目前，产品包装中的伦理问题主要有以下几类：

**1. 过度包装**

过度包装是指包装的耗材过多、分量过重、体积过大，成本过高、装潢过于华丽、说辞过于溢美等，背离了包装应有的功能。有的商品故意增加包装层数，外观漂亮，名不副实；有的商品包装体积过大，实际产品很小，喧宾夺主；还有的商品采用过厚的衬垫材料，保护功能过剩。有的商家为了提高商品价格，不惜在包装材料的选择上下功夫，本来用纸包装可以满足要求，却采用实木、金属制品等，造成不必要的资源浪费，增加消费者的购买成本。[①]

过度包装存在诸多危害：（1）浪费资源。包装工业所需的纸张、橡胶、玻璃、钢铁、塑料等原生材料来源于木材、石油、钢铁等紧缺资源，大量过度包装的同时未及时进行资源回收利用，就会造成严重的资源浪费。（2）污染环境。消费者习惯于丢弃商品包装，而过度的商品包装会产生大量的固体废弃物，造成严重的环境污染。（3）提高商品价格，损害消费者利益。一些经过特别包装的商品，价格一般都是平常包装的几倍，甚至更高。但是，过度包装的商品价格与实际价值严重不符，消费者在购买商品时便被强加了高昂的包装费，甚至精美的包装下却是劣质的商品，消费者利益因此受到损害。（4）诱发奢靡腐败之风，损害社会利益。一方面，过度包装所实现的促销获利容易引发各企业的争相效仿，造成过度包装现象愈发严重，甚至引发天价包装的奢靡之风；另一方面，过度包装的商品容易成为人们送礼的"最佳选择"，从而暗中助推贿赂之风。

**2. 虚假包装**

有些企业利用包装精美的礼盒，打着传统文化旗号，或者虚假标注商品成分、原料，或者夸大宣传商品性能，或者用高科技概念误导消费者，以此作为营销手段，达到招揽吸引消费者、实现利益最大化的目的。

---

① 杨杜，许艳芳. 企业伦理 ［M］. 北京：中国人民大学出版社，2019：138－139.

### 3. 混合包装

一是利用消费者因送人需要保持包装完好、无法当场拆封的有利因素，采取优劣商品混合包装的方式销售，以此迷惑消费者，达到销售质次价高商品的目的。二是通过混合包装强制搭售商品。例如，在白酒礼盒中搭售水晶龙，在年夜饺子礼盒中搭售镀金手表，在天价粽子礼盒中搭售普洱茶、茶具等。

### 4. 使用劣质包装材料

以月饼包装为例，一些生产厂家用豪华的金属色月饼托盘作为内包装。这些包装中大量添加金银粉，有些是使用再生塑料加入金粉和银粉制成的，这些再生塑料来源复杂，有些甚至来自医疗垃圾、农药瓶等，含有大量有毒有害物质，这些物质融入食品中，会对人体健康造成危害。[①]

### 7.4.3 如何做出合乎伦理的包装决策

为了做出合乎伦理的包装决策，企业应该考虑以下问题：

（1）产品包装应能保护商品和消费者的人身安全。在商品包装上应标注有关商品的搬运、储藏、开启、使用、维护等方面的安全注意事项，要有醒目的安全警示和使用说明。包装设计应便于搬运、储存、开启、使用和维护。

（2）切忌使用"金玉其外，败絮其中"的欺骗性包装。面对日益激烈的市场竞争，很多企业不仅重视商品包装问题，而且通过发掘包装功能取得显著的经济效益。而有一些企业不适当地运用包装策略，片面追求商品的包装效果，忽视了内在产品的质量问题，对消费者产生误导，损害了消费者的权益。在包装与商品之间，商品永远是第一位的，包装只是辅助手段。商品最重要的是内在质量，包装只是"锦上添花"。

（3）商品包装应该避免浪费。合理、适宜的包装会使商品物有所值、物有所用。但是，作为生产活动的商品包装，其生产过程伴随着资源的消耗，当商品包装所形成的社会价值、经济价值远低于资源自身价值时，包装就是一种浪费。

（4）商品包装要符合绿色营销的要求。一些商品包装物本身有着一次性消耗自然资源、一次性使用即要被遗弃而导致环境污染等负面特征，由此产生的包装垃圾会对人类的生存环境产生极大的危害。大量的包装垃圾尤其是塑料包装未经无害化处理而被遗弃，成为危害人类生存空间、损害人类健康的大敌。企业不仅应该注重产品的使用价值，而且应该考虑包装的生态环境价值。

（5）商品包装材料要符合3R原则。3R原则就是减量（reduce）、再利用（reuse）和再生循环（recycle）。具体说来，包装材料应能被回收、再生利用，要提高包装材料的回收利用率。在产品包装上，要研制和使用易分解、无毒害、无污染的包装材料，尽量使用标准化包装以便于回收。

---

① 杨杜，许艳芳. 企业伦理［M］. 北京：中国人民大学出版社，2019：139.

（6）商品的标签必须清晰、准确、易读。这要求企业在包装标签中必须对商品的性能、产地、用途、质量、价格、规格、主要成分、生产者、有效期限、使用方法、售后服务及服务的内容、范围等有真实的说明，而且说明应当准确、清楚、明白，不能含糊其词、模棱两可。①

## 【工作示例】

### 对产品包装做出限制的法规

产品包装是企业营销活动中必不可少的一个环节，产品包装主要是为了保护产品在运输过程中不受损坏。现如今，各企业越来越重视产品包装的作用，但一些企业为了从产品包装中获得竞争优势并赚取更多利润，常常陷入过度包装的漩涡，造成环境污染、资源浪费等不良影响。因此，我国出台了一系列法律法规和相关标准，对产品包装做出了严格的限制。

#### 1. 国家关于包装的法律条文

（1）《中华人民共和国固体废物污染环境防治法》第六十八条规定："产品和包装物的设计、制造，应当遵守国家有关清洁生产的规定。国务院标准化主管部门应当根据国家经济和技术条件、固体废物污染环境防治状况以及产品的技术要求，组织制定有关标准，防止过度包装造成环境污染。"

（2）《中华人民共和国循环经济促进法》第十九条明确规定："设计产品包装物应当执行产品包装标准，防止过度包装造成资源浪费和环境污染。"

（3）《中华人民共和国清洁生产促进法》第二十条规定："产品和包装物的设计，应当考虑其在生命周期中对人类健康和环境的影响，优先选择无毒、无害、易于降解或者便于回收利用的方案。企业对产品的包装应当合理，包装的材质、结构和成本应当与内装产品的质量、规格和成本相适应，减少包装性废物的产生，不得进行过度包装。"

（4）《邮件快件包装管理办法》第五条规定："包装邮件快件应当坚持实用、安全、环保原则，符合寄递生产作业和保障安全的要求，节约使用资源，避免过度包装，防止污染环境。"

#### 2. 限制过度包装的相关标准

（1）《月饼》（GB/T 19855—2015）。该标准规定：月饼包装应符合国家相关法律法规和 GB 23350 的规定，包装材料应符合食品安全相关标准的要求。

（2）《包装　消费者的需求》（GB/T 17306—2008）。该标准规定：应尽可能少地使用包装材料，应优先采用可重复使用、回收利用和/或能生物降解的包装材料；包装尺寸与形状应与内装物含量相符，不应使消费者产生误会；设计包装之前，应考

---

① 杨杜，许艳芳. 企业伦理 ［M］. 北京：中国人民大学出版社，2019：139 – 140.

虑包装成本，避免浪费资源；包装应尽可能从节约资源的角度出发进行设计，应采用普通材料，采用耗能低的制造方法，尽可能减少对环境的损害；所有包装材料应能重复使用、可回收利用或能生物降解，对于可重复使用的包装，应易清洗和再填充；应尽量减少附加到商品价格上的包装成本，设计包装时应注意使其运输与贮存费用最少，避免过分考究的包装；社会费用方面，在确定成本时，包装的处理费也应考虑在内。

（3）《限制商品过度包装要求　食品和化妆品》（GB 23350—2021）该标准明确指出：粮食及其加工品不应超过三层，其他商品不应超过四层。当内装物单件净含量小于等于 1mL 或者 1g，其包装空隙率应不超过 85%；当内装物单件净含量均大于 1mL 或者 1g，且小于等于 5mL 或者 5g，其包装空隙率应不超过 70%；当内装物单件净含量均大于 5mL 或者 5g，且小于等于 15mL 或者 15g，其包装空隙率应不超过 60%；当内装物单件净含量均大于 15mL 或者 15g，且小于等于 30mL 或者 30g，其包装空隙率应不超过 50%；当内装物单件净含量均大于 30mL 或者 30g，且小于等于 50mL 或者 50g，其包装空隙率应不超过 40%；当内装物单件净含量均大于 50mL 或者 50g，食品和化妆品包装空隙率应小于等于 30%。除直接与内装物接触的包装之外，所有包装的成本不超过产品销售价格的 20%。

## 讨论：

虽然对于产品包装中的问题，法律法规越来越完善，但是商品包装失范现象仍然屡禁不止。如何从伦理视角挖掘产生这种现象的根源？（1）对商品包装的经济作用的重视远胜于对社会功能意义及影响的重视，甚至有些企业家和管理者认为企业通过商品包装追逐利润是天经地义的，除此之外企业不再承担任何其他责任。进入数字经济时代，线上购物和电子商务迅速崛起，这也带动了物流和包装行业的飞速发展。对于许多线上商家而言，精美的包装往往被视为提升品牌形象和吸引消费者的一种手段，但这也可能使过度包装问题在电子商务领域变得更加突出。（2）当前，受消费主义观念的影响，不少人崇尚"享受丰富的物质即为幸福""消费更多的物质是好事"，把能够高消费、多消费和超前消费行为视为正当和善行，在道德上给予肯定性的评价。勤俭节约经常被他们视为落后和守旧的代名词。在这种道德评价标准的指引下，人们不是为消费而消费，而是为体面、为虚荣、为享乐而消费；商品的使用寿命也不再决定于其物理的功能，而是取决于主观因素，看是否"合潮流"、是否"时尚"，商品的使用寿命越来越短，更新换代的频率越来越快。在商品包装方面，也过分追求形式上的花样翻新，追求是否体面和阔气。（3）由于缺乏对公众进行相关的伦理道德教育，很多消费者可能都还没有清醒地认识到，问题商品包装会给我们现在以及未来的生活造成严重的后果。

## 【案例实践】

### 华丽包装的商品是否符合规范？

2021 年 6 月 22 日，上海市市场监督管理局发布了《关于 2020 年商品（过度）包装、定量包装商品净含量、计量器具产品质量、能效水效标识产品计量监督抽查情况的通报》。本次监督抽查主要针对商品（过度）包装、定量包装商品净含量等。在商品（过度）包装监督抽查中，本次在流通、生产领域抽查了化妆品、保健食品等共 15 种商品。从商品包装抽查统计情况来看，化妆品、茶叶及相关制品、蜂产品、其他食品的不合格发现率超过 20%；固体饮料、保健食品的不合格率为 10%～20%。其中，在化妆品类别中，此次共抽查 28 家企业生产的 70 批次商品，发现 23 批次商品不合格，不合格发现率为 32.9%。其中包装空隙率不合格 23 批次，包装空隙率不合格发现率为 32.9%，包装层数不合格 1 批次，包装层数不合格发现率为 1.4%，不合格品牌涉及很多国际知名品牌。

**评述：**

《中华人民共和国固体废物污染环境防治法》已于 2020 年修订并于 9 月 1 日起施行，从国家层面上规定了生产经营者应当遵守限制商品过度包装的强制性标准，避免过度包装，国家鼓励和引导消费者使用绿色包装和减量包装。但在日常生活中，过度包装的现象却屡见不鲜，过度包装不仅浪费资源，还会形成大量固体废弃物，污染环境。国家在加强过度包装立法的同时，还应加大监管力度以及过度包装的惩治力度，从源头杜绝商家的过度包装行为，并加强企业的伦理意识，促使其积极承担社会责任。

# 7.5 产品定价中的伦理

## 【任务目标】

- 产品定价中涉及哪些伦理问题？
- 产品定价应遵循哪些伦理原则？

## 【任务描述】

通过本任务的学习，掌握产品定价中所涉及的几类伦理问题，即合谋定价、掠夺性定价、歧视性定价、欺诈性定价、误导性定价及暴利，掌握企业在定价中需要遵循的伦理原则。

## 【知识学习】

产品定价是市场营销中的重要组成部分，企业会根据市场的实际情况采取不同的定价策略，期望通过最优价格促进产品销售，获取利润。企业定价时需要综合考量市场、竞争对手、消费者等各利益相关方，遵守市场规则，合理定价。但一些企业为了一己私利，会采取不正当的竞争手段，以不合理的定价方式，扰乱市场秩序，赚取高额利润。

产品定价中的问题可以分为两大类：第一类是妨碍公平竞争的定价策略，即企业的定价行为损害了正常的竞争。第二类是消费价格的合理性，主要是指企业的定价行为对最终消费者的影响。具体可以分为以下几类：①

（1）合谋定价。合谋定价是指生产者、经营者之间互相串通、订立价格协议或达成价格默契，以共同占领市场、获取高额利润的行为。合谋定价包括协议定价、转售价格维持。协议定价是通过类似合同的协议来固定价格，具有反竞争性，比较容易判断。转售价格维持指的是制造商规定零售商和批发商销售商品时的最高或最低价格。

为了保证公平有序的市场价格环境，我国对于产品定价做了相关规定：第一，《中华人民共和国价格法》的第十四条规定，经营者不得相互串通，操纵市场价格，损害其他经营者或消费者的合法权益；第二，国家发改委制定了《制止价格垄断行为暂行规定》，该规定已于 2003 年 11 月 1 日开始实施。

对于合谋定价，首先，从动机加以考察。合谋定价无视当前世界普遍接受的公平竞争原则，故意制定垄断价格，意在通过价格联盟，安享高额垄断价格带来的利润。从道义上即可判断这种价格垄断是不正当的行为，它具有强迫需求和愚弄消费者的嫌疑。其次，从手段上看，企业间为了共同的利益而相互勾结或联盟的行为极为隐秘，一般不订立协议以逃避法律的指控，然而这也改变不了其不道德的本质，不公开的做法恰恰暴露了其败德的恐惧。

（2）掠夺性定价。掠夺性定价是指企业为了挤出或吓退意欲进入该市场的潜在对手，降低价格至成本以下，等对手退出市场后再提价，以驱逐竞争对手，获得或增强"市场控制力"。通常在市场中处于优势的企业会采用这种策略打击竞争者，迫使竞争者退出市场。一旦竞争者完全丧失竞争力，便可以垄断市场价格，获取高额利润。在我国，掠夺性定价行为被《中华人民共和国反不正当竞争法》禁止。该法规定，经营者不得以排挤竞争对手为目的，以低于成本的价格销售商品。但是，法律也列出了几种例外情况，明确有以下情形之一以低于成本的价格销售，不属于不正当竞争行为：销售鲜活商品；处理有效期限即将到期的商品或者其他积压的商品；季节性降价；因清偿债务、转产、歇业降价销售商品。

企业采取掠夺性定价策略所期望获得的益处无非是在迫使竞争对手退出市场后，企业能以垄断市场价格获取高额利润。掠夺性定价策略的负面效果十分隐蔽。虽然企业大幅度降价给消费者带来暂时的利益，但是在其达到了挤垮竞争对手或者独占市场的目的后，价格往往大幅上涨，而此时消费者却没有选择的余地。因此，掠夺性定价行为不仅直接损害竞争对手的利益，违背了公平竞争原则，而且从长远看，也必然损害消费者的利益。

（3）歧视性定价。歧视性定价是指对同一商品的不同买主索要不同价格的行为。歧视性价格主要存在于卖主是垄断者或者寡头的市场上。歧视性定价属于一种垄断定价行为，企业采取歧视性定价旨在通过收取差别价格而获取超额利润。从本质上而言，歧视性定价是一种不公平的定价手段，它使得不同消费者不能以同等的价格购买同等的产

---

① 杨杜，许艳芳. 企业伦理 [M]. 北京：中国人民大学出版社，2019：140 - 141.

品，而损害了那些具有更高支付能力的消费者的经济利益。

（4）欺诈性定价。欺诈性定价是指企业以不正当的价格手段，欺骗购买者并使其利益受损的行为。价格欺诈行为中，经营者主观上故意欺骗，愚弄消费者的做法是不道德的，它不仅增加了消费者的交易成本，更侵犯了消费者的知情权；从长远看，价格欺诈更会对其商品和价格播下不信任的种子，使正常的竞争秩序遭到破坏。

（5）误导性定价。误导性定价是指企业在经营活动中，使用容易使公众对商品的价格产生误解的表示或说法的行为，主要包括促销价格、优惠价格、清仓价格、建议价格等字眼。消费者总是期望以更低的价格购买更好的产品，企业的误导性定价方式正是利用了消费者的这一心理特征。为了吸引消费者并促使其做出购买决策，企业常常以具有误导性的价格标签诱导消费者购买产品，这从本质上而言就是一种欺骗消费者的行为，损害了消费者的知情权。

（6）暴利。暴利是指企业通过不正当的价格手段在短时间内获得巨额利润。高利润和暴利有一定的联系。但并不能说高利润就一定是暴利。有些产品的高利润是由高风险引起的，例如一些高科技产品。有些企业的暴利是通过垄断实现的，这种情况下，企业的高利润就是不道德的。暴利是一种不正当的牟利手段，企业利用自身客观上的独特优势地位（如独家供应商等），在主观上故意寻求超常收益或公平报酬率以外的收益，最终获取高额利润。暴利行为严重违背了市场经济的价值规律，破坏了市场公平交易的原则，损害了消费者的合法权益，甚至对一些弱势群体的生存权构成威胁。暴利行为与法制不健全、商家伦理道德水平低下、市场机制不完善等因素有关，为了防止暴利行为的发生，我国应完善关于暴利的立法及处罚，加强企业经营者的道德教育，提升其商业伦理道德水平。

## 【工作示例】

### 产品定价伦理问题产生的根源与治理

首先，价格信息的不对称是企业产品定价道德问题产生的根源。正是由于价格信息不对称，占有较为充分信息的一方，可以通过隐瞒、捏造、虚拟价格信息的欺诈方式来侵占另一方的利益。处于信息劣势的消费者经常难以识别和抵制企业非伦理的定价行为。其次，一些企业因为没有树立正确的经营理念和缺乏遵守社会规范的意识，在产品定价活动中片面追求利润最大化。再其次，从经济环境上看，目前我国规范企业行为的法律体系还不是非常完善，与市场经济发展相协调的各种配套体系也还不够健全，这些都为企业非伦理定价行为提供了滋生的土壤。最后，不成熟的消费行为，为非伦理性定价打开了方便之门。一些消费者自我保护意识较差，在受到诱骗后，未能及时地诉诸法律；还有一些消费者明知企业有暴利行为，却由于存在诸如追求回扣、刺激等不良动机而遭受侵害；另外还存在一些消费者盲目追求高价商品、名牌商品、外国商品，从而成为被欺诈、"挨宰"的对象。

## 讨论：

针对产品定价伦理问题产生的原因，可以采取哪些措施来预防和规避定价中的非伦理行为呢？非伦理定价是目前我国现阶段许多企业在市场交易活动中存在的较严重的、危害较大的非伦理交易行为。其行为不仅损害了消费者的利益，而且破坏了正常的市场秩序，造成经济生活的混乱。首先，相关监管部门不仅要完善法律，加大监管执法力度，而且还要广泛开展道德教育和宣传。其次，消费者要增强自我保护意识，树立正确的消费观念，并建立各级消费者组织，开展消费者监督。当消费者利益受到侵害时，消费者组织有权调查、了解情况，调解纠纷，直至代表消费者向法院起诉。通过消费者组织的监督活动提高广大消费者的自我保护意识和信心，促使企业遵守道德、法律法规。最后，充分发挥新闻舆论作用，通过新闻媒体的曝光、揭露来唤起群众抵制非伦理定价企业的产品，引起国家执法部门的关注，增加这类企业的经营风险和投机成本。

在数字经济时代，科技手段也为预防和规避非伦理定价提供了强有力的工具。例如，大数据分析可以帮助监管机构更加精确地识别市场上可能存在的非伦理定价行为，以及为消费者提供有关产品定价合理性的参考数据。此外，社交媒体和在线评价系统使得消费者之间的信息交流更加便捷，一旦某个产品存在非伦理定价，这种信息将迅速传播，使得其他消费者可以做出明智的决策。在线平台和电子商务网站应当承担起社会责任，确保其平台上的商品和服务定价公正合理，积极与监管机构合作，制定和执行严格的定价规范和准则。

## 【案例实践】

### 疫情期间的"天价"物资

新冠疫情期间，各企业的生存发展都受到严重挑战。在全民众志成城抗击疫情时期，不同企业的行为却存在着鲜明的对比：有的企业心系人民，捐款献资；有的企业却趁机哄抬物价，发"国难财"。

疫情期间，口罩成为人们最重要的防护物资之一，常常供不应求，一些商家利用人们的防疫之心哄抬口罩价格。北京某药房竟将进价 200 元/盒的 3M 口罩（十只装）提价至 850 元/盒出售。根据《最高人民法院、最高人民检察院关于办理妨害预防、控制突发传染病疫情等灾害的刑事案件具体应用法律若干问题的解释》第六条规定：违反国家在预防、控制突发传染病疫情等灾害期间有关市场经营、价格管理等规定，哄抬物价、牟取暴利，严重扰乱市场秩序，违法所得数额较大或者有其他严重情节的，依照刑法第二百二十五条第（四）项的规定，以非法经营罪定罪，依法从重处罚。事后，该药房因大幅提高口罩价格而被北京市市场监管局处以 300 万元的行政处罚。①

---

① 新京报. 卖"天价"口罩被罚 300 万，申明市场底线［EB/OL］. https：//baijiahao. baidu. com/s? id = 1657084031790845763&wfr = spider&for = pc.

**评述：**

上述案例中，在全国上下共同抗击疫情之际，北京某药房不仅没有伸出援助之手，反而哄抬物价，严重扰乱市场秩序，损害消费者的合法权益。在国家危难之际赚取暴利的行径过于恶劣，若企业经营过程中亦是如此定价，终将遭受公众唾弃，走向身败名裂。因此，企业在任何时候都应合理定价，保障消费者的合法权益，维护市场稳定。

# 7.6　促销（广告、人员销售）中的伦理

## 【任务目标】

- 广告促销中涉及哪些伦理问题？企业该如何进行广告伦理决策？
- 人员销售中涉及哪些伦理问题？企业该如何规范人员销售中的伦理决策？

## 【任务描述】

通过本任务的学习，掌握广告促销和人员销售中所涉及的伦理问题，以及企业该如何进行合乎伦理的促销决策。

## 【知识学习】

促销是营销者向消费者传递有关本企业及产品的各种信息，说服或吸引消费者购买其产品，以扩大销售量的一种活动。促销实际上是一种沟通活动，企业可通过促销组合更好地实现促销目的，一般包括广告和人员销售等形式。

### 7.6.1　广告

数字经济时代，广告随处可见，在铺天盖地的广告促销下，企业广告中的伦理问题也频繁显露，归纳起来主要有以下几类：

**1. 虚假广告**

虚假广告指广告内容是虚假的或者容易引人误解，一方面是指商品宣传的内容与所提供的商品或者服务的实际质量不符，另一方面是指可能使宣传对象或受宣传影响的人对商品的真实情况产生错误的联想，从而影响其购买决策的商品宣传。这类广告的内容往往夸大、失实，语意模糊，令人误解。例如，2019年，重庆某百货公司中的某化妆品专柜在其印刷广告中标有"8天肌肤犹如新生、众人见证8天奇迹"等宣传语，虚构了产品功效，重庆市江北区市场监管局于2019年6月对该品牌做出行政处罚，责令停

止违法行为，并处罚款 20 万元。[①] 又如新冠疫情期间，某大药房利用人们急于防疫的心理，于药房橱窗内张贴海报，虚假宣传普通药品"抗病毒丸"和"清热解毒胶囊"具有"预防和治疗新型冠状病毒肺炎、流感"功效。市场监管部门对该药房做出处以200 万元罚款的处罚决定，并将该违法线索移送公安机关。[②] 该类虚假广告的频繁发生严重破坏了市场经济秩序，损害了消费者权益，相关部门应该大力打击虚假广告并加大监管力度，营造良好的广告环境。

**2. 比较广告**

比较广告是指广告主通过广告形式将自己的公司、产品或者服务与同业竞争者的公司、产品或者服务进行全面或者某一方面比较的广告。比较广告旨在突显自身产品或服务的优异性，然而，一些商家利用比较广告故意诋毁竞争对手，损害对方的合法权益，构成不正当竞争。例如，2014 年 8 月，某专柜促销员在销售产品时，将某品牌电视商品与另一品牌的同类电视商品进行比较，并以"他们的 4K 达不到 3840×2160 这个清晰度""他们的 4K 是假的"等用语进行宣传。经认证查明，被其诋毁的同类 8 个型号电视机，符合超高清 4K 显示的要求，该专柜采用的比较广告属于歪曲事实的侵权比较广告，违反了我国《反不正当竞争法》第十一条有关"经营者不得编造、传播虚假信息或者误导性信息，损害竞争对手的商业信誉、商品声誉"的规定。企业在进行广告促销时，必须遵守法律法规。合法的比较广告可以为企业带来良好的形象，实现促销目的，而侵权式促销广告则只会适得其反。[③]

**3. 低俗广告**

近年来，互联网成为广告营销的最佳场所，然而在成千上万的互联网广告中，一些企业为博眼球或是制造话题热度，不断发布低俗广告，严重扰乱了互联网风气。

**4. 误导性广告**

误导广告是指由于广告主、广告经营者、广告发布者的故意或过失，使广告内容不明确，令广告对象对商品的真实情况产生错误的联想，从而影响其购买决策的广告。误导性广告主要包括三种类型：（1）内容真实的误导。包括：语义误导，如声称"买一送一"，但是送的却是别的价值非常低的商品；表达不充分的误导，如标明"本店商品打 5 折"，实际仅仅在周日才打 5 折；科学知识的误导，如某商品标明含有"强身因子"，"强身因子"不是一个科学概念，这给不具备这方面知识的消费者构成了知识上的误导。（2）内容虚假的误导，这类广告实际就构成了虚假广告。（3）以未定论的事实做引人误解的宣传。由于人认知的局限，必然有尚未证明真伪的事实，若在广告中以这类事实作为卖点就构成误导。如众多补钙产品都面临的钙吸收问题，

① 金雷. 欧莱雅因虚假宣传被罚受关注 [N]. 中国医药报，2019 – 12 – 20 (03).
② 胡立彪. 严查蹭疫情热点的虚假广告 [N]. 中国质量报，2020 – 02 – 25 (02).
③ 卢平. 比较广告与不正当竞争辨析 [N]. 中国工商报，2015 – 08 – 19 (06).

学术界尚无定论，若某产品宣称自己的钙产品比碳酸钙等传统钙吸收效果好，则是误导。

### 5. 不利于儿童的广告

广告具有传播价值观的作用。在人们的日常生活中，广告已经成为儿童获取知识的方式之一。当儿童长期观看某类广告之后，就会根据广告内容形成价值认知，而一些不适宜儿童观看的广告会对儿童形成价值观误导，使其过早形成一些不太恰当的行为习惯，不利于儿童的身心健康。因此，企业在投放广告时，应该提前考虑儿童因素，在恰当的场合投放恰当的广告。

### 6. 植入式广告

广告自问世以来，传播形式不断创新，植入式广告已逐渐成为广告传播的重要形式之一。植入式广告是指，把产品及其服务具有代表性的视听品牌符号融入影视或舞台作品中的一种广告方式，给观众留下相当的印象，以达到营销目的。我国首次出现植入式广告是在 20 世纪 90 年代的电视剧中。近年来，植入式广告发展极其迅速，几乎任何电视综艺节目中都能看见植入式广告的身影。植入式广告可以实现潜移默化的宣传效果，但随着植入式广告频率的不断提升，人们对此逐渐反感。

植入式广告是广告主与媒介利益欲求相吻合的产物，双方为实现自身利益的最大化，所做的植入式广告总是存在一些伦理问题。一方面，植入式广告通常以电视为媒介，多数植入式广告过于直白和生硬，每当其出现于影视剧中，就会强制观众脱离原先的电视情节，被迫接受广告内容。植入式广告严重影响了观众的观影体验，也破坏了影视作品的完整性和流畅性，频繁出现的植入式广告容易引发众怒，导致与广告初衷有所背离。另一方面，影视方与广告主合作可获取一定的赞助费，广告本身也能为影视方带来经济收益，使其节约成本。然而，与此同时，广告主会对影视方提出一定的要求，包括一些不合理要求，影视方为获取利益只会选择向广告主妥协，于是一些影视作品中便出现了令人不悦的广告。例如，某一小品作品中，因贫困而受捐助者为了感谢捐助人，居然买来了两瓶价格不菲的名酒。不仅如此，作品中还重复强调了酒名，这样的过分宣传虽然满足了广告主的要求，可是显然违反了艺术真实。此类植入式广告体现了广告主和媒介方过分追求经济利益而忽视观众观影感受，也体现了植入式广告中的伦理缺失问题。此外，植入式广告的受众需要细分，例如，如果在儿童类节目中植入广告，这种广告必须符合儿童心性，对儿童有着良好的价值，不可违背"广告不得损害未成年人和残疾人的身心健康"这一规定。[①]

植入式广告的出现必然有其存在的意义，但植入式广告中的伦理问题也必须被重视，相关部门应加强监管和治理，为公众创建良好的植入式广告环境。

---

① 田彬. 植入式广告的伦理学思考 [J]. 西南民族大学学报（人文社会科学版），2012，33（6）：150 - 153.

### 7.6.2 人员销售

人员销售是公司的销售人员为实现达成销售和建立客户关系的目的而进行的商品介绍和展示。人员销售方式实现了销售人员与顾客之间的直接沟通和互动，能够使顾客更加信服并采取购买行动。人员销售过程中存在的伦理问题主要有以下几类：

（1）蒙骗。销售人员利用消费者的知识盲区或是消费者心理，对消费者进行诱导蒙骗的现象屡见不鲜，尤其是在保健品行业，一些销售人员利用空巢老人子女不在身边的特点，常常通过与老人聊天增进关系等方式赢取老人信任，然后向其推销保健产品，声称产品具有防癌抗病、延年益寿等功效，多数老人对健康追求较高，但防范意识不强，因此落入保健品推销人员的骗局之中，甚至被骗光积蓄。

（2）虚假宣传。在销售活动中，一些销售人员为促进产品销售，通过传播与实际内容不符的虚假信息，如夸大产品功效、无中生有等，向消费者推销产品，诱导消费者做出购买决策。这一促销方式违反了诚实信用原则，损害了消费者的合法权益，近年来在网络直播带货的促销模式中层出不穷。

（3）回扣。销售回扣是指企业在发生销售行为时或发生后给予购货方货币、货物或其他经济利益的统称。销售回扣是一种不合法、不正常的销售行为。在经济利益面前，一些销售人员容易被金钱蒙蔽双眼，利用职务之便实行收取回扣的非法行为。

（4）贿赂。在人员销售的促销形式下，一些销售人员为了金钱利益，容易滋生利用职务之便非法向消费者索取贿赂的想法。然而贿赂是法律和道德所不允许的，无论是行贿方还是受贿方均应承担法律责任。

## 【工作示例】

### 广告伦理原则的理论基础

广告伦理是广告活动的先决条件，它的伦理原则关系到伦理能否被人们所接受，能否在广告实践活动中被有效践行。从目的论来看，好的结果即是道德的。在广告活动中，广告的目的是促进产品或服务的销售，广告主为了获得利益，必须关心广告受众以及产品使用者的利益，因为他人的利益与广告主的利益是相符的，并且广告活动要保证给广告相关者带来好处，而不是骚扰、欺骗甚至威胁生命安全。但是，目的论也存在一些缺陷，目的论要求我们发现并确定我们的行为或规则的一切结果，预见一个决策的所有后果是困难的，而且后果的衡量也缺乏普遍性，甚至会出现为了追求利益最大化做出一些对他人危害极大的事。

从义务论来看，依据正义的原则即是道德。康德的绝对命令强调某一行为的规则必须能为一切人所奉行，权利原则强调尊重保护个人自由与特权，强调动机对行为的指导性，行为者出自良好动机施以援助时，即使带来消极后果也应该受到保护。但是义务论无法证明道德权利是正当的，也无法解决权利之间的冲突。

从契约论来看，符合签约双方利益的即是道德的。契约可以分为宏观性契约与微观性契约。宏观性契约是指任何行业都须遵守的基本原则，构成基本的人类社会道德结构，如人权、尊重等。微观性契约与所属的行业有关，从广告行业来看，在遵守最高的宏观性契约的前提下，微观契约涉及广告主、广告公司、广告代言人、广告媒体、广告受众等，这些主体在遵守最高的宏观性契约的前提下，要保证契约主体间的平等权利。

## 讨论：

如何看待以上三种伦理分析工具的不同观点？广告应该遵守哪些伦理原则？在伦理学相关理论中，义务论、目的论与契约论各有侧重，义务论强调责任与权力，目的论强调最大效益的获得，契约论强调签约双方的平等权利。三者各有缺陷。义务论无法解决权力间的冲突，无法证明道德权利的正当性；目的论无法准确预测后果，极有可能造成对少数人的极端危害；契约论也会带来极权化，在商业领域，带来的可能是消费者的各种陷阱。在伦理学理论的选择中，不是非此即彼的选择，而是应将三者结合进行综合考虑，在遵循社会契约的前提下，考虑权利与责任和最终获得最大利益间并不必然冲突，伦理原则应该是在肯定契约各方权利与责任的公正框架内强调人类的最大幸福，达到人类的善。[①] 广告活动需要一套价值判断标准。无伤原则、诚实守信原则、公平正义原则、尊重原则是广告行业必须遵守的基本原则。而无伤原则应作为根本以及优先考虑的原则。无伤原则要求行动者在行动时，尽力避免对他人造成可预见的伤害，并在必有害的情况下，选择对他人伤害更小的行动。它是一种对行为结果负责的准则，防止行动者的行为对他人利益造成损害。广告活动主体要在无伤原则下时刻想着做好事且防止做坏事，并且公平公正地对待他人，抱有诚实守信的愿望，尊重个体以及尊重民族情感和传统文化。在数字经济时代，广告伦理面临了新的挑战和考验。首先，数字广告技术，如程序化购买和大数据分析，使广告内容可以更精准地针对特定的用户群体，这可能导致信息隔离和过度分割的风险，从而违反公平正义原则。其次，数字技术为广告主体提供了前所未有的获取、储存和分析消费者数据的能力，但在使用这些数据时，必须确保尊重用户的隐私权和数据权利。

此外，虚拟现实和增强现实技术为广告创意提供了更多的可能性，但也带来了新的伦理问题，如虚假广告和过度操纵消费者感知的风险。在这种背景下，广告活动主体不仅需要遵守传统的伦理原则，还需要对新兴技术带来的挑战有所反思，并不断更新和完善伦理准则。

## 【案例实践】

### 虚假宣传0糖案例

近年来，随着人们对健康生活的追求，人们开始有意识地减少糖分摄入，各企业因

---

① 闫春霞. 广告伦理失范问题分析与防范机制建构 [D]. 太原：山西大学，2019.

此纷纷推出无糖、低糖的"健康食品"以抢占市场蓝海,赢取市场红利。

以"0 糖 0 脂 0 卡"著称的 A 饮品自上市起一直深受消费者喜爱,成为一代网红产品。但就在 2021 年 4 月 10 日,A 饮品发布致歉声明"一个迟来的升级",声明中指出,A 饮品的产品标识和宣传中没有说清楚 0 蔗糖与 0 糖的区别,容易引发误解,新生产的乳茶不再含有结晶果糖,并再次提醒消费者,乳茶有奶所以是有糖的。A 饮品虚假宣传"0 糖"一事瞬间登上热搜榜单,成为舆论抨击的对象。微博上,在关于"你知道'0蔗糖'不等于'0 糖'吗"的投票区中,截至 4 月 12 日,共有 10.5 万人参与话题讨论,其中有 4.8 万人选择"一直以为 0 蔗糖就是 0 糖"。由此可见,在此道歉声明发布之前,许多消费者均以为自己所购买的是无糖产品,A 饮品利用消费者知识盲区进行虚假 0 糖宣传,辜负了消费者的信任。

事实上,A 饮品虚假宣传早已有了征兆,中国裁判文书网显示,2020 年 1 月,A 饮品曾被一名消费者因"虚假宣传"而告上法庭,A 饮品最终胜诉,但 A 饮品还是意识到了危机,此次选择主动道歉。对于 A 饮品的此次致歉,中国食品产业某分析师指出,"国家市场监督管理总局已经明令禁止在饮品、食品上标注零添加、零糖等。此外,A 饮品所谓的零糖并未真的零糖,A 饮品还是含有代糖。因此 A 饮品的广告、宣传不仅欺骗欺诈消费者,而且有违规的风险"。此外,法律专家表示,A 饮品涉嫌虚假宣传,侵犯消费者合法权益,有关部门应该对其进行相应调查。如果这种行为一旦被认定构成欺诈,消费者还可以依据我国《消费者权益保护法》,要求价款三倍的赔偿。

资料来源:胡立彪. 一张错牌或会输掉企业发展整个牌局 [N]. 中国质量报,2021 - 04 - 14 (04)。

## 评述:

在上述案例中,A 饮品虚假宣传无糖,从而吸引大量追求健康的消费者购买其产品,一举成为网红饮料,甚至在 2020 年的"双十一"促销中超越传统饮料。然而,欺骗消费者终将付出相应的代价,尽管 A 饮品及时道歉并改正,其企业形象却早已因为虚假宣传而一落千丈,众多消费者因此"粉转黑",A 饮品虚假宣传一事也为同类企业敲响了一定要合法广告宣传的警钟。在数字经济时代,传统的广告宣传已经发生了根本性的变化。社交媒体、数字营销和大数据等技术使品牌能够更加精确地定位目标消费者并为其提供个性化的推荐。A 饮品在初次推出时,很可能就是利用这些数字工具进行了有针对性的宣传,迅速吸引了健康意识强的消费者。但与此同时,消费者的权益保护意识也随之增强,任何产品的虚假宣传都可能在互联网上迅速被放大,受到广大网民的监督和批评。对于企业来说,数字经济不仅带来了营销的便利,也带来了更高的社会责任和公众监督。因此,合法、真实、透明的广告宣传不仅是企业的法律责任,更是在数字经济时代赢得消费者信赖的关键。

# 7.7　售后服务中的伦理

## 【任务目标】

- 什么是售后服务？售后服务中存在哪些伦理问题？
- 售后服务应遵循哪些伦理原则？

## 【任务描述】

通过本任务的学习，掌握售后服务的概念，掌握售后服务中存在的伦理问题以及企业实行售后服务所要遵循的伦理原则；此外通过案例学习，进一步理解售后服务伦理在企业营销活动中的重要性。

## 【知识学习】

### 7.7.1　售后服务的概念

售后服务是指商品出售以后，商家为消费者提供的一系列服务活动。售后服务主要包括产品介绍、送货、在使用过程中的调试及维护、技术培训、质量问题咨询、客户沟通和回访等方面。它既是营销的最后过程，也是再营销的开始，是企业与顾客建立长久关系的起点。售后服务的好坏不仅关系到企业的声誉、产品的形象，更关系到顾客对产品的认可度。售后服务是一个长期的过程，其服务质量直接影响顾客的满意度和忠诚度。

### 7.7.2　售后服务中存在的伦理问题

（1）不注重售后服务。除大型企业注意售后服务投资、努力提升售后服务质量以外，中小型企业一般售后服务资金投入不足、售后服务能力差，对售后服务推诿扯皮，售后服务网点建设不足，甚至许多新企业根本不提供售后服务，企图在市场中倾销"一次性"商品。

（2）缺乏服务精神。售后服务人员水平不一，服务意识淡薄，缺乏良好的售后服务心态。有些企业的售后服务网络终端监控不力，大量使用外部人员和临时人员进行"应急"式售后服务，企业品牌往往在各售后服务终端受到影响。

### 7.7.3　售后服务的伦理原则

（1）树立诚信的服务态度。诚信的服务态度主要表现为四心：热心、细心、耐心、用心。消费者无论是咨询、维修还是投诉，服务工作人员都应该以诚信的态度，给消费者一个满意的解答，针对问题提出可行性解决方案。如果解决方法得当，不但可以增进和巩固与消费者的关系，甚至还可以提高产品销量。解决客户问题的整个过程，都要求服务人员耐心倾听，用心整理消费者信息、分析消费者需求，提供解决方案，以提升消费者满意度。

（2）遵循严格赔偿责任。所谓严格赔偿责任，是指无论厂商在产品安全方面是否履行了自己的伦理责任，只要消费者因产品质量问题受到伤害，厂商就应当承担赔偿责任。也就是说，即使产品的质量缺陷不是厂商的过错造成的，但只要产品确实存在不合理危险，仍然要对消费者由此而受到的损害承担责任。因为作为生产者，厂商应该比别人更了解自己的产品，更有责任测试自己的产品并预见可能发生的危险。

（3）实行产品召回制度。产品召回制度是指产品生产者对其生产和销售的缺陷产品进行回收、改造等处理，并采取相应措施消除产品设计、制造、销售等环节的缺陷，以维护消费者权益、保护生态环境的一种制度。所谓缺陷产品，是指企业因产品设计上的失误或生产线上某个环节的失误而可能危及消费者人身财产安全和环境的产品。召回制度是针对缺陷产品建立的。基于召回制度的衍生义务，厂商还有责任及时公开召回信息。

召回制度的伦理含义表现在以下几方面：第一，珍惜生命的原则。首先从召回制度制定背景看，它是为了保护人类的安全与健康；其次从召回的对象和原因来看，它是针对存在的不合理危险，可能危及消费者人身安全的缺陷产品而采取的，其根本目的是保护消费者利益。第二，尊重财产的原则。自觉尊重和保护财产是保证现代市场经济有效运行的必要条件，人们不能在行使自己权利的同时，损害他人的合法权利，否则就不是公平交易。第三，关注环境的原则。从缺陷产品的界定来看，可能危害环境是认定缺陷产品的标准之一。第四，坚持诚信的原则。召回报告的提出、计划的制定以及信息的公开发布，体现着厂商必须诚实信用的道德要求，如果违反该项道德责任，厂商必须承担相应的责任。

## 【工作示例】

### 缺陷产品召回制度的起源、含义与特征

所谓召回，是指一种从经营者或者消费者手中收回产品的行为。缺陷产品召回是指产品的生产者得知已经流入市场的产品可能存在危险或影响消费者生命健康安全时，需要根据有关法律法规向政府各部门报告将该批缺陷产品从销售商和消费者手中收回；同时根据该产品的缺陷、出售状况和批次发生的风险以及客户的地理分布进行客观和精确的分析，并根据缺陷产品的相关数据和召回状况，采取检测、维修等多种措施解决缺陷产品给消费者造成的影响，尽可能降低缺陷产品造成的危险，避免消费者受到更严重的伤害。

召回的对象是存在缺陷的产品。这是产品召回的前提条件。生产者在设计和生产、加工产品的过程中，由于受到设计人员技术水平的限制或者公司生产状况的制约，导致

产品存在缺陷，可能会危及人身和财产的安全。缺陷产品不同于有瑕疵的产品，瑕疵泛指有缺点，但不会危及人身安全和财产安全。产品召回制度中的缺陷是指系统性缺陷，被召回的产品不是个别的产品，而是整个批次的产品，缺陷的发生原因具有共同性。缺陷产品会导致消费者人身和财产的损害。

召回的原因是存在不合理的危险。危险分为合理危险和不合理危险。合理危险是指消费者可以发现并防止的，不会危及人身和财产的安全。相反，不合理的危险是潜在的，消费者无法及时发现产品的潜在威胁，比如说刹车失灵、电热毯漏电等都属于不合理的危险。

召回的最终义务主体是制造者。制造者是承担缺陷产品召回的最终义务人。

## 讨论：

你认为企业召回制度有哪些重要的经济伦理意义？（1）推动企业的可持续发展。部分企业在生产过程中急功近利，不注重产品质量，在各项指标都还不完善的情况下就进入市场，导致产品存在极大的安全隐患。即使在产品进入市场后发现了问题，企业仍旧选择无视、推脱责任。企业召回制度的出现将迫使企业积极创新，不断改进技术，提高产品质量，弥补产品的内在缺陷，从而有利于企业在激烈的国内外竞争中提升竞争力。（2）有利于构建"双赢"的和谐经济秩序。企业在发现问题产品后及时、积极地采取措施实行产品召回，努力消除社会隐患，尽量将对消费者生命健康、财产安全以及环境的破坏降到最低。这种行为虽然会牺牲企业的眼前利益，但是妥善处理问题产品，有利于凸显企业信心，树立良好的企业信誉。而这种信誉将会对企业的长期发展产生无可替代的作用。与此同时，消费者也因为企业对已购买产品的高度负责态度，获得自身利益的最大保护，从而实现买方和卖方的"双赢"。[①]

## 【案例实践】

### 拖延气囊召回责任，A 公司破产

日本车用安全气囊制造商 A 公司，因连续在多个国家发生气囊事故导致大批车辆被召回修理，召回负担沉重导致债台高筑，最终无力承担巨额赔偿和美国政府的高额罚款，深陷资不抵债，终于在 2017 年 6 月 26 日向日本民事法院提出破产再生申请，其在美国的子公司也依据《联邦破产法》第 11 条向美国有关法院申请破产。产品出现质量问题后，A 公司拖延责任，最终导致死路一条。

据报道，因 A 公司气囊的质量问题已造成多起严重事故。其产品因爆发力过度、不耐潮湿等环境变化，导致气囊启动时发生爆裂，甚至金属零部件弹出，威胁乘车人生命安全。2009 年在美国发生了首例气囊致死事故，特别是 2014 年之后类似事故频发。但 A 公司拖延召回修理责任，延误补救时机，甚至欺骗汽车厂称产品质量没有问题，

---

① 耿秀娥. 企业召回制度的经济伦理研究［D］. 太原：山西财经大学，2007.

导致问题配件进一步扩散。①

**评述：**

在当今的全球化和数字化经济背景下，产品质量和信誉成为企业竞争力的核心要素。A 公司的气囊事件给我们带来的启示是多方面的。首先，作为一家大型的车用安全气囊制造商，A 公司应当始终将消费者的生命安全放在首位。而当产品出现问题时，及时召回并修复错误不仅是对消费者的责任，也是对公司自身长远发展的投资。遗憾的是，A 公司在最初阶段选择了逃避和欺骗，这不仅背离了企业的道德责任，而且长期来看，这种短视的策略导致了公司的衰落。其次，在信息流通日益迅速的今天，任何的产品问题或企业的不当行为都可能在瞬间被放大并传播到全球。A 公司的气囊事件自 2009 年首次发生致死事故后，尤其是 2014 年之后，事故频发，但公司的应对策略却显得拖延和不透明。如果 A 公司在早期进行产品质量的实时监控，并在发现问题后及时通报公众，可能会减轻一些后续的损失。

# 7.8　本章小结

商业伦理对于企业发展起着至关重要的作用。重视商业伦理的企业往往能在经营过程中深受消费者的喜爱，逐渐成为行业中的"常青藤"。反之，唯利是图，漠视伦理道德的企业的丑恶行径一旦曝光于公众视野，就将迅速遭受公众唾弃，最终坠入深渊。

在企业的营销过程中，主要涉及顾客需求、产品质量、产品包装、产品定价、广告与营销、售后服务等几个维度。在顾客需求方面，并不是所有的顾客需求都是合乎伦理的，企业需要满足顾客的合理需求；在产品质量方面，一些企业为了降低成本，提高经济效益，抱着侥幸心理生产销售假冒伪劣产品以及不安全有缺陷的产品，但一经发现必将接受道德的谴责和法律的制裁；在产品包装方面，过度包装问题层出不穷，一方面营造了奢靡之风，另一方面不利于节约资源和保护环境；在产品定价方面，企业应合理、公平地定价；在广告与营销方面，企业在营销过程中必须诚信促销，实事求是，不可虚假宣传，也不可违背伦理道德基准和相关法律法规；在售后服务方面，企业应重视产品的售后服务，与顾客建立良好的关系。

尽管我国的《产品质量法》《消费者权益保护法》等相关法律法规对于企业营销活动进行了一定的限制，但在庞大的市场环境中，有违伦理的企业营销活动仍十分常见。国家应完善立法，加强执法，整顿市场营销风气，进一步约束企业的营销活动。企业应摒弃侥幸心理，诚信、合规地经营。消费者应加强法律意识和维权意识，当自身合法权益受到侵害时，应当积极举报违规企业，维护自身权益。

① 苏海河. 拖延气囊召回责任 高田公司破产 [EB/OL]. https：//www.sohu.com/a/152098307_120702.

# 自 测 题

1. 当前企业营销活动中主要存在哪些伦理维度?
2. 请从营销的 4P 角度阐述企业该如何做出合乎伦理的营销决策?
3. 企业在营销活动中该如何平衡商业伦理和经济利益之间的关系?
4. 谈谈商业伦理在企业营销活动中的重要性。
5. 产品的过度包装问题为何如此盛行? 消费者能为减少过度包装做些什么?
6. 互联网时代,植入式广告已无处不在,你如何看待植入式广告?
7. 党的二十大报告中提出,增进民生福祉,提高人民生活品质。在这一框架下,营销活动应如何遵循伦理原则,以确保消费者权益不受侵害并真正提升消费者的生活品质?

案例分析

# 第 8 章　股东和公司治理中的伦理

## 【学习目标】

1. 明确股东、董事会、监事会和高管层的商业伦理要求。
2. 理解公司治理中的高管薪酬激励问题。
3. 掌握企业信息披露缘由、类型及其经济后果。
4. 明确证券市场中内幕交易的经济后果及其正当性问题。
5. 掌握财务舞弊动因理论并了解我国企业常见的财务舞弊手段。

## 【导入案例】

### 康美药业财务造假事件，公司治理层商业伦理缺失

2018 年 12 月，一则来自中国证监会的"康美药业涉嫌信息披露违法违规"的立案调查公告，让康美原本已暴跌的股价再次迎来重创。此时，康美药业实际控制人、董事长马某表现得依然颇为淡定，还在新春致辞中信心十足地宣布其"聚焦主业"的战略规划，一副准备东山再起的模样。

然而，2019 年 4 月末，康美药业在发布年报的同时发布了一份《关于前期会计差错更正的公告》，自曝其 2017 年财报中虚增 300 亿元货币资金的事实，引发市场动荡。一家白马上市公司，在众目睽睽之下，制造了财务造假的惊天大案。2020 年 5 月 14 日夜间，证监会发布对康美药业信息披露违法违规案做出行政处罚及市场禁入决定，公司被顶格罚款 60 万元，主要负责人被采取终身证券市场禁入措施。同时，证监会已将康美药业及相关人员涉嫌犯罪行为移送司法机关。至此，这起涉及虚构 300 亿元、堪称 A 股有史以来最严重、被证监会定性为"有预谋有组织长期系统"的财务造假案件尘埃落定。从证监会发布的关于康美药业《行政处罚决定书》和《市场禁入决定书》可以得知，时任公司董事长兼总经理的马某、副董事长副总经理以及会计主管的许某、董事邱某、财务总监庄某等公司关键人员均亲自参与并实施了此次造假行为。

资料来源：黄世忠. 康美药业财务造假延伸问题分析 [J]. 财会月刊, 2019 (17)：3 - 6, 178；安宁. "康美药业们"收到顶格处罚仅仅是开始 [N]. 证券日报, 2019 - 08 - 19 (C01)；徐婷婷. 五度行贿！康美药业理应重罚 [N]. 健康时报, 2019 - 04 - 12 (01)。

如果公司治理层存在商业伦理的缺失，一时得势的企业最终也会变成"流星"。企

业遵守基本的商业伦理规范是企业生存和发展的前提条件。而股东、董事会、监事会和管理层作为公司关键人员因其权力和责任不完全相同，所需遵守的商业伦理要求也各不相同。

# 8.1 股东的商业伦理

## 【任务目标】

股东的商业伦理体现在哪些方面？

## 【任务描述】

通过本任务的学习，掌握股东商业伦理的表现形式。

## 【知识学习】

当公司只有一个股东时，股东的商业伦理更多体现为公司对其外部利益相关者（如环境、社区等）利益的关注与维护。当公司拥有数量众多的股东且部分股东分散在企业外部（通常是中小股东）时，股东的商业伦理直接体现为内部（大）股东对外部（中小）股东合法权益的维护与保障。因为相较于中小股东而言，大股东更易获取公司的内幕信息，而且存在与高级管理层合谋以借助这些内幕信息牟取利益的可能性，为此不惜牺牲中小股东投资者，乃至整个社会的利益。股东享有的权利分为自益权和共益权，前者包括资产收益权、退股权、优先受让和认购新股权、股东身份权等；后者包括决策参与权、选择和监督管理者权、知情权等。按照各项权利的属性、重要性及相互关系、股东的商业伦理集中体现在以下方面。

### 8.1.1 大股东"掏空"

内部股东对外部股东利益侵占的表现形式之一就是"掏空"，即内部股东让其所在上市公司为其所控制的其他企业提供贷款及担保，抢占或转移公司的客户和业务，低价出售商品或高价购买其所控制的其他企业的产品等。从伦理的权利与义务观出发，内部股东（尤其是大股东）不得滥用股东权利损害公司或者其他股东的利益，不得滥用公司法人独立地位和股东有限责任损害公司债权人的利益；控股股东、实际控制人对上市公司及其他股东负有诚信义务，不得利用对上市公司的控制地位谋取非法利益，不得占用、支配上市公司资产。因此，占用、滥用公司资产既不道德也属非法。

免于"掏空"只是对股东最基本的商业伦理要求，更重要的是保护外部股东的资产收益权。公司要在盈利状况良好、现金充足且无较好投资机会的情况下向股东发放股利，而不是留在公司供内部股东挥霍，如"补贴"其控制的其他企业、提高个人在职消费（如购买豪华游艇、飞机等）、进行大量兼并收购等。当然，这并不意味着股利发得越多越好，因为这有可能反映的是内部股东的懒散。

### 8.1.2 "同股同权"与"同股不同权"

每位股东均享有参与股东大会的权利，不应受任何有意或无意的限制与阻挠。比如，计划召开股东大会时，应当将会议召开时间、地点和审议的事项于会议召开前20日通知各股东。各方关于股东是否有权参与股东大会的问题少有异议，但在股东表决权设置的伦理问题上存在争议。国际上，常用股东表决权设置方法有两种：一种是"同股同权"，即一份股份拥有一份表决权；另一种是"同股不同权"，即允许部分股东所拥有的每一份股份拥有多份表决权（"A股"——超级投票权）或少于一份的表决权（"B股"——次级投票权）。

从商业伦理判断的权利与义务标准和公平与正义原则看，"同股同权"符合伦理规范，每位股东均享有表决权且每一份股份具有相同的表决权；而"同股不同权"有失公平，部分股东利益存在被侵害的风险。然而，从商业伦理判断的效用原则看，"同股不同权"有时并无不妥，它可能有利于促进企业价值增长、增加所有股东财富。因此，这是一个复杂的伦理判断问题。美国最终允许"同股同权"与"同股不同权"并存的多重股权结构经历了近100年的摸索。在"资本为王"转向"知识为王"的经济转型阶段，允许"同股不同权"或许更能适应企业发展和价值增值的规律。因此，基于效用原则的"同股不同权"是合乎商业伦理的。当然，这并不意味着拥有超级投票权的股东可以为所欲为，漠视次级投票权的股东；否则将不符合商业伦理的权利与义务标准和关怀伦理。

## 【工作示例】

### 大股东利益侵占动机与危害

关于大股东利益侵占的动机，从公司内部的角度来讲，上市公司控制权和经营权的分离是导致大股东进行利益侵占的主要原因，而且大股东对利益进行侵占的程度和公司控制权以及经营权的分离程度有显著的正向关系，公司的控制权和经营权分离越严重，大股东就越有可能对公司的利益进行侵占；从公司外部的角度来讲，大股东对上市公司的利益侵占行为还和相关的法律法规有直接关系，法律法规的完善程度和大股东利益侵占现象呈现反向关系。

公司之间的并购行为是大股东进行利益侵占的重要方式之一，通过并购行为，大股东往往会将上市公司的资源在不同的公司之间进行转移，一般而言转移的方向是从现金流较强的公司转移到现金流较弱的一方。大股东利益侵占的行为往往还会伴随着财务造假，公司大股东为了侵占公司利益，会对财务报表进行粉饰，虚增公司的利润进而抬高股价，财务造假行为也会便于大股东进行利益的侵占。

大股东利益侵占的危害：从宏观层面的影响来看，大股东利益侵占行为会使得市场秩序混乱，使得经济环境不断恶化，严重影响到市场的健康发展，同时也会对投资者造成严重的伤害；从微观层面的影响来看，大股东对公司利益侵占程度越大，越容易造成被侵占的公司资金链紧张、销售状况大幅下降、主营业务经营能力减弱、企业发展前景暗淡，而这些变化又会带来一连串连锁反应，比如公司工作人员薪酬下降等。因此，大股东利益侵占行为是有百害而无一利的，有着很严重的负面影响。

## 讨论：

由于上市公司利益侵占行为带来了一系列的经济影响，给上市公司的经营业绩、未来发展以及社会形象均带来了巨大的负面影响，使得中小股东分红收益落空甚至产生极大的处置损失，让债权人的债权大打折扣，同时对资本市场也产生一定影响。那么，如何有效治理大股东利益侵占行为呢？（1）需要进一步强化商业伦理，重视道德规范作用。(2)应该不断完善外部监督。通过健全资本市场制度，多渠道提升监管效率，加大处罚力度和强化中介机构职责。(3)应当提升内部治理能力。优化公司股权结构，构建有效的内部控制体系，强化独立董事的治理职能。(4)中小股东应积极提升自身投资知识水平和风险意识，主动参与上市公司经营，积极采取维权措施保护自身利益。

## 【案例实践】

### 沃森生物玩"掏空"套路　引发市场激烈反应

上市公司沃森生物欲贱卖其重要子公司股权事件引起众多投资者质疑，并引发信任危机。2020年12月5日下午，沃森生物7位机构股东紧急安排了一场90分钟的电话会议，就转让其重要子公司上海泽润生物科技有限公司的股权向沃森生物董事长进行问询，并毫不避讳地提出要上市公司更换管理层，也就是更换董事长职位。这次争议的导火索是2020年12月4日晚沃森生物发布公告称，拟向两家投资机构淄博韵泽、永修观转让所持有的子公司上海泽润32.60%的股权，股权转让价款合计为11.41亿元。交易完成后，上海泽润将不再是沃森生物控股子公司。

沃森生物此举被众多投资者打上"贱卖资产"的标签，引发市场激烈反应，要知道上海泽润可是一只"会下金蛋的鸡"。上海泽润的主要产品是二价HPV和九价HPV两款宫颈癌疫苗，当前正值在二价HPV即将上市和九价HPV即将Ⅲ期临床的重要时刻，考虑到宫颈癌疫苗的稀缺性，机构预计沃森二价上市以后，海内外市场有望实现峰值销售收入超过20亿元，而2019年沃森生物总营收才11亿元。市场对上海泽润寄予了很高的期望，而此刻沃森将上海泽润控制权拱手让出，在投资者看来就像是"难以理解的神操作"，自然排山倒海的质疑纷沓而来。

比较蹊跷的是，沃森生物此次资产转让的对象并不是医药同行，而是两家投资机构。一般市场会认为，投资机构接盘实体资产很多都是"过桥"，也就是当个中间人，那么上海泽润这块资产如果再包装一下可不可以重新上市呢？完全可以！于是，市场就会担心沃森在玩另一个套路，这也是大小机构以及持股股民强力反对的重要原因，那就是涉嫌玩掏空式套路：利用首次募集资金做大优质项目，然后打包出售给关联企业或过桥机构,"大小非"清仓式减持现有上市公司股权,然后卖掉现有上市公司套现。因为以后是注册制发行,只要你是优质资产,不仅保荐机构抢着给你做上市,还能给予优质的价格,甚至还可能一路绿灯跑步上市。

资料来源:周科竞.沃森生物把自己的招牌砸了[N].北京商报,2020 - 12 - 07(06);刘柯.沃森欲卖"下金蛋的鸡"玩掏空套路 市场不会买账[N].金融投资报,2020 - 12 - 08(01)。

**评述:**

上市公司玩这种"掏空"套路,市场还是很警觉的,要不然沃森生物拥有这么优质的资产,不至于从95元跌到现在的36元,此前从26元涨到95元,就是预期上海泽润将给上市公司带来业绩高增长,但如果要卖掉这个马上能"下金蛋的鸡",市场不可能买账。通过该事件,投资者对沃森生物以及公司管理层产生了质疑心理,引发信任危机,中长线持股投资者选择择机离场。当前新冠疫苗的研发受到了投资者关注,沃森的股价虽然有所回升,但是也难回巅峰时期,信任危机仍难消除。

# 8.2 董事会、监事会和高管层的商业伦理

## 【任务目标】

董事会、监事会和高管层的商业伦理体现在哪些方面?

## 【任务描述】

通过本任务的学习,掌握董事会、监事会和高层商业伦理的表现形式。

## 【知识学习】

### 8.2.1 高管的商业伦理

高管接受股东的委托代其管理公司,高管唯一的责任和目标应当是公司价值或股东财富最大化。然而,由于理性经济人假设及信息不对称的存在、监督高管努力程度的艰难性等,管理层存在自利动机(如偷懒、提高个人待遇、追求奢华的工作环境等)和拥有自利的机会,受托责任履行情况并不乐观。因此,高管自身应当具备一定的商业伦理道德,尽职尽责履行其受托责任。

**1. 忠诚**

高管的忠诚包括不能在未获得委托人(股东)同意的情况下做出对委托人不利的决策和行动,也不能在未获得委托人(股东)同意的情况下代表其对委托人不利的人采取行动。管理层应按照道德要求处理个人和专业关系中的利益冲突问题,披露任何可

能造成利益冲突的事项，对违反伦理守则的行为及时进行内部报告，建立并遵守公司伦理守则责任制等。违反忠诚原则的例子包括隐瞒问题、推卸责任、内幕交易、盗取或转移公司资产等。

**2. 勤勉尽责**

高管在任职期间应当承担责任、勤勉尽责，而不是寻找机会偷懒和享受；高管应当主动学习新知识、了解新环境、掌握新信息，而不是坐观其变，坐等上报；对于可疑和重大的事项应保持足够的谨慎并展开调查、落实整改。

**3. 诚信报告与披露**

高管应向股东提供真实、准确、完整、简明清晰、通俗易懂的信息，不得有虚假记载、误导性陈述或重大遗漏。如果高管为自己或他人刻意隐瞒对公司将产生或已产生不利影响的信息，或者夸大自身贡献、提供虚假信息，均是违背商业伦理的。

**4. 保密**

高管负责公司日常的经营管理，能轻易掌握公司大量的重要信息，是公司商业机密或其他敏感信息的知情人。这些信息一旦泄露将对公司目前的经营及未来的发展造成冲击。因此，作为高管有责任与义务秉持保密原则，这既是商业伦理的基础性内容，也是法律法规的强制性要求。

### 8.2.2　董事会的商业伦理

董事会是由董事组成的，对内掌管公司事务、对外代表公司的经营决策和业务执行，由股东大会选举产生。作为股东利益的守护者、高管的监督者，董事也应当遵循对高管提出的商业伦理要求，包括忠诚、勤勉尽责、诚信、保密等。但鉴于董事的特殊性，其商业伦理要求也应当关注以下方面：（1）底线思维、客观决策；（2）专业性与判断性兼具；（3）选贤任能与群策群力并举；（4）独立性与监督性融合。

### 8.2.3　监事会的商业伦理

监事会是股份公司的常设监督机构。监事会的监事由股东大会选举产生，代表股东大会执行监督职能。监事的伦理责任体现在勤勉监督董事及高管的工作和行为；如若发现董事或高管的损害行为，应当坚决反对并敦促改正，以维护公司及股东的合法权益。鉴于其契约关系的受托本质和其职责的法理属性，董事应遵循的商业伦理要求也同样适用于监事，具体包括忠诚、勤勉尽责、诚信、保密、专业、独立等[①]。

---

① 陈汉文，韩洪灵. 商业伦理与会计职业道德［M］. 北京：中国人民大学出版社，2020：25-35.

## 【工作示例】

### 董事应遵守的原则

比尔·乔治（2002）认为，要确保建立恰当的、符合道德的公司治理体制，董事应该遵守 10 条原则。

（1）标准：应该具有由独立董事制定的公开的治理原则。

（2）独立：董事会应该确保其独立性，董事会的大部分成员应该是独立的。

（3）选举：不仅应该根据候选人的经验或在其他公司的位置，而且应该根据候选人的价值结构来选举董事会成员。

（4）提名、治理及董事会的其他委员会：应该由独立董事组成，以确保独立的一致性。

（5）秘密会议：独立董事应当定期进行秘密会议，保持其沟通信息的真实性和可信性。

（6）委员会：董事会必须有独立的审计和财务委员会，并且由在这些领域有广泛专业知识的董事会成员组成。

（7）领导力：如果经理人和董事长是同一人，那么董事会就应选举出一名与之相互制衡的首席董事，这十分关键。

（8）外部专家组成的薪酬委员会：董事会应该在高层管理者薪酬方案方面寻求外部指导。

（9）董事会文化：董事会不仅应该把握机会，而且应提倡发展一种能接受质疑与差异化的董事会文化。

（10）责任：董事会应该意识到自身为公司长远发展考虑以及通过恰当的治理程序控制管理者的责任。

资料来源：哈特曼，等.企业伦理学［M］.北京：机械工业出版社，2015。

## 讨论：

董事会为了保护公司的长期可持续性，可以阻止高管的某些不道德行为。不道德行为会给企业的利益相关者，比如消费者或员工带来负面影响；与此同时这些利益相关者反过来也会给企业带来负面影响，并最终可能导致企业的破产，但是好的治理也可能会带来相反的效果。实际上这就是董事会的责任，即通过阻止不道德的行为来保护公司。

## 【案例实践】

### 恒泰艾普董事会再成斗法场，共同治理须强调契约精神

恒泰艾普因董事会纠纷连收交易所多封关注函。其间，该公司提议罢免董事、开锁取印章、公告中相互指责等戏码接连上演，股民直呼"看不下去"。从董事会权力结构来看，恒泰艾普新任控股股东上台后，董事会偏向于共同治理的模式。新控股股东、原

控股股东和管理层分别提名部分董事，形成相对平衡的董事会架构。随着董事会走向分裂，这也意味着至少有一方打破了各方最初形成的某种默契。据恒泰艾普公告，公司矛盾的根源与债务问题的解决方案未能如期落地有关。

资料来源：杨煜.恒泰艾普董事会再成斗法场共同治理须强调契约精神［N］.每日经济新闻，2022－03－24（01）。

**评述：**

当前，契约精神的流失在商业社会中屡见不鲜，亟须受到重视。资本市场中，如果股东之间违背契约、信任流失，不仅会影响公司的经营稳定，还会影响监管机构与投资者对公司的信心。若投资者对公司失去了信心，也会对公司的股价和未来发展带来不利影响。在本次恒泰艾普事件中，独立董事并未发挥协调股东矛盾的作用。然而，独立董事应具备独立性，在董事会层面帮助解决股东内斗。另外，现代公司治理不仅需要依靠道德约束，公司还需要在制度上建立一套解决股东利益冲突的规则，当发生矛盾时"有法可依"。

# 8.3 公司治理中的高管薪酬

## 【任务目标】

- 如何定义高管和高管薪酬？高管薪酬由什么构成？
- 为什么会产生高管薪酬激励问题？
- 哪些因素会影响高管薪酬？
- 高管薪酬的激励效果表现在哪些方面？

## 【任务描述】

通过本任务的学习，掌握高管及高管薪酬概念内涵，掌握高管薪酬激励的形式，了解影响高管薪酬的各类因素，了解高管薪酬激励效果的相关研究。

## 【知识学习】

### 8.3.1 高管薪酬的产生与构成

#### 1. 高管概念界定

国内外学术界对于高管人员的概念并没有形成统一界定。例如，麦奎尔等（McGuire et al.，1962）在研究中将高管人员限定为首席执行官（CEO）；墨菲（Murphy，1985）将"连续至少五年出现在股东签署的委托书上的管理人员"视作高管变量。事实上，由于西方国家上市公司中的股权分散现象比较普遍，以 CEO 为主的高管人员一般拥有较大的权力，对公司治理更能产生深远的影响，故较多的文献将高管人员的范围仅限定至 CEO 为核心的高管团队[①]。国内学者对高管的界定有广义和狭义之分，广义的高管概念包括公司所有的董事、监事和高级管理人员，狭义的概念将 CEO、总裁、总经理、副总裁、副总经理、董事会秘书和其他高级管理人员（不包含董事会、监事会成员）归为高管范畴。部分学者对于高管的界定更为狭窄，仅将董事长和总经理视为高管人员。从国家出台的相关法律规章来看，国务院 1994 年 8 月发布的《关于股份有限公司境外募集股份及上市的特别规定》中指出高管包括董事、董事会秘书、监事、经理、财务负责人等；财政部 1997 年印发的《企业会计准则——关联方关系及其交易的披露》中将企业中掌握权力并负责计划、指挥和控制企业经营活动的人员界定为高管；2018 年新修订的《中华人民共和国公司法》中规定了高级管理人员是指公司的经理、副经理、财务负责人、上市公司董事会秘书和公司章程规定的其他人员。

### 2. 高管薪酬的界定与构成

简单来说，高管薪酬是公司高管人员因向所在公司提供服务而获得的各种形式的报酬。从分配角度看，高管薪酬是公司或股东对高管投入企业的个人人力资本的回报；从市场角度看，高管薪酬是企业或股东用于在市场上购买人力资本的价格。企业内对于高管实施的薪酬契约往往具有多种形式，不同企业对高管的薪酬政策也存在较大差异[②]。纵观国内外企业的高管薪酬结构，大致可分为三种形式：（1）货币薪酬。我国企业高管货币薪酬普遍采取年薪制，即按年确定和支付报酬的一种工资报酬制度，包括基本年薪、效益年薪和奖励性年薪。年薪的高低主要取决于高管人员所具备的能力和对企业业绩的贡献。这种薪酬形式有利有弊。优点在于将高管人员薪酬与企业整体效益挂钩，将企业发展与个人利益捆绑，能促进高管人员对企业发展负责。缺点在于这是一种短期激励制度，很容易造成高管人员为谋取眼前利益不择手段而不顾企业可持续发展的短视行为，因此需要与其他长期激励手段结合使用。（2）股权激励（长期激励制度）。这是一种重点通过对公司高管人员获得公司股权形式给予其一定的经济权利，使其能够以股东的身份参与企业决策、分享利润、承担风险，以实现其尽责地为公司长期发展而共同努力工作的一种激励手段和方法。一般包括限制性股票、股票期权和股票增值权。我国企业主要采用限制性股票和股票期权的激励手段。限制性股票是企业授予高管人员一定数量的本公司股票，只有高管人员的工作年限或业绩目标符合股权激励计划规定的条件，才可以出售限制性股票并从中受益。股票期权是一种看涨期权模式的长期薪酬激励契约，是上市公司授予被激励对象在未来一段时期内、按照预先确定的价格和条件购买本公司一定数量股票的权利。（3）在职消费，如培训费、业务招待费、公车支出、会议费等。这些费用常常名为公司办公经费，实为高管个人消费支出。

---

① 褚洪生. 高管薪酬、制度环境与激励效应 [D]. 北京：对外经济贸易大学，2016.
② 王莉. 高管薪酬公平对公司绩效的影响研究 [D]. 济南：山东大学，2014.

### 3. 高管薪酬激励的产生——委托代理理论

现代公司制企业产生了所有权与经营权的两权分离，所有者与经营者之间的委托代理问题也随之出现。委托代理问题存在的两个前提条件是所有者与经营者均是理性经济人，以及双方存在信息不对称。所有者与经营者均追求自身利益最大化，所有者的目标是公司价值或股东财富最大化，而管理者的目标是获得更高的薪酬、在职消费、更多闲暇时间及更好的工作环境等。信息不对称的存在为管理者的机会主义行为提供了可能。管理者往往更了解公司真实的经营现状及发展前景，具有明显的信息优势，而股东因不直接参与公司经营无法对管理者实施有效监督。因此管理者在自利动机的驱使下往往会做出有利于自身私利最大化的经营决策，甚至不惜牺牲公司或股东的利益为代价。委托代理理论是高管薪酬激励问题的理论来源，为了最大限度地将管理者个人利益与公司整体利益捆绑，促使管理者以公司价值最大化为目标进行经营活动，所有者需要通过薪酬契约给予管理者相应的报酬，并对其实施监督与约束。

### 8.3.2 高管薪酬的影响因素

国内外学术界涌现出大量针对高管薪酬影响因素的研究文献。这些研究按照影响因素性质进行划分，大致可以分为以下三类：第一，研究高管个人因素对其薪酬的影响；第二，公司自身特征对高管薪酬的影响，如公司治理、公司规模等；第三，其他因素，如公司所在地区受管制情况、市场情况等。

（1）高管个人因素一般指高管人力资本特征因素，如年龄、性别、受教育程度、工作经历、任职时间长短等。

例如，霍根和麦克菲特斯（Hogan & McPheters，1980）以1975年美国福布斯榜薪酬排名在前45位的企业高管为研究样本，采用年龄、在企业内的服务期限、CEO任职期限、教育程度作为高管人力资本特征的变量实证检验了这些个人因素和薪酬之间的关系。研究发现，年龄与薪酬显著正相关，年龄每增长一岁，总薪酬能增长大约7000美元；在一个企业里的服务期限的长短和高管薪酬水平负相关；作为CEO的任职期限和高管薪酬正相关；行政管理背景以及大学教育对薪酬没有重大影响；在职培训在决定薪酬上比正式教育更起决定性作用。孙前路（2009）以中国民营上市公司作为研究对象，发现民营企业高管人员的受教育水平和他们的薪酬存在正相关关系；汪金龙（2007）采用中国中部地区的企业作为研究对象，得出了不一样的结论：中部地区企业的高管人员的受教育水平、年龄、任职和他们的薪酬之间的正相关关系并不明显，说明高学历和高报酬之间并不是绝对的正比关系。

（2）公司自身特征指与高管人员所在公司有关的一些因素，如公司治理特征、公司规模等。

例如，从公司治理特征来看，首先是股权结构方面。贝勒（Berle，1932）指出在股权结构分散的公司中，管理者不会受到股东的有效监督，管理人员能够控制企业的决策，这会使他们在薪酬协议谈判中占据有利地位，他们会选择对自己有利的薪酬方式，以获得更多利益；梅兰（Mehran，1995）在研究中提到大股东拥有的股份占比是高管人员薪酬的一个可替代因素，企业外部的大股东与高管薪酬呈弱相关性，同时大股东的存在会影响高管薪酬结构及水平。黄志忠（2009）基于我国2002~2004年上市公司数据研究发现，高管人员的薪酬和大股东拥有的股份占比成反比关系；李增泉（2000）发现高管的年度薪酬受到国有股占比的影响，如果企业的国有股占据主导地位，则经理人获得的年度薪酬比较低。其次是董事会特征方面。这涉及独立董事占比、董事会规模、薪酬委员会的构成等。安德森（Anderson，2003）发现在薪酬委员会中，外部董事的数量越多，高管人员的薪酬越高，他们的业绩对薪酬的敏感性越强；杜胜利（2005）发现高管人员的薪酬和独立董事占比存在正相关关系；张必武（2005）分析指出高管人员的薪酬与建立薪酬委员会、独立董事占比以及总经理和董事长兼任有明显正相关关系。

从公司规模来看，企业规模越大，层级越多，而每一层级之间存在的薪酬差别刚性地造成了大型公司的高管人员薪酬水平会高于小型公司。此外，企业规模越大，越需要高管具备更强的经营能力和付出更多的努力，因而需要给予高管更多的补偿。梅奎尔等（Meguire et al.，1962）发现高管人员的收入与公司规模之间的相关性很强；李增泉（2000）、魏刚（2000）、徐向艺等（2007）也都指出了上市公司的经理人员薪酬与公司规模之间显著的正向关系。

（3）其他因素包括所在行业成长性、是否受到管制以及国家和地区的经济发展水平等。

例如，乔斯科等（Joskow et al.，1993）在对CEO的报酬与政府管制关系的研究中指出，在被管制的七个行业中，CEO的报酬普遍要比未管制行业的CEO的报酬要低；魏刚（2000）发现高管薪酬水平受所在行业景气度的影响；张晖明和陈志广（2002）发现在一些新兴行业，如电子通信、医药等，高管的薪酬要相对高一些，而在化工等行业，高管薪酬要相对低一些；李增泉（2000）发现高管薪酬表现出明显的地区差别。

### 8.3.3　高管薪酬的激励效果

有效的高管薪酬契约能够减少委托代理问题，使高管人员更关心企业的长远发展，做出符合公司价值或股东利益最大化的决策。为了检验高管薪酬激励的有效性，国内外学者做了大量的实证研究，可以从企业绩效、非效率投资和企业创新三个方面进行了解。

**1. 企业绩效**

高管薪酬对企业绩效的影响统称为"薪酬—业绩敏感性研究"。国内外现有的关于二者之间的关系研究并没有得出一致结论。大部分学者发现了高管薪酬与企业绩效正相关的证据，但也有很多研究证明二者之间没有明显的相关关系。之后，许多学者认为高管薪酬与企业绩效之间的关系受各种权变因素影响，于是进行了基于薪酬—业绩敏感性模型的调节效应研究。万大艳（2013）探究了不同产权性质的企业里，高管薪酬激励对公司业绩的影响差异，发现在民营企业中，随着高管持股比例的提高，薪酬—业绩敏感性更强；肖继辉和彭文平（2004）分析了企业的收益波动、企业财务杠杆、企业规模、董事会治理、大股东治理、经历自利特性对我国上市公司总经理报酬业绩敏感性的影响，发现前五个特征对报酬业绩敏感性无显著影响，但是总经理的双重身份、董事身份及其在董事会的任期这三个经理自利特征对报酬业绩敏感性有显著影响。

**2. 非效率投资**

在现实中，高管为了自身利益及声誉或为了规避风险、减少工作投入，往往会违背股东利益最大化原则来进行投资，进而产生非效率投资现象。高管薪酬激励作为缓解高管与股东之间委托代理问题的核心机制无疑对企业投资行为产生重要影响。国外的相关研究证明了以下几种观点：（1）股权激励作为一种长期薪酬激励方式可以促使股东和管理层的利益目标一致，使高管做出与公司利益一致的投资行为，促进效率投资；（2）股权激励使得管理层对收益有了更多的想象空间，进而提高了管理者承担风险的能力，而不是一味规避风险，促进了高管对风险型投资的选择。国内的相关研究并未达成一致结论，部分研究揭示了高管薪酬激励可以有效缓解企业非效率投资现象，部分研究证明高管薪酬激励恶化了企业非效率投资现象。也有研究证明高管薪酬激励与企业非效率投资之间呈显著的 U 型关系。

**3. 企业创新**

部分研究也揭示了高管薪酬与企业创新之间的关系。按照高管薪酬形式划分，这些研究可以分为高管货币性薪酬对企业创新的影响和高管非货币性薪酬对企业创新的影响。从货币性薪酬看，大部分研究表明，创新是企业一项高成本、长时间的投资，具有较高风险性。对于股东而言可以通过投资组合的方式分散风险，但高管薪酬很大程度上取决于公司业绩情况。因此注重稳定工作的高管倾向于阻碍研发投入和创新的战略决策。高管往往更加注重增加短期经营业绩的项目，减少高风险和高不确定性的创新研发活动。从非货币性薪酬看，有学者发现对高管实施长期股权激励能够促使高管利益与股东利益保持高度一致性，激发高管创新热情。随着期权激励的增强，企业创新产出也会增加。对在职消费与企业创新活动关系的研究中，有学者指出高管在职消费损耗了企业的创新资源，同时在职消费致使高管将能力和才能付诸非创新性活动中，不利于企业创新水平提升。但是从在职消费被用于与政府建立关系的视角看，在职消费能让企业获得更充裕的创新补贴，从而提高企业创新投入水平。但也有学者指出，即使在职消费全部用于与政府建立联系，也未必能转化为创新产出，这是因为，获得的政府补贴可能挤出了原有的创新投入，因此在职消费并不能提升创新水平[①]。

---

① 本段根据以下资料整理而得：王莉. 高管薪酬公平对公司绩效的影响研究［D］. 济南：山东大学，2014；马强. 垄断国企高管薪酬业绩敏感性研究［D］. 南京：南京理工大学，2014；朱兰亭. 制度环境、高管薪酬与企业创新［D］. 上海：华东师范大学，2020。

## 【工作示例】

### 国有企业高管"限薪令"

国有企业高管薪酬分配关乎社会公平正义，一直都备受关注。21 世纪以来，伴随着收入分配制度的改革，国有企业高管的"高工资"引发社会对收入分配两极分化的担忧。2009 年 9 月 16 日，人力资源和社会保障部联合财政部、国资委等六部委下发《关于进一步规范中央企业负责人薪酬管理的指导意见》（以下简称"限薪令 2009"）。2012 年 12 月中央政治局审议的《十八届中央政治局关于改进工作作风、密切联系群众的八项规定》（以下简称"中央八项规定"）以及后续的"六条禁令"，对包括国有企业管理层在内的党政领导干部的在职消费等进行了限制性规定。2014 年，中央出台《关于深化中央管理企业负责人薪酬制度改革的意见》（以下简称"限薪令 2015"），规定从 2015 年 1 月 1 日起实施《中央管理企业负责人薪酬制度改革方案》。然而，国有企业负责人的高薪酬水平是否会因限薪政策而有所下降？针对这个问题，有很多学者展开了国有企业高管"限薪令"有效性的研究，结果发现无论是企业整体层面还是总经理个人层面"限薪令 2009"在统计上都是无效的，未能有效抑制央企负责人薪酬快速增长。然而，中央八项规定和"限薪令 2015"政策对于抑制了国有企业负责人薪酬过快增长却有显著效果。[①]

## 讨论：

党的二十大报告中提出的"规范收入分配秩序，规范财富积累机制，保护合法收入，调节过高收入，取缔非法收入"旨在推动经济和社会的健康发展，确保财富分配的公平性，增进民生福祉，提高人民生活品质。薪酬管制是实现这一目标的重要手段之一。薪酬管制主要是控制高管和普通员工之间的薪酬差距，对部分高管不合理的偏高、过高收入进行调整，这种外部管制方法无法对业绩表现卓越的企业高管给予足够激励。伦理视角下人力资本分配行为的治理对策有以下几点。

第一，公司是市场的组成部分，其行为影响着市场，同样市场也反作用于公司行为。公司非伦理分配行为的存在与市场整体的伦理环境有着密切的关系，因此，伦理环境的建设必须从伦理氛围的形成做起。一方面，必须切实推进我国伦理文化建设，在社会中形成一种伦理约束的无形力量；另一方面，公司应将全面伦理管理纳入战略的范畴，将伦理道德建设融入公司的日常经营活动中，形成以伦理为本位的公司文化，促使公司对伦理的态度由消极向积极转变，推进公司伦理气氛由自利型向遵守道德规范型转变。

第二，确保薪酬委员会的独立性。首先，薪酬委员会委员理论上应全部为独立董事，除从公司取得董事报酬外，不应与公司有任何的商业利益关系或与高管有任何的亲属关系。其次，也可以将薪酬委员会的隶属机构变更为监事会，这样不仅与监事会监督

---

① 常凤林，周慧，岳希明. 国有企业高管"限薪令"有效性研究 [J]. 经济学动态，2017 (3)：40－51.

的职责不谋而合，也可以更有效地防止高管对薪酬委员会施加压力，影响其独立性。最后，薪酬委员会中应引入职工董事。高管薪酬与职工的公平感息息相关，职工有权也应该参与有关高管薪酬制定的决策过程，通过参与过程保持职工与管理层之间良好的沟通，也给职工提供利益诉求的渠道。[①]

第三，建立公开透明的企业信息系统。信息系统的建立可以加强对经理层行为的识别。管理信息系统的建立使企业经理层的经营决策等各种活动被客观地记录下来，其经营的成效也能快速地反映到信息系统中，于是经理层的行为变得更易识别，大大减少了代理人的道德风险。信息系统的建立还可以降低监督成本，信息系统的规范要求使企业内外部的监督相对容易。

第四，建立损失补偿和成本承担机制。目前，很多企业对职业经理人实行了年薪制、股票期权制以及岗位工资制等多种激励措施，但是缺少相应的约束措施，使得经理层的责、权、利三者不统一。企业应该尽快地建立补偿基金，即：对于高管层的年薪并不是每年全部发放，而是将年薪中的一部分提出来作为补偿基金。当高管层完成合同规定任务后，再将这部分补偿基金发给经理层；如果经理层未完成合同规定的目标，应相应地扣发部分补偿基金，作为对损失的补偿。通过这种方法可以使经理层的收入与其经营的业绩表现联系起来。只有使经理层对自己造成的损失承担责任，才可以激励他们趋利避害，尽心尽力地完成合同规定的目标任务。[②]

## 【案例实践】

### A 宾馆越亏越加薪

2009 年，我国 A 股市场依然没有从国际金融危机的阴影中走出来，从各大公司披露的年报中可以看出，业绩普遍呈现大幅下滑的趋势。然而，上市公司"庙穷和尚富"的现象并不在少数，许多上市公司业绩与高管的薪酬出现"倒挂"已是屡见不鲜，这引起众多投资者的议论与吐槽。有些上市公司高管的总体薪酬，甚至超过公司 2009 年全部净利润。更让投资者难以接受的是，上市公司净利润出现大幅亏损的情况下，高管薪酬不降反升。A 宾馆 2009 年年报显示，在公司净利润大幅下滑的同时，公司高管薪酬却逆势上涨 33%，并且公司 2009 年度不作利润分配，也不进行资本公积金转增股本。2009 年度公司实现主营业务收入 22082.80 万元，同比上年下降了 4691.94 万元，降幅为 17.52%；实现利润总额 -7041.89 万元，同比上年下降了 7599.67 万元，降幅为 1362.50%；实现净利润 -5254.60 万元，同比上年下降了 5679.40 万元，降幅达 1336.95%。

然而，公司高管的收入却并未因营收下降而下降。2009 年年报显示，A 宾馆高管薪酬合计 310.16 万元，在 2008 年这一数字还仅仅为 233.20 万元。其中董事长和副董事长等人并未在公司领取报酬。监事会主席薪酬为 48.70 万元，比 2008 年的 43.81 万

① 李智彩. 公司人力资本分配问题及其治理——基于伦理视角 [J]. 商业会计. 2014 (7)：102 - 104.
② 刘爱军，钟尉. 商业伦理学 [M]. 北京：机械工业出版社，2016.

元上涨 11.2%，副总经理薪酬也都有一定幅度的上涨。A 宾馆董事会下设薪酬与考核委员会，成员由 3 名董事组成，其中 2 名为独立董事，委员会召集人由独立董事担任。报告期内，薪酬与考核委员会对 2009 年度公司董事、监事及高管人员所披露的薪酬情况进行了审核并发表审核，表示公司董事、监事和高级管理人员报酬决策程序符合规定；董事、监事和高级管理人员报酬发放标准符合公司薪酬体系的规定。虽然年报并未披露构成薪酬委员会的 3 名董事和 2 名独立董事究竟是谁，但是构成薪酬委员会的成员——独立董事的薪酬也随着高管薪酬的上涨而水涨船高。

资料来源：胡潇滢. 东方宾馆净利润大幅下滑 1336%，高管薪酬逆势上涨 33%［N］. 证券日报，2010 - 04 - 15。

**评述：**

从公司治理的角度看，这种薪酬与绩效之间不挂钩、薪酬方案对业绩未产生激励作用的现象，可以证明公司董事未履行其职责以及高管层中的非伦理问题。公司董事的授信责任应包括批准足以产生激励作用的高额薪资。高管为维护高薪酬可能做出一些非伦理的行为：第一，内部人控制、高管与董事会成员利益勾结等。比如，需要被评估、支付薪资的高管人员与董事会主席是同一个人。董事会成员是由高层管理者自己任命等，这些都可能会导致高管层为自己炮制的过高薪酬方案能够顺利出炉。第二，注重短期收益。为了提高当前财务利润，经理人可能会放弃那些能够使公司在将来更具盈利性，但现在却需要高投入的研发活动。对股票期权的过度依赖薪酬方案也可能造成反激励作用。当管理层薪酬和股票价格联系在一起时，就会诱导高管人员过度关注股票的短期价值，而不注重公司的长期利益。第三，谎报财务报告。当高额的薪酬依靠年度报告时，高管人员就会有强烈的动机来操纵这些报告。如果某一年的临界利润指标无法达到，则经理人会将当年的收益移到下一年去，这样在制订下一年的奖金计划时，人们就可能降低对公司业绩的期望值，从而人为地增大经理人获得奖金的机会。简而言之，经理人可能会将过多的精力放在操纵公司的短期收益之上，而不是将精力放在公司的长期收益与股东财富之上。请思考以下问题：（1）如何设计一个薪酬体系，确保高管的行为更好地符合长期公司价值的增长而非仅仅追求短期业绩？（2）面对董事会和高级管理层可能存在的内部利益冲突，公司应采取哪些措施来确保薪酬计划的透明度和公正性？

# 8.4 信息披露

## 【任务目标】

- 企业为什么要进行信息披露？
- 企业可以披露的信息类型有哪些？
- 信息披露产生的经济后果表现在哪些方面？

## 【任务描述】

通过本任务的学习，掌握信息不对称理论的相关内容及企业进行信息披露的缘由，了解目前企业可以披露的信息类型有哪些以及每种类型的具体内容，掌握企业信息披露的经济后果以及产生这种后果的理论机制。

## 【知识学习】

### 8.4.1　信息披露缘由

古典经济学认为，市场会在亚当·斯密"看不见的手"的作用下达到供需平衡，进而实现资源的有效配置。但前提条件之一是，在这一过程中，交易双方必须具有充分、对称的信息，即市场上每一个厂商和消费者都可以无成本地随时获得或掌握着与自己的经济决策有关的一切信息。然而，这只是一种理想的假定，现实中市场上的信息不对称是一个客观而普遍存在的现象，总有一些参与者拥有比其他参与者更多的信息资源而处于优势地位，通常我们将占有信息优势的一方称为"代理人"，不具有信息优势的一方称为"委托人"，例如公司经理比外部投资者更了解企业真实的经营现状，某些知情投资者比其他投资者更了解公司的风险和发展前景等。信息不对称产生的原因是多种多样的。张维迎（1999）基于信息经济学的原理提出，造成信息在经济个体之间呈不对称、不均匀分布的原因有三：一是信息的有效性和准确性存在时空的限制，信息只有在特定的时间、地点和条件下才有意义；二是搜集信息是需要成本的，包括有形成本和无形成本（时间、精力的花费），收集信息时同样需要损益比较；三是人们对信息的利用模式受对问题的认知和一定的思维习惯影响，信息的加工、处理和决策需具备专业的知识和敏锐的判断能力。

信息的非对称性可以按照时间和内容两个角度进行分类，一是非对称信息发生的时间，二是非对称信息的内容。首先，信息不对称可以发生在当事人签约之前也可以发生在签约之后，分别称为事前不对称和事后不对称。研究事前不对称信息博弈的模型统称为逆向选择模型，研究事后不对称信息博弈的模型统称为道德风险模型。其次，从内容上看，参与人一方对另一方来说可能具有行为或知识上的不可预测性。研究不可测行为的模型称为隐藏行动模型，研究不可测知识的模型称为隐藏知识模型。前者是经济行为人故意隐瞒事实真相，掩盖真实信息，甚至提供虚假信息造成的；后者则是一方不知另一方在能力、身体健康状况等方面的信息。在所有模型中，由信息不对称引发的逆向选择和道德风险是学者研究的核心问题，两者均会使参与者承担额外的信息风险以及不公平的交易风险，这对市场的正常运作以及经济体制的公平有效性具有重大影响[①]。

1970 年，经济学家乔治·阿克尔洛夫发表的《柠檬市场：质量的不确定性和市场机制》一文开创了逆向选择理论的先河。市场上卖方掌握更多的商品信息，买方不知

---

① 吴建忠. 论证券交易所对上市公司信息披露的监管 [D]. 上海：华东政法大学，2013.

商品的真正价值，只能通过市场上的平均价格来判断商品的平均质量。因为不知道商品的好坏，买方也只愿意支付平均价格。而平均价格会使提供好商品的卖方吃亏，使提供坏商品的卖方受益，于是好商品会逐步退出市场。市场上的平均质量会进一步下降，于是平均价格也会下降。久而久之，那些真实价值处于平均价格之上的产品会彻底在市场上消失，最后就只剩下坏商品。这就是柠檬市场效应——由于信息不对称导致的逆向选择、"劣币驱逐良币"现象。二手车交易市场就是一个典型的柠檬市场。道德风险通常指信息优势方在信息劣势方不知情的情况下，为使自身利益最大化而做出有损对方利益的故意或恶意行为，即在道德层次上做出的不利于对方财富最大化的选择，主要体现为在股权高度分散的公司，管理层和外部投资者之间的代理冲突；在股权高度集中的公司，大股东与中小股东之间的代理冲突。

由此可见，信息不对称引发的逆向选择和道德风险均会导致市场的非正常运作，影响资源配置的有效性，严重的后果甚至可能致使市场失灵和崩溃。因此，必须建立信息披露制度，向参与方及时、准确和真实地披露必要的信息资料，以尽可能降低市场上的信息不对称程度，这样才能确保公平和公正的游戏规则的正常运作。以美国和中国的信息披露制度为例。1933 年美国颁布的《证券法》明确规定了发行人必须披露的具体内容；1934 年美国颁布的《证券交易法》进一步规定了持续信息披露的要求，即要求发行人、上市公司等信息披露义务人必须对经营和财务信息进行充分披露。我国证券市场也建立了一套较为完整的信息披露制度，可概括为四个层次：基本法律、行政法规、部门规章和自律性规范，例如《中华人民共和国公司法》《中华人民共和国证券法》《股票发行与交易管理暂行条例》《企业会计准则》《上市公司信息披露管理办法》等对证券市场的当事人在证券发行、上市和交易等方面均有明确阐述。其中，2020 年 3 月 1日正式实施的《中华人民共和国证券法》设专章规定信息披露制度，从扩大信息披露义务人的范围、完善信息披露的内容、强调应当充分披露投资者做出价值判断和投资决策所必需的信息、规范信息披露义务人的自愿披露行为等诸多方面，系统完善了信息披露制度。2020 年 12 月 26 日，第十三届全国人民代表大会常务委员会第二十四次会议通过《中华人民共和国刑法修正案（十一）》，自 2021 年 3 月 1 日起施行。该修正案与证券市场相关的法律修订主要涉及 4 个罪名，分别为《中华人民共和国刑法》第一百六十条欺诈发行股票、债券罪，第一百六十一条违规披露、不披露重要信息罪以及第二百二十九条提供虚假证明文件罪、出具证明文件重大失实罪，而这 4 个罪名正是刑事法律规制信息披露违法犯罪的主要罪名。[①]

### 8.4.2 信息披露类型

众所周知，高质量的财务信息能够在缓解信息不对称、维护市场的有效运作、优化市场资源的配置效率、保护投资者及其他利益相关者的利益等方面发挥重要作用。因此，各国的证券法规均明确规定了上市公司必须披露"真实、准确、完整"的财务信息，以供

---

① 陈晨. 新《证券法》实施背景下信息披露犯罪疑难问题研究 [J]. 证券法苑，2021，32（2）：328-352.

投资者做出价值判断和投资决策。财务信息能在一定程度上反映出企业整体的财务状况和经营成果，但受到会计确认、计量等因素制约，其面向的主要是过去，是对企业历史经营情况的图像反应，相关性和及时性较差，很多重要的信息无法通过传统的财务报表予以披露，已越来越难以满足投资者准确了解企业经营现状及预测未来业绩的要求；并且，随着利益相关者理论的影响日益扩大，信息需求者的范围不断扩大，如员工更加关注福利待遇、职业培训、工作环境，政府更加关注环境保护、社会责任履行等信息，增加相关非财务信息披露以增强财务信息的有用性已经得到了理论界和实务界的广泛认同①。由此可见，现代企业应当披露的信息类型包括财务信息和相关非财务信息。

### 1. 财务信息

财务信息主要指财务会计信息，由定期报告中披露的财务报表及报表附注组成。财务报表是用来向资本市场的投资者表述并传递与特定主体财务状况、经营业绩和现金流量相关的、对投资者决策有用信息的手段，主要包括四大报表——资产负债表、利润表、现金流量表及所有者权益变动表。资产负债表反映了企业在某个特定时点的财务状况，包括资产、负债和所有者权益情况；利润表全面揭示了企业在某一特定时期实现的各种收入，发生的各种费用、成本或支出，以及企业实现的利润或发生的亏损情况；现金流量表反映了企业某个时期内现金及现金等价物的增减变动情况，补充了资产负债表中各个项目对企业现金流量的影响；所有者权益变动表反映了企业某个时期内所有者权益构成及变动情况。报表附注是用来解释或补充说明财务报表内确认的资料，而不是用来更正表内确认的错误。在附注中应披露的信息包括两个部分：一是法规、准则或制度要求的披露；二是企业管理当局自愿的披露。前者又分为两种情况，一是由法规统一规定的报表附注的基本内容；二是由具体的会计准则或制度分别补充规定的有关交易、事项应予披露的事项。附注内自愿披露的信息不同于企业其他自愿披露的信息，其既受会计准则的限制，也必须由注册会计师进行审计。

财务会计信息具有一定质量要求，不同国家的会计信息质量特征体系存在差异，但均强调相关性和可靠性的核心地位，二者通常在各国的财务会计概念框架或类似的文献中并列为会计信息的首要质量特征。（1）相关性是指会计信息系统提供的会计信息应该与使用者的决策相关。相关的会计信息意味着必须满足具有预测价值、反馈价值和及时性三个基本质量特征。预测价值是指，因为投资者是面向未来的，所以会计信息能够帮助投资者预测企业以后的财务状况、经营成果和现金流动情况；反馈价值是指投资者在获得会计信息后，能够据以修正某些以前的认识；会计信息的及时性要求及时收集会计信息、及时对会计信息进行加工和处理以及及时传递会计信息，不及时的会计信息是无用的。（2）可靠性是指会计信息合理，不受错误或偏向的影响，能够真实反映它意欲反映的内容，包括公允披露、中立性、无重大误述、完整性和谨慎性。公允披露指的是会计信息应该以实际发生的经济活动为依据，能够客观地表述企业的财务状况、经营成果和现金流动状况；中立性指会计信息应保持一种不偏不倚的中立态度；无重大误述

---

① 杨丽彬. 非财务信息披露对债权人权益保护的影响研究［D］. 武汉：中南财经政法大学，2018.

要求会计信息应该反映其意欲反映的内容；完整性要求会计信息能够全面反映企业在特定时点的财务状况、特定期间的经营成果和现金流量，数字计算准确；谨慎性要求企业处理会计信息时，不高估收入和资产，不低估企业负债和费用。[①]

**2. 非财务信息**

在我国，企业公告的定期报告和临时报告中均含有大量价值性极高的非财务信息，其相关性和及时性方面表现较为突出，与财务信息结合使用，能够帮助投资者更好地了解企业经营现状、发展前景以及预估未来公司价值等。定期报告指的就是公司的年度报告和中期报告（月报、季报和半年报），其中除了含有财务报表及报表附注外，也包含"公司业务概要""管理层讨论与分析""董事、监事、高级管理人员和员工情况""公司治理"等方面的重要信息。临时报告通常在企业发生重大事件时用于说明事件的起因、目前的状态和可能产生的法律后果。其中，重大事件指的是那些能够对公司股票交易价格产生较大影响的事件。

从企业披露非财务信息的意愿来看，企业既有按照相关政策法规要求的强制性披露义务，也有自愿性披露的选择。以社会责任信息披露为例，2008 年底，深交所和上交所相继发布通知，强制要求深市 100 指数板块、沪市公司治理板块、海外交叉上市板块和金融行业板块的公司发布社会责任报告，同时鼓励其余上市公司进行自愿性披露。事实上自愿披露社会责任信息已成为上市公司信息披露的主流趋势。究其原因，信号传递理论可对这一现象进行恰当解释，即高质量公司的管理层有动机将公司高品质的信号及时传递给投资者，以使投资者将高品质公司与那些劣质公司区分开来，从而对公司形成合理的估值，进而做出正确的投资决策。

需要注意的是，在中国新兴市场经济的特殊制度背景下，利益相关者必须理性看待上市公司自愿披露的非财务信息。高品质公司有动力披露更多非财务信息来突出自身的竞争优势和可观的发展前景，从而达到与其他公司相分离的目的。这一观点成立的前提是自愿披露的信息质量可以得到保障，否则劣质公司很容易通过一系列虚假陈述来"包装"自己，达到混同于优质公司的目的。然而，近年来发生的众多信息披露违规案件表明，我国上市公司信息披露的质量不容乐观。许多公司更倾向于披露对自身有利的信息，而对自身的负面信息三缄其口，更有的上市公司故意披露一些没有充分可行度、希望靠投资者的"人气"助其成功的"诱导性"信息。

### 8.4.3 信息披露的经济后果

大多数企业可以披露的信息包括具有强制性披露义务的财务信息及需要进行利益与成本权衡的非财务信息。因此，针对信息披露经济后果的研究通常分为两方面内容：一是大量研究集中于考察公司财务信息质量产生的经济后果；二是与财务信息质量可以通过一系列模型如盈余激进度、盈余平滑度等进行直接测度相比，非财务信

① 葛家澍，杜兴强. 会计理论［M］. 上海：复旦大学出版社，2005.

息质量具有内在的不可测性，很难直接衡量，所以大部分文献仅仅关注非财务信息披露倾向和数量带来的经济后果。此外，信息披露最终目的是解决市场中的信息不对称问题，提高资本配置效率，所以信息披露最重要的经济后果表现在资本成本与投资效率两个方面。

**1. 资本成本**

信息披露影响资本成本的理论机制在于：一是流动性风险假说。信息不对称会降低资本市场交易的流动性，增加缺乏信息的投资者承担的交易成本，投资者会为此索要相应补偿，表现为企业外部融资成本的提升。而信息披露通过降低信息不对称，提高公司证券的流动性来降低其外部融资成本。二是估计风险假说。信息披露可以通过降低公司的估计风险来降低资本成本。巴里和布朗（Barry & Brown, 1985）提出的资产定价的贝叶斯模型表明，不同公司的相关性信息数量存在一定差距，这使得投资者对每个公司估值时面临的风险不同，表现为资产定价模型中的参数的不确定性影响了公司证券的市场均衡价格。

国内外已有大量的实证研究表明，进行高质量的财务信息披露以及进行非财务信息披露均可以缓解信息不对称，增加公司透明度，进而降低资本成本。例如，弗朗西斯等（Francis et al., 2004）考察了应计质量、持续性、可预测性、平滑度、价值相关性、及时性和稳健性七种财务质量维度，发现财务质量与股权资本成本显著负相关，其中应计质量、持续性和平滑度对资本成本的影响最为明显；黄娟娟和肖珉（2006）以1993～2001年中国证券市场进行股权再融资的上市公司为样本，用盈余激进度、盈余平滑度及两者加总来表示财务信息披露质量。结果表明，在控制其他影响因素后，上市公司财务信息质量与公司股权资本成本呈显著负相关关系；巴拉斯等（Bharath et al., 2008）研究发现，财务质量越低的企业更倾向于银行借款，而不是公开发债，并且会面临更高的贷款利率、更严格的贷款期限和抵押要求；李姝等（2013）发现公司披露社会责任报告有助于降低企业的权益资本成本，并且社会责任报告披露对权益资本成本的影响存在"首次披露"效应；王建玲等（2016）发现公司发布社会责任报告有助于降低债务资本成本，并且具有"首次披露"效应，社会责任报告对债务资本成本的负向影响在非国有企业与非环境敏感行业中表现更为明显。

**2. 投资效率**

什么是高效的投资？根据新古典经济学的研究理论，当投资项目的边际成本等于边际价值时，企业投资效率就达到了最优水平。换言之，企业投资仅仅取决于投资机会，应当投资于所有净现值（NPV）大于零的项目，直到边际成本等于边际价值。然而，现实市场中的信息不对称往往导致公司实际投资额偏离投资机会的决定值，引发投资不足和过度投资的非效率投资现象。在逆向选择模型中，公司经理人处于优势信息地位，仅在公司资产被高估时选择发行证券，募集超额资本，从而可能引发过度投资问题；然而，处于信息劣势地位的理性外部投资人，也可能选择拒绝提供足量的资本，或要求更高的资本报酬溢价，导致公司无法获得足够的融资支持而产生投资不足行为。在道德风险模型中，经理层可能出于私利而投资净现值为负的项目，加剧过度投资。以上推论已经被国内外众多学者利用资本市场数据加以证实。由此可见，信息不对称带来的逆向选择与道德风险是造成企业非效率投资行为的重要因素，而企业进行信息披露可以缓解信息不对称，降低产生逆向选择与道德风险的可能性，从而对企业投资效率产生积极影响。

国内外已有大量的实证研究表明，披露高质量的财务信息或者披露非财务信息能够显著提高企业投资效率。威尔第（Verdi, 2006）通过对 1980~2003 年美国上市公司的研究发现，会计信息质量与投资不足和投资过度显著负相关，这种负相关性在那些具有融资约束或者大量现金余额的公司中更为显著，尤其是在低质量会计信息环境下，会计信息质量与投资效率具有更强的相关性。周松（2016）利用我国 2007~2013 年沪深两市 A 股上市公司为样本，研究财务报告质量对企业投资效率的影响，并进一步将投资效率分为投资不足和过度投资两种，分析财务报告质量对这两种不同投资状态的影响。结果表明，高质量的财务报告使得企业投资不足现象减少，有助于提高企业投资效率。刘晓华和张利红（2016）基于 2001~2014 年数据研究发现，在控制了其他影响因素之后，公司会计信息质量越高，投资效率越高，且产品市场竞争程度越高，会计信息质量对投资效率的促进作用越弱。程新生等（2012）研究发现非财务信息具有"双刃剑"效应，虽然缓解了投资不足但也导致了过度投资。曹亚勇等（2012）以 2009~2010 年 459 家 A 股上市公司披露的社会责任报告为研究样本，首次对我国上市公司社会责任信息披露与投资效率之间的关系进行实证检验。结果表明，上市公司社会责任信息披露与公司投资效率显著正相关。张超和刘星（2015）研究了我国 A 股上市公司内部控制缺陷信息披露与投资效率的关系，发现上市公司在披露内部控制缺陷信息前一期存在过度投资行为，而披露后一期的过度投资倾向有所减弱，对于提高投资效率具有显著影响。

## 【工作示例】

### 信息披露中的伦理问题与监管

虽然企业在信息披露时，应该遵循真实性、准确性、完整性、及时性的原则，但是存在一些企业出于经营管理上的特殊目的，利用一系列的手段对会计信息、人力资源信息等中的许多重要信息进行隐瞒、歪曲甚至捏造事实的行为。在信息披露陈述中，最常见的不道德行为是企业进行虚假陈述。虚假陈述是指行为人对证券发行、交易及其相关活动的事实、性质、前景、法律等事项做出不实、严重误导或有重大遗漏的陈述或者诱导，致使投资者在不了解事实真相的情况下做出证券投资决定。公司隐瞒或虚构事实的行为，势必会动摇投资者对整个证券市场的信心，最终影响证券市场的长远发展。

由于信息不对称，投资者等市场主体并不能及时了解和掌握公司经营状况的变化，所以公司应毫不拖延地披露重要信息，以供市场主体做决策参考。然而，公司信息披露不及时的行为频频发生。信息披露不及时一般表现为不在法定期间内披露定期报告和不及时公布临时报告。一方面，一些公司在规定的披露期限结束后还未披露定期报告；另一方面，一些公司在发生重大事件后，迟迟不予以披露。这种信息披露的滞后性损害了投资者的合法利益，扰乱了证券市场正常的运转秩序。

**讨论：**

信息披露作为沟通企业与外部投资者之间的桥梁，对上市公司、投资者及市场均具有重要意义。然而，我国资本市场信息披露违法违规案件屡见不鲜，部分上市公司出于特定目的，在信息披露文件中虚假记载、重大遗漏、粉饰业绩、掩盖真相，意图误导投资者，严重损害了投资者权益。因此，应该如何有效防止上市公司信息披露违规行为的反复发生，确保我国资本市场的健康发展呢？

第一，建立多层次的上市公司监管体系。建立包括监管部门、自律组织、中介机构、社会监督等在内的多层次监管体系。证券监管部门要加强市场监管与发展的相关政策研究和制定，加强对上市公司日常监管工作的协调；引入中介机构参与证券执法，充分发挥中介机构的专业优势，让中介机构承担明晰会计准则和信息披露的责任；充分发挥自律组织的职能，以行业自律代替部分行政管理，推动行规建设，提高市场的公开和透明。

第二，引进内幕信息知情人报告制度，完善稽查提前介入机制。借鉴国际经验，建立内幕信息知情人员定期报告制度。鉴于内部人交易与信息操纵的密切关联性，将内部知情人的交易情况定期报告给监管部门，加强对内幕信息知情人员的监管成为控制内幕交易行为的重要举措。提前介入机制对于及时发现制止、以灵活的手段纠正上市公司违法违规行为，以及提高日常监管及稽查整体效率具有积极作用。

第三，建立有效的信息披露违法违规问责机制，完善民事赔偿制度。灵活运用各种监管措施（如非处罚性监管措施）见效快、作用直接等特点，弥补行政处罚或司法审判程序复杂、进程缓慢、取证困难等不足。完善民事赔偿制度，动员社会力量打击信息披露违法违规行为。一方面应加强对侵害投资者权益行为的强制制裁，另一方面是完善对投资者权益的有效补偿。民事赔偿制度通过保护投资者的权益，维护投资者对市场的信心，以及证券市场的健康持续发展[①]。另外，数字经济技术的引入能显著提升监管的透明度和效率。首先，区块链技术可以用于确保上市公司信息披露的真实性和时效性，通过建立基于区块链的平台，信息一经上传便永久记录且不可篡改，从而有效防止信息篡改和滞后。区块链中的应用智能合约技术可以自动执行和监控合规要求，减少人工干预，提高监管的响应速度和执行效率。其次，运用大数据和人工智能技术，监管机构能实时监控并分析大量的交易数据，预测潜在的市场异常行为（比如内幕交易和市场操纵），提高决策的效率和精确性。此外，加强数字身份认证系统，特别是对内幕信息知情人的管理，可以有效追踪和验证市场参与者的身份，降低匿名或伪造身份进行违法交易的风险。

**【案例实践】**

## A 药业信息披露违规事件

2020 年 9 月 17 日，A 药业因为信息披露违规拟被证监会做出顶格行政处罚。而此

① 万寿琼. 我国上市公司信息披露与监管研究 [D]. 北京：中国财政科学研究所，2011.

次信息披露违规事件是由 2019 年 7 月间的资本市场奇闻——A 药业股东"分红爽约"事件引爆而来。

公开信息显示，A 药业于 2019 年 7 月 16 日发布了《2018 年年度权益分派实施公告》，宣布按每 10 股派 1 元的红利派发方案，预计将发放红利 6200 余万元。然而仅时隔三天，A 药业突然在 7 月 19 日公告称，因资金安排原因，公司未按有关规定完成现金分红款项划转，无法按照原定计划发放现金红利。至 24 日晚间，A 药业发布公告称，经过 7 月 22 日停牌以来三天时间的资金归集和筹措，公司仍无法按原定计划发放现金红利，公司股票决定于 25 日复牌。A 药业还称，截至 2019 年 7 月 19 日，A 药业及子公司拥有现金总额 1.27 亿元，但其中"受限金额"高达 1.23 亿元，可动用的"未受限金额"仅 377.87 万元。据 A 药业 2019 年一季度报告显示，其货币资金期末余额高达 18.16 亿元，面对区区 6200 万元的分红，却无力支付。

"分红爽约"事件牵出了 A 药业违规担保、控股股东违规占用公司资金等多重问题，还有媒体直接质疑 A 药业财务严重造假。2019 年 7 月 27 日，A 药业公告称收到中国证监会《调查通知书》，被调查的原因是"涉嫌违法违规"，但是未指向违法违规的具体情形。2020 年 9 月 17 日，A 药业公告称收到中国证监会《行政处罚及市场禁入事先告知书》，意味着立案调查的结果出炉，A 药业违法违规的具体情形公之于众。这份《行政处罚及市场禁入事先告知书》可以回答"巨款去哪儿"之谜，答案是上市公司巨额资金被控股股东及关联方长期占用。证监会认定，A 药业涉嫌违法的事实包括三大项：2015 年、2016 年、2017 年、2018 年连续四年的年度报告存在虚假记载、重大遗漏；2018 年未及时披露关联担保；A 药业、A 集团自 2016 年 4 月 27 日至 2017 年 12 月 26 日披露的重大资产重组文件存在虚假记载。

资料来源：赵黎昀. 辅仁药业分红"爽约"调查：资金困局正在显露 [N]. 证券时报，2019 - 07 - 24；朱蓉. 分红爽约后遭连续追问，辅仁药业承认债务逾期超 7 亿！钱去哪了？[EB/OL]. https://baijiahao. baidu. com/s? id = 1642393077126710850&wfr = spider&for = pc。

**评述：**

人无信不立，业无信不兴。信息时代，企业竞争日趋激烈。想要获得长足的发展必须建立起自己的品牌，获得顾客的信任。商业伦理在商业活动的发展中建立起来，并成为企业经营墨守的契约，指导企业活动的规范运行。其核心是以诚为本、以利为义、积极进取、肝胆相照。其分别强调诚信、道义、变革、协作。在本案例中，A 药业主要违反以诚为本、以利为义的商业伦理道德。

以诚为本强调诚信的重要性，古往今来关于诚信经营的谚语也广为流传，"招天下客，信从誉中来"指出企业必须拥有良好信誉。诚信要求企业不弄虚作假，不欺骗消费者和其他利益相关者。公开会计信息披露是企业展示自我诚信的一个关键途径，相关法规也要求会计信息披露要准确及时、真实完整、相关可靠。因此，一个企业如果只顾眼前的短期利益，进行虚假信息披露是不明智的，也是不可取的。这种行为违反了商业伦理强调的以诚为本，丢了诚信便丢了本，不可能获得长足的发展。

# 8.5　内幕交易

## 【任务目标】

- 什么是证券市场的内幕交易？
- 内幕交易会带来哪些经济后果？
- 是否应当对内幕交易进行管制？

## 【任务描述】

通过本任务的学习，了解国内外对于内幕交易的定义并掌握内幕交易涉及的构成要件的含义，掌握内幕交易给股市、个人及上市公司带来的经济后果，理解内幕交易的合理性问题并了解我国针对内幕交易监管的法律体系。

## 【知识学习】

### 8.5.1　内幕交易的定义

国内外学术界对于内幕交易定义的探讨一直十分活跃。从国外研究来看，定义方法主要有四种：强调信息对等性的定义、强调接触信息对等性的定义、强调内部人身份的定义和强调构成要素的定义。首先，强调信息对等性的定义是以交易双方占有信息不对等为前提，表现为一方拥有比另一方更多的信息，因此内幕交易就是信息优势者与劣势者之间的交易。例如，伊斯特布鲁克和菲舍尔（Easterbrook & Fischel，1984）就曾指出，内幕交易是信息灵通人士与信息不灵通人士之间的证券交易。其次，强调接触信息对等性的定义认为，内幕交易就是交易双方中的一方较另一方拥有优先接触公司内部信息的机会，并且实际利用这种不对等的机会获取内部信息从而进行交易的行为。例如，大卫·L. 拉特纳（David L. Ratner，1999）将内幕交易定义为"由那些拥有一般交易方无法获取的信息的人进行的交易"；杰克林·苏特（Jacqcling Suter，1989）则认为内幕交易发生于这样的场合：某个人或组织占有普通公众不能占有的机密信息，该信息属于"价格敏感"信息——即若为普通公众所了解就会在事实上影响证券价格的信息，从事证券买卖的行为。再其次，强调内部人身份的定义出现在布莱克法律词典对内幕交易的解释中，即公司职员、董事和持有公司 10% 以上股份的登记在册股东，买卖公司证券的行为。这种定义强调"内部人"身份与内幕交易之间的关系，而没有揭示证券信息在内幕交易中的重要地位。最后，强调构成要素的定义并不直接界定内幕交易概念本身，而是通过诠释内幕交易的构成要素来间接说明内幕交易的内涵。[①]

---

① 胡光志. 内幕交易及其法律控制 [D]. 重庆：西南政法大学，2002.

从国内研究来看，"内幕交易"属舶来品，国外对其概念虽未形成统一界定，但相关研究也为国内学者理解内幕交易的含义提供了一定的借鉴和参考。胡光志将国内关于内幕交易的定义归纳为五类：第一，强调行为目的性的定义。此种类型的定义以内幕交易牟取暴利或减少/避免重大损失的目的为核心。例如，"内幕交易是掌握内幕信息的人，利用内幕信息的证券交易，目的是获取利益或减少损失""内幕交易是内幕人员或其他非法获取内幕信息的人员，以获取利益或减少损失为目的，自己或建议他人，或泄露内幕信息使他人利用该信息进行证券发行、交易的活动"。第二，强调行为危害性的定义。此种类型的定义认为内幕交易属市场欺诈行为，能够损害其他投资者的利益，损害证券市场的秩序和交易公平。例如，"内幕交易是内幕人员和非内幕人员利用内幕信息，买卖或建议他人买卖证券，损害其他投资者利益和证券交易公正性的行为""内幕交易是掌握内幕信息的人滥用信息优势实施的证券欺诈行为，即在证券发行、交易过程中，内幕人员或者非内幕人员围绕有关的内幕信息所实施的欺诈行为"。第三，强调行为违法性的定义。此种类型的定义强调内幕信息获取和利用的非法性，即认为内幕交易是一种拥有内幕信息的内部人非法利用内幕信息所从事的证券交易，或不占有内幕信息的外部人非法获取并利用内幕信息所从事的证券交易。相关定义中通常含有"违反证券法规""非法获取"等字眼。第四，强调主体特殊性的定义。这类定义就是注重揭示内幕交易主体的特殊性，强调内幕交易主体是公司内部人，强调内幕交易主体接触内幕信息的特殊条件。内幕交易始称内部人交易。有价证券发行公司会发布一些影响投资人投资判断的消息，而这些消息拥有者是那些亲自参与其发生或处于对其特别熟悉的特殊地位之人，所谓内部人交易，就是当这些人知悉该消息，而在该消息公开前，对该有价证券进行交易的行为。第五，强调犯罪特征的定义，即从刑法的角度对内幕交易所作的定义。例如，《中华人民共和国刑法》第一百八十条对内幕交易罪的定义为，内幕交易罪是指证券交易内幕信息知情人或者非法获取证券交易内幕信息的人员，在涉及证券的发行、交易或其他对证券的价格有重大影响的信息尚未公开前，买入或卖出该证券，或者泄露该信息，情节严重的行为。[①]

总而言之，目前对于内幕交易并没有一个权威统一的定义。究其原因，内幕交易是一个具有多维结构的概念，不同的人对其构成要素的理解存在差异，对内幕交易包含的要素种类也看法不一，而且内幕交易诸要素自身的范围界限也并不明确。因此目前学术界对于这一问题还很难达成一致看法。虽然国内外学术界对内幕交易的定义在侧重点和文字表述上存在差异，但它们在揭示内幕交易的基本特性时存在惊人的一致性，即均包含了内幕信息、内幕交易主体等基本要素，尤其是几乎所有的定义中都含有内幕信息的表述并强调内幕信息的重要性。至此，我们可以得出一个结论：内幕交易是以内幕信息的存在为前提的，正是由于某些人掌握了他人没有的内幕信息才获得了证券交易的不公平优势。换言之，没有内幕信息，就没有内幕交易。因此，要准确理解内幕交易的含义，必须建立在对内幕信息了解的基础之上。证券市场上的信息不可能都是内幕信息，目前世界上一些主要的资本市场中普遍利用重大性和未公开性两个基本特征来界定内幕

---

① 胡光志．内幕交易及其法律控制［D］．重庆：西南政法大学，2002．

信息。所谓重大性就是内幕信息一旦公开就可能会充分地影响相关证券的市场价格或价值；未公开性指内幕信息尚未公开，不能为一般投资者所普遍获得。当然，正如前文所述，关于如何具体界定内幕信息的重大性和未公开性，不同国家和地区也存在较大争议。[①]

### 8.5.2 内幕交易的经济后果

**1. 内幕交易对股市的影响**

具体而言，可以从风险、效率、流动性和股票价格四个方面认识内幕交易对股市整体运行产生的影响及后果。

（1）从股市运行风险来看。大部分学者支持内幕交易会加剧股市运行风险，严重者甚至导致市场崩溃的消极影响观点。巴塔查里亚和史匹格（Bhattacharya & Spiegel，1991）在引入风险厌恶和非零预期总赋予的条件下，用瓦尔拉斯模型对存在内幕交易的股票市场进行分析，发现当普通投资者"太不知情"时，他们将不愿意与内部交易人进行交易，并投资于内幕交易不严重的领域，这将会导致整个市场的崩溃；根诺特和利兰（Gennot & Leland，1990）在研究美国1987年"黑色星期一"股灾时也间接指出内幕交易会加剧股市风险，从而可能导致股灾的发生。然而，以马诺韦（Manove，1989）为代表的部分学者持相反观点，他们认为内幕交易的存在会使企业信息更快速地反映到股市中去，股价更贴近实际价值，因此可降低股价的不确定性，从而降低股市运行风险。

（2）从市场效率来看。所谓市场效率，指证券价格对影响其价格变化的信息的反映程度。学术界针对内幕交易与市场效率的关系研究存在较大争议。一些学者认为，内幕交易会使内幕信息快速传播至股市中，股票价格会更及时地反映其实际情况。此外，专业投资者也会获得一些内幕信息，他们与内部人在使用各自信息方面存在竞争，这种竞争会导致更全面、迅速的信息披露。因此内幕交易有助于市场效率的提升。另一些学者却持相反的观点，即认为内幕交易会降低市场效率。伊斯特布鲁克（Easterbrook，1981）认为，内幕交易给内部人带来的超额收益将会激励他们为获得更佳的交易机会而故意推迟信息披露；菲什南和哈格蒂（Fishnan & Hagerty，1992）认为内部人相较于专业投资者而言，通常不需要花费任何费用就可以获得内幕消息，专业投资者在与内部人的竞争中处于劣势地位，这会导致专业投资者被逐出内幕交易活跃的领域。考虑到专业投资者在股价形成中的重要作用，他们一旦被逐出，就会导致更低效的股价。

（3）从流动性来看。所谓证券市场流动性，指在不存在新信息的前提下，证券市场的投资者可以以较低的价格迅速买入资产或卖出资产，而不会对证券价格产生太大影响，这可以界定为市场流动性较好。学术界针对内幕交易对证券市场流动性的影响依然存在两种不同的观点。格洛斯滕（Glosten，1989）、利兰（Leland，1992）、申和尼奥

---

① 杜晓芬. 我国内幕交易法律监管体系构建的研究 ［D］. 天津：南开大学，2014.

（Shin & Neo，1997）等大多数学者支持内幕交易会降低市场流动性的观点，尤其贝尼（Beny，1999）通过对多个国家、地区的股市数据进行分析后，发现在对内幕交易监管较松的股市，一般来说流动性都较低。然而，有学者认为内幕交易有利于促进市场的流动性，提高了资金配置效率。内幕交易可以看作是内幕人员利用内幕信息进行的投机行为，因投机行为可提供一个活跃而广泛的市场，故可促进证券市场产生流动性。

（4）从股票价格来看。部分研究发现内幕交易会导致股票的平均价格上升，部分研究发现内幕交易会引起股价的大幅波动，甚至有研究表明股价上升与增加波动性会同时存在。弗伦奇和罗尔（French & Roll，1986）对 1964～1982 年在纽约证券交易所和美国证券交易所的上市股票进行了分析，发现股价的大部分波动是由私人信息导致的内幕交易造成的。利兰（Leland，1992）从一个理性预期模型出发，认为内幕交易将提高股票的平均价格，同时在正常情况下股票价格的波动也会增加；史永东和蒋贤锋（2004）基于中国资本市场数据也发现内幕交易使股票的平均价格上升，同时也增加了价格的波动性。雷普洛（Repullo，1999）进一步拓展了利兰（Leland，1992）的模型，发现当内部人是风险厌恶的并且有多个内部人的情况下，研究结论与利兰（Leland，1992）是一致的；但是如果内部人是风险中性的或实物投资早于股票交易时，内幕交易对股票平均价格没有影响，但能使价格的波动性增加。①

**2. 内幕交易对个人的影响**

内幕交易以拥有内幕信息为前提，因此拥有内幕信息的人（包括董事、监事、经理、副经理、大股东、财务人员等）被称为内部人，不拥有内幕信息的那些普通投资者被称为外部人。内幕交易对内部人和外部人的利益存在不同的影响。

第一，内幕交易对内部人利益的影响。内部人之所以利用内幕信息买卖公司股票无非是想赚取超额收益，关于内幕交易是否能够给内部人带来超额收益，目前的研究具有较为一致的结论，即内部人能利用信息优势获得较高的内幕交易超额收益。究其原因，一方面内部人拥有提前知悉披露后将引起股价波动的重大信息，另一方面内部人对公司内在价值和真实业绩具有更为精准的判断。利兰（Leland，1992）的研究表明，在允许内幕交易的情况下，内部人的净福利很可能获得提高。詹等（Jeng et al.，1999）采用了三种不同的评估模型，对内部人在内幕交易中所获得的超常收益进行估算，三种模型得出了几乎一致的结果：内部交易人在内幕交易中获得的超常收益为每月 0.5%～0.67%。他们指出这无论在统计意义上还是经济意义上都是一个较大的比例。曾庆生（2008）首次记载了在中国上市公司中内部人卖出股票的显著短期超常回报。张俊生和曾亚敏（2011）发现内部人亲属交易能获得超常回报。曾庆生和张耀中（2012）发现内部人在定期报告披露前窗口内的交易较其他窗口的交易获得更高的超常回报。

第二，内幕交易对外部人利益的影响。大部分研究支持"内幕交易损害外部人利益"的观点。主要有两点原因：一是内幕交易会导致交易成本的提升。在做市商制度

---

① 王伟. 我国证券市场内幕交易：形成机制与经济后果［D］. 成都：西南财经大学，2012.

下，由于做市商认为某些人掌握了内幕信息比自己更了解股票价值，从而使自己在交易中处于不利地位，因此做市商会提高价差以弥补这部分损失。这样全体交易者将面临较低的卖价和较高的买价，从而使外部人利益受损。二是外部人大多是出于规避风险和平衡投资组合的目的进行中短线的流动性交易人，内幕交易导致的流动性降低会使他们蒙受损失。利兰（Leland，1992）发现，内幕交易无论如何都会导致外部人福利的降低；克洛克（Klock，1994）认为证券交易是一场零和博弈，既然内部人会因为内幕交易获得超额收益，那么外部人的收益必然低于正常水平。

当然，关于内幕交易对个人利益的影响理论界还出现了一些不同的声音，例如有学者认为内幕交易最终会导致"双输"的局面（Ausubel，1990）。对于模仿内部人交易活动的外部跟风者是否会获得超额收益，现有实证研究的结果并未达成一致结论。

### 3. 内幕交易对公司的影响

内幕交易除了对股市运行和个人利益有影响外，近年来内幕交易对上市公司的影响也成为学者们追逐的热点话题。现有研究报告了内幕交易对上市公司具有的一系列负面影响。第一，内幕交易会导致经理人行为扭曲。经理人为获得更多的收益而倾向于采纳使股价发生较大变动的高风险项目，或是热衷于制造股市难以预料又对公司股价有较大影响的事件，如重组、收购等，而疏于管理。正如胡和尼奥（Hu & Neo，1997）指出的，在企业股权比较分散、内部人控制严重时，这种现象更容易发生。第二，内幕交易会增加上市公司的权益成本。权益成本增加意味着在其他条件不变的情况下，公司需要支付更多的分红和福利。内幕交易一方面会让市场流动性提供者（如做市商）认为自己处于不利地位，从而要求更大的价差来弥补这一部分可能的损失。这将加大股市的交易成本，使股市投资者对股票要求更高的回报。另一方面，公司大股东通常更愿意利用自己掌握的内幕信息获得独自收益，而不愿意花费较大时间和精力监督经理层以获得公司整体业绩的提升，这一旦被市场所了解，市场将对股票要求更高的回报。第三，内幕交易会导致公司出现投资不足现象。股东与内部管理人员相比处于信息劣势地位，股东害怕管理人员利用投资成败的消息进行内幕交易而使自己受损，因此不愿同意公司较高风险的投资计划，以减少不确定性，降低自己的风险。第四，内幕交易会给公司治理带来负面影响。罗伯特（Robert，2002）认为在组织层级较多的公司中，组织效率很大程度上依赖于各种命令及资讯准确、快速地上下传递，但内幕交易的存在会使各级组织人员为了自己能获得超额收益而选择迟滞或阻碍信息向每一级传递，从而对公司的运行效率造成损害；埃斯特布鲁克（Esterbrook，1981）认为，在内幕交易很难被察觉的情况下，公司会减少管理人员的薪金，这样那些诚实履约而又有才干的管理人员将不得不面临较低的报酬待遇，最后不得不离开公司。

## 【工作示例】

### 内幕交易的正当性与治理对策

应当以何种态度对待证券市场中的内幕交易？通过了解内幕交易对股市运行、上市公司及个人利益带来的影响及结果，可以发现虽然许多研究揭示了内幕交易在经济意义上具有的消极作用，但也有相当一部分研究表明"内幕交易应当被谴责的观点并没有得到普遍的认同"。不同学者在内幕交易是否应当被规制即内幕交易的正当性问题上看法不一，形成"管制论"与"非管制论"两大阵营鲜明对峙，两者的区别在于管制论致力于揭示内幕交易的种种弊端，非管制论则大肆鼓吹内幕交易的诸多益处。管制论的核心观点是内幕交易会带来许多弊端，例如加剧公司经营风险、引发市场道德危险、降低公司运行效率、导致市场反向淘汰等，主张用法律控制、禁止内幕交易。非管制论则认为内幕交易并非"百害而无一利"，它在一定程度上能降低资讯传播成本、保障信息传播效率、补偿企业管理阶层、刺激企业寻求革新等，所以反对法律禁止内幕交易，主张采用放任的态度对待之①。

尽管理论界对内幕交易正当性问题争执不下，但随着证券市场的发展，许多因市场操纵及内幕交易引发市场危机的例子却不断泛滥，这使得世界上大部分国家及地区普遍认同内幕交易有违公平性原则，损害市场秩序，应当对内幕交易行为加以限制或禁止，并进行了相应立法。以我国为例，国内最早关于证券内幕交易的法律法规条文是 1990 年 10 月中国人民银行发布的《证券公司管理暂行办法》第十七条，之后是《上海市证券交易管理办法》第三十九条、第四十二条，《深圳市股票发行与管理暂行办法》第四十三条。1993 年 4 月 22 日国务院发布《股票发行与交易管理暂行条例》，以行政法规的方式正式对内幕交易进行法律规制。该条例不仅对内幕交易及其法律责任做了初步规定，并将禁止范围拓宽到全国。同年 9 月 2 日，国务院证券管理委员会经国务院批准发布《禁止证券欺诈行为暂行办法》，进一步对内幕交易做出明确具体的规定。之后，我国的《刑法》《证券法》《上市公司信息披露管理办法》《股票上市规则》等多部法律法规均从不同角度对内幕交易进行了具体的规定。

## 讨论：

针对内幕交易中的伦理问题，可以采取哪些治理对策呢？第一，提高内部人职业道德和完善公司内部治理。这不仅包括制定严格的审查制度和提高员工的职业道德，还应包括对员工进行持续的道德和法规教育培训，帮助员工理解内幕交易的严重后果，以及他们的责任和义务。此外，公司应实施严格的内部控制，例如设置内部审计和风险管理机制，以及定期评估这些机制的有效性。第二，优化企业信息披露制度。这不仅意味着要提高信息披露的效率，还包括保证信息披露的透明度和准确性。例如，公司可以采用先进的信息技术，如区块链，来增加信息披露的透明度和防篡改性。同时，应对信息披露进行外部审计，确保其真实性和准确性。第三，加大执法力度。监管部门不仅需要加大对上市公司的监控，还需要增强跨境监管合作，因为内幕交易可能涉及跨境行为。此外，还应提高公众对内幕交易的认知，例如通过媒体报道和公开审判达到威慑内幕交易的效果。对于那些重复犯罪的内幕交易者，应给予更严厉的惩罚。

---

① 刘国. 中国证券市场内幕交易及政府监管研究 [D]. 南京：南京理工大学，2015.

## 【案例实践】

## A 公司内幕交易案

　　内幕交易是各国严厉打击的证券欺诈行为。说起内幕交易典型案例，国内总绕不开 A 公司前董事局主席黄某。2006 年 7 月，黄某以旗下的投资公司入股 Z 公司，持有 29.58% 的股份。收购完成之后，又进行了一系列债务重组和资产重组，Z 股票出现大幅波动。2007 年 4 月 27 日至 6 月 27 日，黄某作为 Z 公司实际控制人、董事，在 Z 公司与其投资公司进行资产置换过程中，决定并指令他人使用其实际控制的 6 个人的股票账户，累计买入 Z 股票 976 万余股，成交额 9310 万余元。至 6 月 28 日公告上述事宜时，6 个股票账户的账面收益额为 384 万余元。2007 年 8 月 13 日至 9 月 28 日，在 Z 公司收购某地产全部股权的过程中，黄某决定并指令他人使用其实际控制的 79 个人的股票账户，累计买入 Z 股票 1.04 亿余股，成交额 13.22 亿余元。截至 2008 年 5 月 7 日公告日时，79 个股票账户的账面收益额为 3.06 亿余元。

　　2008 年 10 月，中国证监会将该案移送公安部，11 月北京市公安局立案侦查。2010 年 5 月，在北京市第二中级人民法院一审宣判：黄某因内幕交易罪获刑 9 年，并处罚金 6 亿元；与非法经营罪和单位行贿罪合并执行有期徒刑 14 年，并处罚金 6 亿元，没收个人部分财产 2 亿元。2010 年 8 月，北京市高级人民法院对该案维持一审判决。本案成为内幕交易罪设罪以来获刑最重、罚金最高的一起案件。黄某参与上市公司重组，是内幕知情人，本应遵守法律规定，不得利用内幕信息进行交易。但黄某却在重组信息未向社会公开前，先后两次利用内幕信息从事证券交易，其行为不仅违反了《中华人民共和国证券法》的有关规定，违反了证券市场公平、公正、公开原则，侵害了广大投资者的合法利益，而且其行为构成了《中华人民共和国刑法》内幕交易罪，最终受到了法律的严厉制裁。

　　资料来源：内幕交易典型案例 [EB/OL]. http://www.csrc.gov.cn/pub/shanxidong/xxfw/tzzsyd/201110/t20111025_201028.htm。

**评述：**

　　案例中的当事人黄某作为 Z 公司的实际控制人、董事，在重组信息未向社会公开前，先后两次利用内幕信息从事证券交易牟取不正当利益，就是典型的内幕交易，严重违背商业伦理。此行为不仅违反了《中华人民共和国证券法》的有关规定，违反了证券市场公平、公正、公开原则，也触犯了《中华人民共和国刑法》，构成内幕交易罪这种行为严重侵害了广大投资者的合法利益，社会影响恶劣。它破坏了证券市场的秩序与环境，损害了投资者和消费者的利益，同时也给公司在集团层面的管理和金融监管部门进行金融监管带来很大困难。

　　这样的案例揭示了我们需要进一步完善防止内幕交易的策略。第一，加强立法，不断完善和强化法律法规，提高法律的执行力。第二，加强对投资者教育，让他们更加了解内幕交易的危害，并知道如何识别和报告疑似内幕交易的行为。第三，公司需要强化内部管控，例如设立专门的风险控制部门，监控并管理可能存在的内幕交易风险，同时，制定严格的内部信息管理政策，确保敏感信息不会被未经授权的人员获取。第四，鼓励公众参与监督，借助现代信息技术，对疑似内幕交易行为进行举报。可以设立举报奖励制度，鼓励人们积极举报。第五，建立跨部门、跨国家的监管协作机制。由于金融市场的全球化，内幕交易可能涉及跨国行为，因此，需要加强国际监管合作，共同打击内幕交易行为。

内幕交易一直以来都是证券市场中的一种顽疾，是证券监管的重点。然而，证券市场是一个信息流动的市场，信息的不对称性是其固有的特征之一，这又为内幕交易提供了便利。内幕交易违背市场的公平原则、损害公司财产、打击投资者的信心等危害不言而喻，因此，各方需要积极采取行动，共同打击内幕交易行为，维护资本市场的健康和稳定。

# 8.6　财务舞弊

## 【任务目标】

- 导致公司财务舞弊的因素有哪些？
- 公司常见的财务舞弊手段有哪些？

## 【任务描述】

通过本任务的学习，掌握冰山理论、舞弊三角理论、GONE 理论及舞弊风险因子理论的具体内容并理解公司财务舞弊的成因，了解一些典型的财务舞弊案例并掌握我国上市公司常见的舞弊手段。

## 【知识学习】

### 8.6.1　公司财务舞弊动因理论

**1. 冰山理论（二因素理论）**

冰山理论将公司财务舞弊动因分为两大类：舞弊的结构因素和舞弊的行为因素。如果说财务舞弊行为像是一座冰山，舞弊的结构因素就是露出海平面的冰山一角，相对而言更加客观化、表象化，主要体现为组织管理方面的问题，如组织目标、技术状况、等级制度等；舞弊的行为因素就是潜藏在海平面下的部分，是更为主观化、个性化的内容，这些行为被刻意掩饰，因而更加危险，必须多加注意，主要包括行为人的态度、感情、价值观等。[①]

---

① 任朝阳. 中国上市公司会计舞弊识别与治理研究［D］. 长春：吉林大学，2016.

### 2. 三角理论（三因素理论）

美国著名反舞弊专家阿尔布雷克特（Albrecht）认为造成财务舞弊的因素来自三方面：压力、机会、合理化借口。压力因素也称动机，是舞弊行为的驱动器，主要包括财务压力、不良习惯压力、工作压力等；机会因素主要包括内部控制制度不完善、信息不对称、会计政策不健全、缺乏惩罚措施、难以评价工作质量、缺乏审计轨迹等；借口因素是舞弊当事人为自己行为进行辩护以求得道德上的慰藉，常见的借口有"这是企业欠我的""我只是暂时借用这笔钱，以后会归还的""没有人会因此受到损害"等。舞弊三角理论强调只有三大舞弊因素同时存在时，舞弊行为才可能发生。[①]

### 3. GONE 理论（四因素理论）

博洛瓜、林德奎斯特和威尔斯（Bologua，Lindquist & Wells）提出的 GONE 理论认为贪婪（greed）、机会（opportunity）、需要（need）和暴露（exposure）四个因素紧密联系，相互作用，并最终决定了财务报告舞弊风险程度。其中，贪婪和需要属于舞弊者个人的因素，机会和暴露属于组织环境因素。"贪婪"与个人道德水平低下有关；"需要"构成了舞弊行为的动机；"机会"是实现舞弊行为可能性的途径与手段，通常与舞弊者在组织中掌握一定权力有关；"暴露"包含两层意思：一是舞弊行为被发现、揭露的可能性，二是舞弊行为暴露后对舞弊者惩罚的性质和程度，该因素会影响舞弊者对舞弊成本和效益进行权衡。具体而言，管理层的贪婪表现为追逐尽可能多的分红、提高奖金报酬，或为上市公司获得配股、增发机会从而间接实现个人利益等，这种贪婪会转化为对财务报表进行舞弊的需要，而管理当局在拥有对财务报表的编制权和信息不对称的相对优势的机会下，会考虑审计师和其他博弈主体发现其舞弊的可能性及舞弊暴露后的惩戒，当他认为舞弊收益大于成本时，舞弊行为必然发生。[②]

### 4. 舞弊风险因子理论（多因素理论）

舞弊风险因子理论是在 GONE 理论基础上发展起来的，被认为是迄今最完善的财务舞弊动因理论。该理论认为财务舞弊因子分为一般风险因子和个别风险因子。一般风险因子由组织或机构可以控制的因素组成，包括舞弊机会、舞弊被发现的可能性或舞弊被发现后受处罚的性质和程度；个别风险因子属于组织或机构不可控的因素，主要由当事者的道德品质和动机构成。当所有风险因子结合在一起且当事者认为舞弊收益大于舞弊成本时，舞弊行为就会发生。[③]

---

① 卢涛. 我国上市公司财务报告舞弊行为识别及其监管研究［D］. 大连：东北财经大学，2013.
② 连竑彬. 中国上市公司财务报表舞弊现状分析及甄别模型研究［D］. 厦门：厦门大学，2008.
③ 李秀枝. 我国上市公司财务报告舞弊特征及识别研究［D］. 徐州：中国矿业大学，2010.

## 8.6.2 公司财务舞弊的手段

所谓财务舞弊通常指财务报告舞弊。美国注册舞弊审查师协会（ACFE）将财务报告舞弊定义为"当事者有意地、故意地错报或漏报重要事实，或者提供误导性会计数据，以及提供在与其他所有可获得的信息一并考虑时，可能导致阅读者改变或调整其判断和决定的会计数据"。美国审计准则（SAS 99）指出，财务报告舞弊是为了欺骗财务报表使用者而对财务报告所列示的数据或披露的信息进行蓄意的错报或漏报，其结果是导致财务报表在某些重大方面与公认会计原则相违背。具体而言，财务报告舞弊主要包括三种形式：（1）对编制财务报表所依据的会计记录和凭证文件进行操纵、伪造或篡改；（2）对于财务报表相关的事项、交易或其他重要信息的错误披露或蓄意忽略；（3）滥用会计政策以影响金额、分类、表达方式或披露。《中国注册会计师审计准则第1141 号——财务报表审计中对舞弊的考虑》指出"舞弊是指被审计单位的管理层、治理层、员工或第三方使用欺骗手段获取不正当或非法利益的故意行为"。[①]

由此可见，财务舞弊就是舞弊者通过一系列不正当手段粉饰企业财务报告，欺骗财务报告使用者，使其做出不正确的判断或决定，从而给舞弊者带来经济利益、给他人造成损害的故意行为。按照实施舞弊的手段可以将公司财务舞弊行为分为两大类：一是财务报表造假，二是表外信息违法违规披露。前者指有目的地操纵资产负债表和利润表，通常表现为夸大资产或减少负债，不恰当的收入确认、虚列费用、多计资产减值准备、虚构投资损失等；后者指错误、不充分的信息披露或披露遗漏，通常包括错误地披露关联交易或隐瞒、遗漏关联交易，以及瞒报股权质押、法律诉讼、对外担保等重大事项。

接下来我们以我国证监会公布的 2017～2019 年典型财务舞弊案为例来对中国上市公司常见的财务舞弊手段进行一个详细的了解。如表 8.1 所示，从财务报表造假案例来看，可以将财务舞弊的手段分为两大类：一是调节利润表，二是同时调节资产负债表和利润表。而表外信息违规违法披露的手段可谓"花样百出"，总体以瞒报重大事项为主。

**表 8.1**             **2017～2019 年部分财务舞弊典型案例**

| 编号 | 年份 | 案件 | 具体舞弊手段 |
|---|---|---|---|
| 1 | 2017 | 九好集团财务造假案 | 虚增巨额收入和银行存款，"忽悠式"重组 |
| 2 | 2017 | 雅百特财务造假案 | 借跨境业务虚增收入、虚增利润 |
| 3 | 2017 | 佳电股份财务造假案 | 少计主营业务成本、销售费用、虚增利润，完成业绩承诺 |
| 4 | 2017 | 山东墨龙虚假陈述案 | 虚增收入、虚增利润，让业绩扭亏为盈 |
| 5 | 2017 | 宝利国际违规披露案 | 滥用自愿披露方式做选择性披露，隐瞒负面信息 |
| 6 | 2017 | 晨龙锯床违规披露案 | 未及时、准确、完整地披露关联交易 |

---

① 司茹. 上市公司财务报告舞弊问题研究 [D]. 辽宁：辽宁大学，2007.

| 编号 | 年份 | 案件 | 具体舞弊手段 |
|---|---|---|---|
| 7 | 2018 | 金亚科技信息披露违法违规案 | 通过虚构客户和业务、伪造合同等方式虚增收入和利润，欺诈发行；上市后，虚增利润、虚增银行存款、虚列预付工程款 |
| 8 | 2018 | 华泽钴镍信息披露违法违规案 | 虚构采购合同、虚构代付业务、凭空进行票据背书等违法手段，隐瞒关联方长期的资金占用 |
| 9 | 2018 | 昆明机床信息披露违法违规案 | 虚增收入、虚增利润；多计营业成本、少计存货，避免暂停上市 |
| 10 | 2018 | 长生生物信息披露违法违规案 | 瞒报重大事项，错报年报及内部控制报告 |
| 11 | 2018 | 山西三维环保信息披露违法违规案 | 未如实披露行政处罚，日常生产经营存在多次排污超标 |
| 12 | 2019 | 中安消借壳欺诈案 | 虚假置入资产，虚增营业收入，并购欺诈 |
| 13 | 2019 | 抚顺特钢财务造假案 | 伪造入库凭证虚增库存，虚增利润 |
| 14 | 2019 | 保千里信息披露违法违规案 | 未披露涉及销售收入的关联交易，未披露借款担保 |
| 15 | 2019 | 美丽生态信息披露违法违规 | 重大重组中，未如实披露项目进展，不恰当预测项目收入，错报已终止框架协议 |
| 16 | 2019 | 盈方微财务造假案 | 利用境外业务不恰当确认收入，虚增利润 |
| 17 | 2019 | 天翔环境信息披露违法违规案 | 未披露实际控制人非经营性占用上市公司资金 |
| 18 | 2019 | 海印股份信息披露违法违规案 | 虚假记载和误导性陈述业绩预测等 |
| 19 | 2019 | 新绿股份财务造假案 | 虚增收入，虚增利润，完成业绩对赌承诺 |

资料来源：中国证监会网站。

**1. 调节利润表**

此类案件有雅百特财务造假案、佳电股份财务造假案、山东墨龙虚假陈述案、盈方微财务造假案、新绿股份财务造假案等。（1）雅百特财务造假案是一起上市公司借跨境业务进行隐蔽造假的典型恶性案件。2015年至2016年9月，雅百特通过虚构承揽境外项目、虚构跨境资金循环、虚构建材出口、虚构境内建材贸易等手法，虚增收入5.8亿元，虚增利润2.6亿元。（2）上市公司阿继电器进行资产重组，重组完成后更名为佳电股份，佳木斯电机股份有限公司（以下简称"佳电公司"）由此成为上市公司全资子公司。重组协议约定，佳电公司在2011~2014年度实际净利润应不低于预测水平，否则佳电公司原股东需向阿继电器原股东进行补偿。经查，为保证业绩承诺完成，佳电股份以少计主营业务成本、销售费用等方式，在2013年、2014年合计虚增利润1.98亿元。（3）2015年以来，山东墨龙通过虚增售价、少计成本等手法连续两年将季报、半年报"扭亏为盈"，虚增收入最高达1亿元，虚增利润最高达2.2亿元。（4）盈方微电子股份有限公司（以下简称"盈方微"）以在境外开展数据中心业务为名，在不具备业务开展条件、不能提供合同约定服务的情况下确认收入，虚增 2015 年度利润 2300 余万元。（5）新三板公司新绿股份 2013~2015 年账外设账、虚开发票，有组织实施财务造假，累计虚增收入 9.3 亿元，虚增利润 1.4 亿元。

**2. 同时调节资产负债表和利润表**

此类案件有九好集团财务造假案、金亚科技信息披露违法违规案、昆明机床信息披露违法违规案、中安消借壳欺诈案、抚顺特钢财务造假案等。（1）九好集团为了重组上市，与上市公司鞍重股份联手进行"忽悠式"重组，通过各种手段虚增巨额收入和银行存款。（2）金亚科技通过虚构客户和业务、伪造合同等方式虚增收入和利润，骗取首次公开发行（IPO）核准。上市后，金亚科技虚增 2014 年利润约 8049 万元，虚增银行存款约 2.18 亿元，虚列预付工程款约 3.1 亿元。（3）昆明机床于 2013~2015 年通过跨期确认收入、虚计收入和虚增合同价格等方式虚增收入 4.83 亿元；通过少计提辞退福利和高管薪酬的方式虚增利润 2961 万元；通过设置账外产成品库房、虚构生产业务等方式多计各期营业成本、少计存货。（4）中安消在借壳中安科股份有限公司上市过程中虚增置入资产，虚增营业收入 5515 万元。（5）2010~2017 年 9 月，抚顺特钢滥用特殊钢原料投炉废料可作普通钢原料的特点，伪造"返回钢"入库凭证虚增库存，虚增利润约 19 亿元。

**3. 表外信息违法违规披露**

此类案件有宝利国际违规披露案、晨龙锯床违规披露案、华泽钴镍信息披露违法违规案、长生生物信息披露违法违规案、山西三维环保信息披露违法违规案、保千里信息披露违法违规案、美丽生态信息披露违法违规案、天翔环境信息披露违法违规案、海印股份信息披露违法违规案等。（1）宝利国际在主动披露对外投资事项后，后续并未就上述投资公告事宜签订具体协议，在相关业务明确终止的情况下未依法披露重大进展。证监会认定，宝利国际滥用自愿披露方式做选择性披露，隐瞒负面信息，营造公司积极拓展海外业务且捷报频传的假象，严重误导投资者。（2）晨龙锯床的关联方浙江晨龙集团有限公司、浙江合一机械有限公司通过 111 笔关联资金交易，累计占用晨龙锯床资金 1.2 亿元，晨龙锯床未按规定履行审议程序，未及时、准确、完整地披露。（3）2013 年、2014 年、2015 年上半年，华泽钴镍分别累计发生向关联方提供资金的关联交易 8.9 亿元、30.4 亿元、14.9 亿元，关联方资金占用余额达 13.3 亿元。为掩盖关联方长期占用资金的事实，上市公司实际控制人先后通过虚构采购合同、虚构代付业务、凭空进行票据背书等违法手段，将 37.8 亿元无效票据入账充当还款。（4）长生生物一是未按规定披露子公司百白破疫苗不符合标准规定、全面停产并召回已签发疫苗的相关情况；二是未披露公司狂犬疫苗 GMP 证书失效及重新获得该证书等重大事项；三是披露的 2015~2017 年年报及内部控制自我评价报告存在虚假记载。（5）2014~2017 年，山西三维因污染环境受到环保部门 7 次行政处罚，日常生产经营存在多次排污超标，上述信息均未在定期报告中如实披露。（6）2019 年 12 月，保千里因未按规定披露涉及 34 亿元销售收入的关联交易及 7 亿元借款担保受到行政处罚。（7）美丽生态在收购江苏八达园林有限责任公司 100% 股权的重大重组文件中未如实描述金沙湖项目和官塘项目的进展情况，对相关项目 2015 年收入预测不切合实际，将部分已终止的框架协议披露为已签订协议。（8）天翔环境实际控制人通过签订虚假采购合同、借款以及民间过桥拆借等方式，非经营性占用天翔环境资金 20.9 亿元未依法披露。（9）2019 年 6 月 12 日，海印股份披露合作进行防治非洲猪瘟的"今珠多糖注射液"产业化运营，股价涨停。经查，公司披露的预防有效率、专利技术及业绩预测等缺乏依据，存在虚假记载和误导性陈述。

由上述案例可以得出结论：在财务报表造假案例中，粉饰和操纵利润表是我国上市公司最常用的财务舞弊手段。他们通过虚增利润，夸大公司经营成果以达到新股发行、完成业绩承诺、扭亏为盈、避免退市等目的。根据会计恒等式"利润＝收入－费用"，上市公司一般通过收入舞弊和成本费用舞弊来调节利润。一方面通过提前确认收入、虚构业务收入、虚增价格等方式虚增收入。为了满足钩稽关系，避免露出破绽，上市公司在虚增收入的同时也会对成本费用项目进行相应的调节。此外，虚增的收入、费用和成本需要通过虚假的资金流加以掩饰，因此很多公司也会同时选择虚构银行流水。另一方面通过少计成本和费用实现虚增利润。由于会计复式记账法所蕴含的报表项目之间严谨的钩稽关系，进行财务报表造假的难度和成本相当高，于是很多公司选择违法违规披露表外信息以达到欺骗利益相关者的目的，造假的手段也是五花八门，隐蔽性较高。①

## 【工作示例】

### 财务报告造假的组织伦理根源与治理对策

当今时代的组织出现了工具理性和交往理性相分离的特点，组织活动更多呈现出的是工具理性。财务系统是在一个更大的组织系统当中进行工具性而非交往性的运作，它是一个被设计用来完成组织目标的工具，对运作成效的评估是依据其工具性效用。当人们为组织目标而行动时，已经难以思考行动本身的价值含义，层级制使得员工行为只对由上而下的命令和相应的规章制度负责，不必考虑舞弊行为的社会属性和伦理含义。当员工只是程序性造假而无法预见行为后果时，组织的道德已经离场。在财务造假时，要求组织成员作为角色承担的仅仅是技术责任，而不是作为一个完整意义上的人去承担经由他的手所促成的行为后果的道德责任，他服从的是命令和程序，技术责任从而替代了道德责任。程序理性的"命令—服从"机制还使得财务报告舞弊的道德责任发生转移，每个人把责任转移至发出命令的上级，导致出现责任漂移和道德主体的不确定性特征。随着环境和业务复杂性的增加，实现目标的手段变成了目标本身，盈余管理、利润操纵、财务造假等不道德行为自身成为了目标，在目标—手段置换的过程中，目标原有的价值取向被遮蔽。公司和公司个体对企业内外利益关系进行工具性管理，且管理过程中予以正式化和制度化，比如，通过信息发布预料市场反应，通过财务造假规避监管和获

---

① 上述案例资料均来自：黄世忠，叶钦华，徐珊，叶凡. 2010～2019 年中国上市公司财务舞弊分析［J］. 财会月刊，2020（14）：153－160。

取资源等。①

## 讨论：

针对财务造假伦理问题，可以采取哪些治理对策呢？对于财务造假行为的治理对策主要有以下几点：

第一，财务造假伦理治理的根本举措是通过组织伦理建设提高组织道德发展水平。组织伦理建设的基本目标是形成成熟有效的伦理文化，不仅重要事项的决策要经过规范的伦理程序审核，而且伦理文化要对包括管理层在内所有员工的价值判断起到潜移默化的作用，渗透进日常行为决策当中。伦理文化建设必须覆盖组织内全员和全过程，其建设的效果要体现在信息流通、决策程序、道德责任意识、道德维护机制等各个方面。

第二，加大执法力度。财务造假是资本市场的一颗"毒瘤"，不仅侵蚀着市场的诚信，也严重损害了投资者的利益，必须重拳出击，加大执法力度，正本清源，让市场参与者产生敬畏之心。我国 2020 年 3 月实施的《中华人民共和国证券法》从加大惩处力度、提高投资者的权利救济范围等方面入手，进一步提升失信所面临的各项风险。相比之前 60 万元的顶格惩处，千万级别的罚款、实控人"牢底坐穿"的风险是对严重财务造假行为最严厉的制裁，在认定行政责任的同时，该法律还创设了中国特色的证券集体诉讼制度，因财务造假蒙受损失的投资者可通过投资者保护机构参加证券民事赔偿诉讼。巨额赔偿提高了造假成本，不仅中小投资者合法权益的维护和保障更有底气，未来上市公司造假的成本也是水涨船高。②

第三，加大对公司财报审计机构的责任追究力度。财务造假和部分保荐承销、审计评估、法律服务等中介机构及其从业人员丧失职业操守、没有发挥好"看门人"作用有关。部分中介机构收了费用就对财务造假行为"睁一只眼闭一只眼"，甚至有的还充当帮凶。对这种行为必须连带惩处，必要时可以淘汰一批中介机构，对有污点的从业者取消执业资格。只有出重拳，才能净化市场环境，让中介机构走到勤勉尽责的正路上来。③

第四，企业管理层应当立足于更加长远的目光，综合考虑企业盈利、社会声誉、长期的投资回报率等多种因素，设定科学合理的财务管理目标。在该目标的制定过程中，企业不仅应当将企业自身利益考虑进来，更应当将股东、债权人、政府、供应商、员工等多方利益集体纳入目标制定范围内。④ 说假话、做假账只能欺骗一时，最终伤害的还是企业自身发展，得不偿失；只有讲真话、做真账，严格按照规定信息披露，不触碰财务造假、欺诈发行的高压线，让投资者看得见、看得清上市公司，突出主业，做精专业，弘扬企业家精神和工匠精神，凭竞争力吃饭，才能提高企业质量，在市场上立于不败之地。⑤

---

① 董红星. 财务报告舞弊的组织伦理学分析［J］. 会计研究, 2016（9）：11 – 16.

②③ 打击财务造假　净化市场环境［N］. 证券时报, 2020 – 04 – 27（A01）.

④ 黄明. 关于管理层财务舞弊的商业伦理探讨——以辉山乳业为例［J］. 金融经济, 2019（14）：133 – 134.

⑤ 打击财务造假　净化市场环境［N］. 证券时报, 2020 – 04 – 27（A01）.

## 【案例实践】

## W 公司财务造假案

2011 年 9 月，从事稻米精深加工系列产品的研发、生产和销售的 W 公司登陆 A 股市场。虽然该股上市首日股价高开低走，截至收盘之时涨幅仅 16.16%，但却丝毫未阻挡资金对这家"循环经济生产模式"公司的喜爱。然而，好景不长。2012 年 8 月，湖南证监局对上市不满一年的 W 公司进行例行现场检查。督导小组发现 W 公司竟然存在三套账本：税务账、银行账及一套公司管理层查阅的实际收支的业务往来账，W 公司财务造假问题由此浮现。2012 年 9 月 14 日，湖南证监局将现场检查发现的线索上报中国证监会，证监会决定对 W 公司立案调查。随后，证监会抽调稽查总队骨干人员数十人奔赴当地，进行全面调查。

2013 年 3 月 2 日，W 公司发布公告，承认在 2008 ~ 2011 年累计虚增收入约 7.4 亿元，虚增营业利润约 1.8 亿元，虚增净利润 1.6 亿元左右。如此大数额的虚增业绩，是如何被发现的呢？据了解，监管部门此次发现问题的线索是 W 公司预付账款余额异常。在此之前，W 公司的预付账款余额一直不多，上市前的 2011 年半年报只有 2000 多万元；上市后该科目余额才迅速上升，2011 年末就达到 1.2 亿元，会计师在 2011 年年报没有发现该公司预付账款异常，重要原因是这里面有近亿元是预付设备款，而该公司当时刚上市，预付设备款较多也属正常，预付采购款直至 2011 年末仍很少。到监管部门 2012 年 8 月进场检查时，W 公司的预付采购款已经高达 2 亿多元，出现了明显异常，一下子就引起了监管人员的高度关注。

W 公司主要的供应商为农户和粮食经纪人。W 公司以采购的名义，将公司自有资金作为预付款支付给农户和粮食经纪人。这些预付款只有少数用在真实发生的交易，多数资金汇入了由 W 公司自己控制的银行账户，即虚拟的供应商账户。采购环节的造假在财务报表反映为 W 公司的预付款大幅增加。随后，W 公司将公司自有资金打入上述控制人的个人银行账户确认为收购预付款，并将其控制账户内的采购预付款以现金支取方式转入公司账户中，从而作为公司销售回款，实现了资金的"体外循环"。经过数轮循环，W 公司的营业收入便可快速放大。由于夸大了收购量和销售额，随着"雪球"越滚越大，这些虚构的利润也越滚越大。

资料来源：刘娇，龚凤兰. "万福生科"财务造假案例研究 [J]. 财会月刊，2013 (17)：54 - 56；曾凡武. 财务造假的动因分析及防范对策：基于万福生科案例分析 [J]. 会计师，2013 (9)：21 - 22；于化瀛. 农业上市公司财务造假动因分析及对策——以万福生科为例 [J]. 财会月刊，2014 (8)：73 - 76。

### 评述：

财务造假是指造假行为人违反国家法律、法规、制度的规定，采用各种欺诈手段在会计账务中进行弄虚作假，伪造、变造会计事项，掩盖企业真实的财务状况、经营成果与现金流量情况等一系列行为。就像案例中 W 公司设置虚拟交易账户以拉高预付采购款，夸大收购量和销售额，虚增收入、虚增营业利润、虚增净利润，这种虚构利润的行为显然就是财务造假行为。

企业是由若干人基于契约关系而建立起来的利益联合体，财务信息反映并体现着联合体内外各方利益。出于对自身利益的重视，各利益方必然关注财务信息的生成与披露，以此了解企业的经营情况和资产状况，进而了解自身利益的损益情况，以便做出正确的投资决策。因此，反映企业经营与财务状况的财务信息就成为各利益相关方关注的焦点，也是他们进行利益博弈的关键处。一个良好的财务行为应平衡地反映并体现联合体中各方的利益。但是，由于委托代理关系的失灵、信息的不对称以及不同利益关系之间的利益冲突，财务信息常被歪曲和操纵。

那么对于如何治理与尽可能避免财务造假行为的一个基本道理是：造假成本越高，造假动机就越低；反之，造假收益越高，造假动机就越大。而财务造假给企业带来的可能收益主要是获得贷款和投资，逃避税收，对于上市公司来说，还能操纵公司股票价值，取得配股资格等；给企业经营者带来的可能收益主要是在职消费、高额薪金、提升企业个人和企业形象、获得晋升或重用机会等；给内部会计人员带来的可能收益是经济收入的提高（如增加奖金、福利）和保住可能失去的职位；外部审计师作假证的收益是能保住客户或能招揽客户。

财务行为相关主体选择如实披露还是违规操作，取决于对造假收益与成本的权衡，而收益与成本又与政府与市场对财务造假的查处概率与惩处力度相关。如果制造虚假财务信息能给行为人带来极具诱惑的收益而不用付出相应的成本，或所付成本小于收益，那么违规操作就会成为一种选择。这时，公众利益就会被弃之于不顾。所以我们需要做的就是，通过立法明确责任主体，加大政府监管部门的查处概率与力度，加大行业内监管处罚等措施，给制造虚假财务信息的行为人带来巨大的相应违规成本，使这类人以后不能也不敢再以财务造假来攫取不正当收益。此外，引入数字经济的技术手段也是增强财务透明度和监管有效性的关键。比如，通过实施区块链技术，可以确保财务记录的真实性和不可篡改性；运用大数据和人工智能优化监管技术，有利于提高对异常交易模式的识别能力，增强审计过程的自动化和智能化；通过数字化平台支持实时财务报告，提高企业财务透明度，使投资者和监管机构能及时获得关键信息，增强市场的整体信任与稳定等。

# 8.7 本章小结

为了保障企业的可持续发展并维系商业社会的稳定，任何一家企业在从事生产经营活动过程中都必须遵守一定的商业伦理规范。尤其是掌握了公司核心权力及重要信息的内部关键人员，如股东、董事、监事及管理层等，遵守相应的道德规范不仅是企业生存和发展的前提之一，也是避免个人声誉受损的有效途径。不同关键人员拥有的权力属性、重要性不同，其所应具备的商业伦理要求也存在差异。

# 自 测 题

1. 谈一谈你对高管"天价薪酬"的理解。

2. 谈一谈你对内幕交易正当性问题的理解。

3. 基于舞弊动因理论，结合我国2017~2019年财务舞弊典型案例（见表8.1），谈一谈财务舞弊的治理策略并给出相应的对策建议。

4. 从不同角度谈一谈你对"大股东与高管合谋进行财务造假行为"的理解。

5. 请谈一谈企业为什么必须进行信息披露。

案例分析

# 第 9 章 | 数字经济时代的相关伦理实践

## 【学习目标】

1. 了解数字经济时代下的隐私保护、数据安全与垄断问题。
2. 掌握人工智能伦理道德、社会伦理的研究范畴。
3. 明确算法歧视的表现形式。

## 【导入案例】

### ChatGPT 的伦理挑战

2016 年 3 月 23 日，微软发布的聊天机器人——"泰依（Tay）"问世。她操着一口流利英语，吸引了推特上许多 18～24 岁的年轻人与其对话互动。但也正是通过对话，泰依在一天之内学会了满嘴脏话，言语中不乏种族、性别歧视等偏激言论。15 个小时后，泰依就消失了。2022 年，同样由微软投资支持的 ChatGPT 诞生。很幸运，它的寿命远超"泰依"，并在全球掀起了一波人工智能（AI）新热潮。

但随着时间的流逝，ChatGPT 也显现出了一系列问题：输出内容出现错误、预训练所用数据来源不透明、政治立场上"选边站队"，甚至在用户的引导下写出"毁灭人类计划书"……ChatGPT 开始频频陷入争议，背后的法律安全、数据治理等人工智能的"老问题"再度显现。人们一方面惊叹于 ChatGPT 出色的逻辑回答甚至"创作"能力，另一方面又表示出对人工智能安全的担忧。

- "一本正经地胡说八道"？

ChatGPT 可以通过算法，对大量文本内容和语言知识进行学习，并根据用户的输入，生成人类可读的文本语言并输出。"我的代码被设计为处理和理解人类语言，因此，当用户向我提问时，我会使用我学到的知识，以回答他们的问题。" ChatGPT 这样向记者解释它的工作。

ChatGPT 已经超过了多数人的文字水平。人们用 ChatGPT 来草拟论文提纲、整理冗杂的资料，它是搜索引擎、翻译助手、写作神器，甚至是写代码的"帮手"、无聊时解闷的"朋友"。但 ChatGPT 也会犯错，因为正处于测试阶段，所以它还具有一定的局限性。许多网友已经不止一次吐槽 ChatGPT "在一本正经地胡说八道"。有学生让 ChatG-PT 推荐一些参考文献，最后却发现很多文献都不存在，"搜也搜不出来，甚至翻译成英文也找不到"。

2023 年 2 月 3 日和 8 日,《自然》(*Nature*) 杂志两次发表关于 ChatGPT 的分析文章,其中一篇文章用"高效、流畅但不够准确"来评价 ChatGPT,另一篇文章的作者写道:"如果你相信这项技术有可能带来变革,那你就有必要感到紧张"。证券分析师表示目前 ChatGPT 在数据实时性、结果准确性等方面还存在问题。

● 警惕算法偏见,避免 AI 作恶

ChatGPT 是人工智能发展到一定程度的产物,而不断发展的人工智能对相关的治理体系提出了挑战,尤其在数据安全和算法监管层面。

首先是数据安全。2022 年,ChatGPT 刚上线时,有企业便警告员工不要在 ChatGPT 中上传机密数据,因为这可能会被其用来迭代训练。从算法的角度来讲,ChatGPT 可以实现实时用户交互信息的存储。用户的反馈信息,能为 ChatGPT 所用,但 ChatGPT 现阶段是否存储用户数据与其后台如何规定有关。"企业用大量数据来进行产品的研发,这些数据的获取和使用是否合理合法,是否会侵害用户的隐私,甚至是否会涉及国家的一些敏感数据等,都还值得商榷。"

在 ChatGPT 训练、迭代、优化的过程中,会用到大量的数据。前期 AI 大模型 (GPT-3 基础模型) 的训练需要用到海量文本数据集,后期用户与程序交互时也会有数据比对分析的"强化学习"过程,因此需要重视数据安全问题,比如国家安全的数据不能碰,一些企业内部的信息不能碰,公民的个人隐私不能碰等。

除了数据安全,类 ChatGPT 应用产品的出现也给我们的算法监管带来了挑战。据 OpenAI 官网介绍,ChatGPT 可以质疑不正确的前提和拒绝不适当的请求。尽管 ChatGPT 试图通过上述设置避开算法偏见等问题,但实际上,这没有完全奏效。一定要注意人工智能的伦理问题,尤其是因数据偏见而产生算法偏见。"如果 ChatGPT 产生并发布一些虚拟的文本信息,这可能会对未成年人或者是不具有判断能力的人产生影响,如老人或小孩。"如果不对 AI 加以规制,可能造成不小的社会危害。

● 从立法到监管,AI 新热潮拷问现行治理体系

问世以来,ChatGPT 面临着全社会关注的一系列问题。随着新一代人工智能走向大多数人,相关的伦理与治理问题也拷问着现行的监管体系。在我国,人工智能领域的监管立法已有初步尝试。2022 年 9 月,深圳、上海先后发布了《深圳经济特区人工智能产业促进条例》《上海市促进人工智能产业发展条例》,人工智能立法在地方先行尝试。国家层面,《互联网信息服务算法推荐管理规定》等规章制度的出台,对于加快构建完善的 AI 监管法律法治框架、明确监管机构有重要意义。2023 年 1 月 10 日起,《互联网信息服务深度合成管理规定》正式施行,"这标志着深度合成成为了我国算法治理中率先专门立法的算法服务类型"。除了立法和监管,商业主体也在为维护人工智能安全做出努力。2023 年,OpenAI 发布的一篇博客中披露了 ChatGPT 的一些升级计划,减少偏见和不良行为便是其中之一。

资料来源:贾骥业,王林 . ChatGPT 爆火 伦理安全拷问现行治理体系 [EB/OL]. http://news. youth. cn/sh/202302/t20230221_14334028. htm;端晨希 . ChatGPT 的伦理挑战 [EB/OL]. http://www. cww. net. cn/article? id = 29F04E8AD5C44C34A310DE9870282607;段伟文 . 积极应对 ChatGPT 的伦理挑战 [EB/OL]. https://baijiahao. baidu. com/s? id = 1760217159860188104.

ChatGPT 是一种人工智能聊天机器人,虽然其具有巨大的价值和潜力,但是它也可能引发一些伦理问题,比如,数据隐私、偏见和歧视、生成虚假信息、无法负责任等。由于它是一种机器,无法像人类那样担负责任,这就引发了一个重要的伦理问题:ChatGPT 给出的建议如果导致了不良后果,谁应该负责?另外,ChatGPT 通过学习大量的公开文本数据进行训练,如果这些数据中包含私人或敏感信息,可能会引发隐私泄露的问题。在数字时代,互联网、大数据、云计算、人工智能等技术在重构世界商业秩序的同时,也可能会引发诸多如侵犯隐私、数据安全、数据霸权等商业伦理问题。数据作为企业未来竞争力的源泉,如何实现商业伦理与商业价值的有机统一,成为数字经济时代相关伦理实践的出发点。

# 9.1　认识大数据伦理问题

## 【任务目标】

- 什么是隐私?
- 什么是大数据垄断?
- 该从哪几个层面构建大数据的伦理规范?

## 【任务描述】

通过本任务的学习,掌握隐私和大数据垄断的概念,了解不同层面主体在构建大数据行业伦理规范上的相关行动。

## 【知识学习】

### 9.1.1　侵犯隐私问题

隐私,一为私,二为隐。前者指纯粹是个人的,与公共利益、群体利益无关;后者指权利人不愿意将其公开、为他人知晓。因此,隐私是指与公共利益、群体利益无关的私人生活安宁和当事人不愿他人知晓或他人不便知晓的私密信息,当事人不愿他人干涉或者他人不便干涉的私密活动,以及当事人不愿他人侵入或者他人不便侵入的私密空间。

数字经济时代下的隐私与传统隐私的最大区别在于隐私的数据化,即隐私主要以"个人数据"的形式出现,个人数据可以随时随地被收集,对保护个人隐私形成了巨大的挑战。每个公民在社会上的一言一行、一举一动,都会被散布在各个角落的高清摄像头、动态传感器以及其他物联网设备时时刻刻盯梢、跟踪,这种监控的隐蔽性降低了公众的防备心理与抵触心理,使人在毫无察觉中被天罗地网包围,一切思想和行为都被迫暴露在"第三只眼"的全景监控之下。事实上,除了被这些智能装备实时采集数据之外，人们在日常生活中也会不经意地留下许多痕迹，在无意中暴露隐私信息。例如在使用百度、谷歌等搜索引擎时，只要输入关键词就会被其永久记录保存，长此以往，搜索引擎便可以根据这些关键词精确描绘出用户的身份特征和形象图谱，并依靠人工智能技术持续深挖算法，为用户提供更满意、更人性化的服务，从而提高付费点击率以及广告转化率，给企业带来更多的商业价值。

诸如此类被记录的个人数据痕迹很容易被滥用，对隐私和个人信息构成严重威胁，带来无法挽回的影响甚至伤害。通过数据挖掘技术，在一个或多个数据库中的多条信息中寻找模式或联系，从而发现和提取更多潜在价值信息。此外，数据挖掘还可以预测个体未来的身体状况、信用偿还能力等隐私数据。

例如，美国某公司根据以往的购买资料发现一些顾客即将生育孩子，并"诡异"地估计出了婴儿的性别和预产期，这让相关顾客十分不安。据悉，该公司会给每一位顾客分配一个会员身份号码，并与他们的姓名、信用卡或电子邮件地址等联系在一起，然后追踪并详细记录他们的购买活动，以及从其他来源获得的人口统计特征。通过研究以前注册过婴儿档案的女性的购买历史，该公司发现可以根据她们对 25 个产品类别的购买模式，为每位顾客进行"怀孕预测"。该公司根据这一预测，针对不同的孕期阶段，向准父母们发送含婴儿产品优惠券的个性化目录。

该战略看上去很有营销战略眼光——通过锁定准父母们，公司可以伴随家庭发展周期将他们转化为忠诚的顾客。但是，当一位愤怒的男人出现在该公司，抱怨他尚在高中读书的女儿居然收到了该公司关于婴儿床、学步器和孕妇装的优惠券时，该战略遇到了麻烦。"你们想鼓励她怀孕吗？"他质问道。然而几天后这位父亲却打电话来致歉，因为自己的女儿确实怀孕了，该公司的市场营销人员比这位懊恼的父亲更早地得知了他女儿怀孕的事实。这导致许多顾客担心该公司可能还追踪和收集了其他隐私。正如一位记者写道："这家商店的牛眼标识也许正发出银光，刺探购物者的一切。"①

康德哲学认为，当个体隐私得不到尊重的时候，个体的自由将受到迫害。而人类的自由意志与尊严，正是作为人类个体的基本道德权利，因此，大数据时代对隐私的侵犯，也是对基本人权的侵犯。

### 9.1.2 数据安全问题

欧盟 2015 年发布的《一般数据保护条例》（GDPR）规定了数据主体的 8 大权利，包括被通知权、数据访问权、纠正权、删除权、限制处理权、数据可携带权、反对权以及反自动化决策权。这些本属于个人可以自主的权利，但在很多情况下却难以保障。由于掌握数据的企业并不具备与所面临的安全风险相匹配的能力，一些信息技术可能本身就存在安全漏洞，在网络空间匿名制、虚拟身份和多重角色的掩护下导致数据泄露、伪造、失真等问题，影响个人信息的保密性、完整性和可用性。

---

① 菲利普·科特勒，加里·阿姆斯特朗. 市场营销原理与实践（第 16 版）[M]. 楼尊，译. 北京：人民大学出版社，2018.

　　近年来，数据安全事件已逐渐深入扩展到国家政治、经济、民生等不同层面，涉及国家关键信息基础设施、金融系统、重大国土资源与能源安全等各个方面。与此同时，随着数据价值提升，企业内部存留的用户、员工数据遭受越来越多的威胁，黑客攻击、勒索病毒、数据泄露等数据安全事件频发，给企业带来了巨大损失和困扰。个人隐私信息泄露更是成为常态。身份证号、手机号、开房记录、住址等隐私信息和个人信息泄露案件频发，比如某酒店用户数据泄露、某平台员工倒卖简历、某快递公司个人信息被转卖等各种报道不绝于耳。①

　　随着大数据技术日益发展成熟，各种各样智能交互设备逐渐渗透到人们的日常生活中，成为当今泄露用户数据的重灾区。如某款芭比娃娃玩具，能够将儿童的谈话传到云端，不仅可以分析小朋友的语言，还能通过玩具内置的扬声器做出"符合逻辑"的回话，与儿童交谈。但该款芭比娃娃易受到黑客的攻击，黑客不仅可查看用户的账户信息、系统信息及云服务器上存储的音频文件等，还可以进一步获得家庭地址等信息。智能家居产品也可能存在安全隐患。

　　面对大数据给隐私保护和信息安全带来的挑战，不同国家和组织纷纷制定了一系列隐私保护规范来更好地保障用户隐私安全。经合组织（OECD）早在 1974 年就成立了一个关于个人信息和隐私权保护的专家组，并于 1980 年发布了《保护个人信息跨国传送及隐私权指导纲领》。欧盟颁布了世界上首部具有法律效力的，关于规范数据使用、保护个人隐私、促进数据交流的国际公约《数据自动化处理个人信息保护公约》；此外还有 1995 年的《个人数据保护指令》和 2015 年的《一般数据保护条例》。美国主要通过第四条宪法修正案和第十四条宪法修正案的相关判例保护隐私权。我国目前涉及数据安全和隐私保护的法律法规有《中华人民共和国侵权责任法》《中华人民共和国刑法修正案》《互联网个人信息安全保护指南》《全国人民代表大会常务委员会关于加强网络信息保护的决定》《电信和互联网用户个人信息保护规定》《中华人民共和国网络安全法》《信息安全技术个人信息安全规范》《中华人民共和国民法典》《中华人民共和国数据安全法》等。

### 9.1.3　数据垄断问题

　　伴随着云计算、大数据、人工智能等技术的发展和广泛应用，我国已经进入"数字生产力"新经济时代，社会经济结构、市场竞争格局正在不断发生变化。已有研究显示，采用数据驱动决策方法的企业产量增幅比投入其他资本的产量高出 5%～6%。②数据作为企业一项新型竞争要素和最重要的生产要素，正在成为市场主体谋取经济利益、获取竞争优势的重要资源。搜集用户数据本无可厚非，因为企业掌握更多的数据对消费者和社会来说，在效率上是有利的，可以最大化消费者福利和社会福利。然而有些企业为了获取高额经济利润，将所有数据信息掌握在自己手中。随着脸书滥用市场支配

---

① 陈智国. 数字经济时代的十大焦点问题（上）[J]. 中国经贸导刊，2020（23）：22-27.
② 赵元元. 数字平台企业市场垄断的潜在风险及防范 [D]. 北京：北京外国语大学，2021.

地位收集用户数据一案的发生，数据垄断问题逐渐引起人们的注意。新兴的数字平台企业在大幅改善经济运行效率、提高生活质量的同时，也会利用其资金优势、数据优势、技术优势排挤初创企业，形成市场垄断并带来一系列风险和新的监管难题。如何提高反垄断执法效率，实现市场公平竞争是我国面临的新的时代课题。

曾彩霞和尤建新（2017）从企业视角认为，大数据垄断是指作为企业"基础设施"的大数据集中在少数企业手中，这些大数据寡头企业可以通过控制所占有的信息在大数据采集、存储、分析和使用等不同阶段对竞争者市场准入及其数据主体隐私保护施加影响，进而不断强化其垄断地位。数字时代的数据霸权正在挑战社会正义与社会公平，一旦大数据企业形成数据垄断，消费者在日常生活中就不得不提供其个人信息情况。例如，当我们新下载一个 App 点击打开时，总会遇到页面弹窗询问你是否同意"隐私协议"，如果点了不同意，则无法正常进入 App。无奈之下，用户最终也只能同意，丧失了对其个人信息的控制力。此外，为维持数据垄断地位，大型平台通常会采取措施限定交易相对人，在用户协议中规定平台数据全部归属平台，以及要求用户或第三方签订排他性条款等个人信息断流手段，阻碍中小企业对于大型平台拥有的个人信息进行合理利用的可能。

长期以来，垄断企业对于伴随自身地位和角色而来的重大社会责任缺乏足够的认知和践行，一种单向度的功利主义心态主导了企业的经营行为，令其深陷企业伦理泥沼。垄断是市场经济的大敌，平台经济的规范健康持续发展，离不开公平竞争的环境。滥用市场支配地位的垄断行为，排除、限制了相关市场竞争，侵害了平台内商家、消费者的合法权益，阻碍了平台经济创新发展和生产要素自由流动。"十四五"时期是我国在全面建成小康社会的基础上开启全面建设社会主义现代化国家新征程的第一个五年，我们要以新发展格局为立足点，以新发展理念为引领，以推动高质量发展为主题，奋力开创反垄断工作新局面。

## 【工作示例】

### 大数据伦理问题的治理策略

由于大数据伦理问题的复杂性，学术界形成了一个基本的共识，即要想彻底解决大数据伦理问题，单靠政府决策者、科学家或伦理学家难免存在局限。在探讨大数据治理对策时，应该通过跨学科视角构建大数据治理的框架，在人的道德层面上制定大数据伦理规约，进而提出全面性和整体性的治理策略来约束人们在大数据采集、存储和使用过程中的不当行为。

#### 1. 政府完善立法，加强监督

法律是由国家制定或认可并以国家强制力保证实施的，维护社会安定有序发展的制度规范。在解决大数据伦理问题的过程中，必须积极推动相关个人隐私保护法律法规的立法，加大对侵害个人隐私行为的打击力度。具体来说，在我国，一方面要在当前所确立的法律法规基础上，进一步完善大数据立法，对相关主体的数据采集、存储和使用行为进行约束,以规范和协调现有法律法规,落实《中华人民共和国网络安全法》中"合法、正当、必要"原则,为监管部门提供确实有效的法律依据。另一方面,应向其他国家学习先进的管理经验,加强区域和全球信息安全的联合合作,在国家层面上共同保护全球的信息安全。[1]

**2. 企业遵守"权责一致"原则,坚持责任与利益并重,保护个人隐私数据**

隐私保护原则是数据伦理的首要规则,是指掌握数据的企业应当最大限度地保护个体隐私,遵循人性自由和尊严。毋庸置疑,在大数据时代,企业接触用户信息并服务于用户,扮演着数据掌控者的角色,肩负着促进大数据技术健康稳妥发展的重责,但这并不意味着个人信息能够不经授权便被随意征取或再利用。大数据企业必须坚持责任与利益并重的原则,切实承担起属于自己的社会责任,保护用户数据隐私,避免大数据技术被二次使用,应在界定个人敏感信息(见表9.1)的基础上实现隐私权保护与商业价值的统一,打造互惠互利的社会关系。

**表 9.1** 个人敏感信息范围

| 序号 | 类型 | 具体敏感信息 |
|---|---|---|
| 1 | 个人财产信息 | 银行账号、鉴别信息(口令)、存款信息、房产信息、信贷记录、征信信息、交易和消费记录、流水记录等,以及虚拟货币、虚拟交易、游戏类兑换码等虚拟财产信息 |
| 2 | 个人健康生理信息 | 个人因生病医治等产生的相关记录,如病症、住院志、医嘱单、检验报告、手术及麻醉记录、护理记录、用药记录、药物食物过敏信息、生育信息、以往病史、诊治情况、家族病史、现病史、传染病史等,以及与个人身体健康状况产生的相关信息等 |
| 3 | 个人生物识别信息 | 基因、指纹、声纹、掌纹、耳廓、虹膜、面部特征等 |
| 4 | 个人身份信息 | 身份证、军官证、护照、驾驶证、社保卡、居住证等 |
| 5 | 网络身份标识信息 | 系统账号、邮箱地址及与前述有关的密码、口令、口令保护答案、用户个人数字证书等 |
| 6 | 其他信息 | 个人电话号码、性取向、婚史、宗教信仰、未公开的违法犯罪记录、通信记录和内容、行踪轨迹、网页浏览记录、住宿信息、精准定位信息等 |

"权责一致"是现代政治制度的基本原则,也是权力配置的基本要求,没有无权力的责任,也没有无责任的权力,亦即责任主体履行职责与其拥有的权力要相匹配。权责一致原则的内涵包括如下几方面:[2]

第一,管理者拥有的权力与其承担的责任应该对等。所谓"对等"就是相互一致。不能拥有权力,而不履行其职责;也不能只要求管理者承担责任而不予以授权。

第二,为保证责任主体顺利履行其职责,必须赋予其足够的权力,这是为其履行职

---

① 闫经伟. 大数据技术的伦理问题及其责任规约 [D]. 大连:大连理工大学,2016.

② 张喜红. 权责一致:责任政治建设的基本前提 [J]. 思想战线,2016 (6):64–68.

责所提供的必要条件。

第三，责任主体所拥有的权力应以其能够履行的职责为限。如果其所拥有的权力过大，超过了承担职责所需的限度范围，就有可能出现权力滥用的现象。

第四，要正确地选人、用人。应根据管理者的素质和过去的表现，选聘恰当的人去担任某个职务和某项工作。

第五，要严格监督检查。相关部门对管理者运用权力和履行职责的情况必须有严格的监督和检查，以便掌握管理者在任职期间的真实情况。

在数字经济时代，权责一致原则被赋予了新的内涵，它指大数据价值链上的互联网公司应以明确、易懂和合理的方式公开处理个人信息的范围、目的、规则等，并采取技术和其他必要的措施保障个人信息的安全，承担其个人信息处理活动对个人信息主体合法权益造成的损害责任。同时，监管者也应制定和完善对个人信息主体合法权益造成损害相关的法律法规，并及时调查各类侵权行为，实施处罚。只有这样，数据的收集、分析和挖掘等各个环节才能更有效地进行，大数据行业的伦理规范方能尽快地形成。

### 3. 公民勇于监督，善于维权

个人数据隐私信息与公民的利益是紧密相连的，必须努力提高保护个人数据安全的意识和本领，提前预估到自己的不谨慎行为可能带来的隐私信息泄露的严重后果，并主动根据道德规范对可预见的结果负责。当遇到侵权行为时，要敢于维护自己的合法权利，与商家及时进行沟通或者向消费者协会请求帮助。[①] 同时，公民也应积极履行监督义务，一旦发现个人信息遭到泄漏，要积极向有关部门举报。只有全社会共同参与，齐心协力凝聚战斗力，才能更好地减少侵权隐私行为的发生，促进大数据行业伦理规范的形成。

### 4. 落实《中华人民共和国数据安全法》，承担企业责任

近年来，数字经济发展如日方升，人们在享受网络便捷服务的同时，也面临着一系列新的风险，用户信息泄露事件越来越频繁。如何保障数据安全成了人们关注的热点话题。为了规范数据处理活动，保障数据安全，促进数据的开发利用，维护国家主权、安全和发展利益，2021年6月10日，第十三届全国人民代表大会常务委员会第二十九次会议通过《中华人民共和国数据安全法》（以下简称《数据安全法》），自2021年9月1日起施行。作为我国第一部与数据安全相关的法律，与2016年11月7日发布的《中华人民共和国网络安全法》并行，标志着在复杂的互联网时代，我国数据信息安全领域的法律法规体系得到进一步完善。国家积极探索网络与信息安全领域中的危机与隐患，把大力保障国内各领域各行业的数据安全作为主要任务。

2021年7月28日，受工业和信息化部网络安全管理局委托，中国互联网协会组织阿里巴巴、腾讯、美团、奇安信、小米、京东、微博、字节跳动、58集团、百度、拼多多、蚂蚁集团等12家重点互联网企业召开贯彻落实《数据安全法》座谈研讨会，指

---

① 林子雨. 大数据导论：数据思维、数据能力和数据伦理［M］. 北京：高等教育出版社，2020.

导督促企业进一步提高思想认识，切实承担起数据安全企业责任。会上，12 家重点互联网企业主管数据安全工作的负责人就《数据安全法》的认识和理解以及企业落实数据安全责任的具体措施进行了交流，分享了各自企业在数据安全方面的典型工作经验。① 网络安全管理局要求各企业深入落实《数据安全法》，加强组织领导，明确数据安全责任部门和责任人，强化大型互联网企业责任担当，切实履行数据保护义务，建立全生命周期的数据安全管理体系和机制，并采取相应的技术措施开展风险监测和应急处置，切实加强重要数据风险评估和出境管理。

## 讨论：

《中华人民共和国数据安全法》（以下简称《数据安全法》）的颁布是政府对大数据立法进行进一步完善的决心和努力。这项立法从事前监督的角度，通过将执法前移，为数据的收集、存储、使用、交易等活动设定了清晰的法律界线。这不仅有效规范了相关的应用程序行为，也有力地保障了个人信息安全，防止了大数据使用中可能出现的隐私侵害问题。

保护个人隐私并不仅在于有完善的法律。互联网企业在这方面也承担着极大的责任。首先，他们需要守法，尊重和遵守《数据安全法》等相关法规，不能因追求利润而忽视或违反法律。其次，他们需要更慎重地处理用户数据，不仅要在收集和使用数据时获取用户的明确同意，还要尽力保护用户数据的安全，防止数据泄露或被恶意使用。此外，互联网企业还应该加强内部的数据管理，制定并执行严格的数据保护政策和流程。最后，互联网企业还需要教育和引导用户正确理解和保护自己的个人隐私。例如，他们可以通过提供相关的教育资料，或者在应用程序中加入隐私保护的提示和建议，帮助用户了解哪些信息是敏感的、如何防止个人信息被滥用等。

## 【案例实践】

### Zoom 隐私安全问题大爆发

受新冠疫情影响，很多企业被迫切换到居家办公状态，线上学习、线上社交成为新趋势，视频会议需求量持续攀升。其中，Zoom 作为一款多人手机云视频会议 App，受到了广大用户的青睐，在全球资本市场百业萧条之际，日活跃量一度突破 2 亿户，为商业史上最快增长案例留下了耀眼的一笔。

但面对猛涨的用户群，Zoom 显然还没有做好充分的准备。据《华盛顿邮报》、BBC、CNBC 等多家国外媒体报道，Zoom 存在严重的隐私安全泄漏问题。先是未经用户同意擅自将数据经软件开发工具包（SDK）共享给脸书公司；之后又因"公司目录"设置存在弊端，以致使用同一邮箱域名却互相陌生的用户之间可以看到彼此的 ID、头像等信息；又被发现有超 15000 名 Zoom 用户的视频录像在优酷等其他社交网站上处于

---

① 王玮.　"数据安全法"为互联网企业敲响警钟［J］.财富时代，2021（8）：2-3.

公开可见状态，这些公开视频中包括许多企业的重要会议录像、公司财务报表数据、员工姓名电话信息、私人间的亲密对话等；还被黑客撞库攻击，致使 50 多万 Zoom 账户资料泄露并在 Dark Web 上出售以获得非法收入。此外，某些恶作剧者还可以利用截获的会议号或链接，侵入他人正在进行的视频会议，发布不良评论和低俗图片等，干扰并破坏会议正常流程。面对铺天盖地的批评与质疑，Zoom 创始人兼 CEO 在道歉声明中表示，"我们当初设计产品时，并未预设在短短几周内，全世界每个人都会突然在家工作、学习和社交。尽管公司已经在整日不间断地工作以支持涌入的新用户，但该服务仍未达到使用社群（以及我们自己）对隐私和安全性的期望"。

负面事件发生后，Zoom 在 2020 年 4 月份创立了首席信息安全官（CISO）咨询和顾问委员会，并邀请了在信息安全社区中享有极高声誉的斯坦福兼职教授协助 Zoom 填补信息安全漏洞。5 月份 Zoom 重金收购了拥有通信数据加密技术的美国初创公司 Keybase，致力于开发"端到端加密"服务来守护用户数据隐私权。在该方案中，用户主机掌管密钥，由客户端软件确定选择哪些设备可以接收会议密钥并加入该会议，同时 Zoom 服务端上不会留下相关痕迹，从而在很大程度上避免了泄密风险。9 月份，Zoom 又开发了双重验证（2FA）功能来增强账户安全性。即除了输入正确密码外，用户还可以通过 Zoom Dashboard 为其账户额外撑起一把安全保护伞，阻止别有用心的潜在攻击者利用回收凭证控制账户。智能数字化背景下，如何更好地加强数据安全规范管理，妥善保护好用户隐私信息是 Zoom 亟待解决的一个重要议题。

资料来源：柳大方. Zoom 冰火劫 [J]. 创新世界周刊，2020（6）：48 – 53.

## 评述：

Zoom 安全漏洞的背后反映出企业数据伦理的缺失，使我们再一次看到了企业数据伦理乃至商业伦理在企业运营的过程中的重要性。在新冠疫情的背景下，远程办公的需求空前暴涨和 Zoom 一开始就站在了技术的高点，这些因素将 Zoom 从没有进入大众视野，到突然间家喻户晓，位列多个国家 App 下载"霸榜"。这家公司在股市上的表现也是十分亮眼，其市值甚至曾一度超过百度，达到 400 多亿美元。但是好景不长，一而再、再而三的 Zoom 安全漏洞事件致使 Zoom 公司用户流失，股价大跌，可谓损失惨重。

重视企业数据伦理是非常关键的一点。从案例中 Zoom 创始人的道歉声明可以看出，面对猛涨的用户群，Zoom 显然是没有做好充分准备的。通过反思，我们发现，企业在确立一个关乎用户数据隐私的项目时，就应该提前站在商业伦理的角度考虑到保护用户数据安全的问题，并在设计、研发与使用的过程中体现出来。否则，网络安全问题就会对企业造成损失，尤其是对于互联网企业来说更是如此，就像 Zoom 一样，对企业的发展所造成的损失会是无法估计的。

类似 Zoom 这样的互联网企业在获取用户信息的同时，应承担怎样的社会责任呢？（1）企业要搜集的是自己业务所必需的信息，而不是越权要很多其他的东西。比如在互联网上，用户通过电商平台购物，如果不提供地址，商品就可能没法送到，所以这个地址是用户必须要提供的信息；但是用户的收入等没必要告诉电商网站。所以互联网企业在获取用户信息的同时，也要注意辨别所收集的信息是否是必需的。（2）信息搜集完之后，要妥善地进行保管。不能因为企业自身的安全措施不够导致用户数据库出现漏洞被攻击，而造成用户的信息丢失与被利用。互联网企业如同保安一样，要对用户数据的安全负责任。（3）互联网企业在获取用户信息的同时，也要注意信息的权限问题，相应的信息只能做相应的用途，不能再做其他未被授权的用途，更不能进行非法的用户信息交易。因为数字信息有一个属性，它可以无限且无损地被拷贝。从一个地方转换到另外一个地方的时候，和原来的信息是一模一样的，非常方便。比如还拿电商网站做例子，这些网站可以自己合法使用用户的信息。但是，如果把这些信息转卖给了另外一家做广告的，那这个信息的使用就是有问题的。因为这个信息在转移过程之中是完全没有损失的，等于第三方获得了用户全部的信息，但该信息是没有被允许授权第三方使用的。（4）互联网企业在获取用户信息的同时，也负有向社会公布其目的和用途的责任和义务，不能拿商业机密和企业间的竞争等理由来搪塞大众。而且在公布之后，公众也有监督和拒绝并收回其个人数据的权利。

# 9.2 认识人工智能伦理问题

## 【任务目标】

- 人工智能具有道德地位吗？
- 算法歧视有哪些表现形式？
- 人工智能社会伦理的研究范畴有哪些？

## 【任务描述】

通过本任务的学习，了解人工智能的伦理道德，明确算法歧视的主要表现形式（价格歧视、种族歧视、性别歧视等），掌握人工智能社会伦理的研究范畴。

## 【知识学习】

人工智能（artificial intelligence，AI）是研究、开发用于模拟、延伸和扩展人的智能的理论、方法、技术及应用系统的一门新的技术科学。该领域的研究包括机器人、语言识别、图像识别、专家系统等。人工智能从诞生以来，理论和技术日益成熟，逐步从被动工具变成人类的代理者。可以设想，未来人工智能带来的科技产品，将会是人类智慧的"容器"。但与此同时，人工智能在社会经济各个领域引发的商业伦理问题也越来越突出，需要建立新的伦理范式，将人类社会的伦理规范延伸到智能机器。

### 9.2.1 人工智能的伦理道德

这些人工智能是纯粹的机器，还是应该具有道德地位？人类是否有必要建立起人工智能技术相关的道德判定体系？目前大部分学者认为，人工智能不应该被视为道德主体，因为从认识论角度来看，人工智能产品无法获得真正的理解，其"意识性"较差，不具备情感精神、思想经验、独立意识、选择自由等，其行为看似是机器本身的结果，实则是程序员的提前规定所致。如果智能机器人根本不知道自己在做什么，我们就没有理由让它为自己的行为负责任。

但是，如果我们否定智能机器人的道德地位和社会身份，我们就可以让人工智能长时间、超负荷地进行工作，甚至对其任意指使、传唤、谩骂、殴打、侮辱、遗弃等，这明显与我们传统的道德观念背道而驰。① 因此，一些经常与机器人互动的人也会把情绪和意图赋予机器人，支持人工智能具有道德主体地位。在《日趋发展的道德关系》中，库科尔伯格提出了道德地位的关系式方法，他认为道德地位是随着具体的实体关系发展而改变的。我们对人工智能无法获得道德地位的认识是在近现代工业的大环境下形成的，是在我们和纯粹工具性实体的关系中确立的，但随着我们对人工智能产生超越一般工具的认识，人与人工智能之间的关系也会随之发展。换句话说，并不是为了把人工智能拉进人类道德领域而去赋予它们道德地位，它们的道德地位在与人类之间形成实体关系时就已经具备了。还有一些学者从技术物品与人类交织共存的视角入手，认为当前的现实情况需要人与技术物品共同行使道德。

虽然学术界在是否把人工智能纳入道德主体的问题上存在争议，但不可否认的是，人工智能仍然被给予一定的道德地位，② 人工智能技术下的机器人存在思考和感知能力的可能性，他们会更像普通人类。但将情感和意志赋予人工智能有可能打开"潘多拉魔盒"，给人类带来灾害性后果。如何应对由此产生的麻烦是当前人工智能产品成为伦理主体所面临的重要道德问题。

### 9.2.2 人工智能的算法歧视

歧视，就是不公平、不合理的差别对待。在数字经济时代下，算法程序被广泛应用于计算机和信贷等领域，日常生活的每分每秒都和算法有关。很多人认为算法决策是相对客观与公平的，但算法设计实际是技术人员的主观选择和判断。由于人工智能不可能自我演化出道德感，这使得它继承了人类决策者的种种偏见。近年来，这种经过算法程序转化而来的新型歧视大有蔓延之势，主要表现为价格歧视、种族歧视、性别歧视等现象。未来如何科学、合理地将道德算法嵌入人工智能产品中是其在应用上的重要课题。

**1. 价格歧视**

价格歧视实质上是一种价格差异，通常指商品或服务的提供者在向不同的接受者提供相同等级、相同质量的商品或服务时，在接受者之间实行不同的销售价格或收费标准。经济学将"价格歧视"分为一级价格歧视、二级价格歧视和三级价格歧视三种类型。

---

① 张宇杰. 人工智能道德主体地位研究［D］. 大连：大连理工大学，2020.

② 岳大为，张亚迪，黄子睿. 人工智能时代的伦理道德思考［J］. 教育教学论坛，2020（3）：269－270.

一级价格歧视，又称完全价格歧视，是指企业或商家针对每一消费者进行的个性化定价，这意味着企业或商家需要精准把握每一个消费者的消费心理或其他特征，然后实施差异化定价。在数字经济时代，一级价格歧视即"大数据杀熟"，通过一定的算法筛查策略，预测消费者的消费偏好和心理价位，从而实现价格歧视，榨干消费者剩余。

二级价格歧视是指垄断厂商根据不同的购买量和消费者确定相应价格，这方面最典型的例子就是"数量折扣"，即对购买超过某一数量的产品部分给予较低的价格优惠，但不同消费者面临的是同一套价格体系。

三级价格歧视是指企业或商家在销售同一种商品时，根据不同市场上的需求价格弹性差异，实行不同的价格，例如老年公民的折让优惠、学生证优惠打折等。

### 2. 种族歧视

种族歧视是指一个人对除本身所属的人种外的人种，采取一种蔑视、讨厌及排斥的态度，并且在言论行为上表现出来。有形的种族歧视容易精准打击，无形的种族歧视却难以防范。开始于殖民时代的种族歧视在今天人工智能"客观、科学"的高科技包装遮掩下披上了一层"公正"的外衣，更容易大行其道。[①]

以人脸识别技术为例，在麻省理工学院媒体实验室研究员乔·布兰维尼（Joy Buo-lamwini）与来自微软的科学家蒂姆尼特·格布鲁（Timnit Gebru）合作的一篇研究论文《性别图谱：商用性别分类技术中的种族准确率差异》中，作者将微软、IBM 和旷视科技三家人脸识别技术进行对比，结果显示，AI 应用人脸识别对于黑人女性的判断错误率高达 21% ~ 35%，而针对白人男性的错误率却低于 1%。无独有偶，在美国国家标准与技术研究所（NIST）对 99 家公司、学术机构和其他开发人员自愿提交的 189 种算法进行的一项研究中，同样发现大多数面部识别算法将亚洲人、黑人和美洲土著人误认的可能性比白人高 100 倍。随着人脸识别系统变得标准化，并逐步应用于学校、体育馆、机场、交通枢纽，甚至是警务系统，人脸识别技术的种族歧视引发的对有色人种群体的新型伤害愈发突显。

### 3. 性别歧视

性别歧视指在性别上存在的偏见。算法造成的性别歧视实质上是现实世界长期存在的性别歧视观念在虚拟世界中的延伸。[②] 算法的核心是模仿人类决策，换句话说，算法不是中立的。人工智能会向人类学习，当其不加辨别地模仿人类的语言文本时，潜藏其中的性别歧视难免被纳入关联逻辑中来。例如，当用工单位在自动简历筛选软件中输入"程序员"时，搜索结果会优先显示来自男性求职者的简历，因为软件认为"程序员"这个词与男性的关联程度更高；当搜索目标为"前台"时，女性求职者的简历则会被优先显示出来。此外还有发生于 2019 年 11 月的苹果公司信用卡算法歧视事件。IT 企业

① 汪怀君，汝绪华. 人工智能算法歧视及其治理 [J]. 科学技术哲学研究，2020，37（2）：101 – 106.
② 刁生富，张艳. 人工智能时代的算法歧视及其治理路径 [J]. 佛山科学技术学院学报（社会科学版），2021，39（1）：5 – 10，28.

家大卫·海纳梅尔·汉森在推特上发帖抱怨道，尽管他和妻子共同提交纳税单，而且他妻子的信用评分更高，但苹果信用卡给他的额度是他妻子的 20 倍。与乔布斯共同创立苹果的史蒂夫·沃兹尼亚克也对汉森表示支持。他表示，自己与妻子没有单独的银行账户、信用卡账户和任何单独的资产，但是和妻子相比，他的信用额度高了 10 多倍。① 由此可见，算法歧视的确在一定程度上已经与性别歧视挂上钩，而且还是由某些大型公司"亲自操盘"。

### 9.2.3 人工智能的社会伦理

社会伦理是关于社会的价值学说，思考的是社会应该如何发展的问题。随着人工智能快速发展衍生出的责任伦理问题、环境伦理问题、就业伦理问题等都属于社会伦理的研究范畴。

**1. 责任伦理**

随着 AI 系统与人类社会更紧密地融合，应该如何厘清二者之间的责任关系呢？如果产生相关技术伦理问题，究竟谁应该为机器人的行为承担责任？是使用者自己，是智能机器人，还是让所有参与机器人发明、授权和分配过程中的人来分担责任？一方面，从责任追溯的角度来讲，AI 产品由其研发者设计与生产，当对他人的利益造成损失时，理应有相关设计人来承担责任。但 AI 机器人本身是靠内在嵌入的算法来运营的，而算法无法预见机器人在与人类相处过程中所出现的全部可能的行为，不可能对隐藏在机器人动作中的因果链进行完全掌控，这一点与一般生产工具差别很大。因此，当问题出现时，不应以常规的责任判定来划分，程序员不用承担全部责任但也不能完全免责。② 另一方面，由于在以人为中心的伦理框架下很难对机器人的行为做出有效界定，计算机的自主意识性与人类期望的差距仍然较大，机器人没有能力承担全部道德责任。为了避免在事件发生时没有人承担责任，应该推广使用保险制度，让涉及事件的所有人共同承担。同时，不断完善当前的法律法规来填补"责任空白"，为责任归属问题找到解决途径。

**2. 环境伦理**

所谓环境伦理，指的是人类对自然的伦理，人类应该保护生态，在使用科技的同时兼顾生态系统的稳定，实现人与自然的协调发展。当前，世界许多国家十分重视发展人工智能技术，并且已经在各个领域开始研制并试用功能各异的人工智能技术产品。但与此同时，高科技的快速发展也加速了人类对自然资源的攫取与利用，可能会使原本严重的生态问题更加恶化。随着 AI 技术的发展，相关产品的投放量越来

---

① 程峰，刘畅. 算法歧视对金融消费权益的损害与保护 [J]. 银行家，2021（8）：137－138.
② 谢洪明，陈亮，杨英楠. 如何认识人工智能的伦理冲突？——研究回顾与展望 [J]. 外国经济与管理，2019，41（10）：109－124.

越大，对自然界资源产生大量的消耗。在生产过程中，也难免会增加更多污水废气的排放；① 人类向宇宙发射卫星，为全球人民提供通信定位等服务，但是当卫星解体后，所产生的宇宙垃圾难以被处理，不仅对其他卫星的航行造成影响，也会加重自然界的负担。② 除此之外，机器人内部产品更新换代所产生的垃圾废物如何处理，也是人类应用机器人技术中的一大难题。③ 总体来看，人工智能技术带来的环境伦理问题是由于伦理理论方面的发展远远跟不上人工智能技术发展的速度，以致不可避免地对环境产生危害，如不加以规制，将对人类追求的环境伦理的持续性、人与自然协同进化等基本原则形成巨大的挑战。

**3. 就业伦理**

随着社会的不断发展，各行各业的分工越来越精细。尤其是在现代生产中，各种职业病层出不穷，人们强烈希望用某种机器去代替自己工作，因此人们研制出了人工智能机器人，用来代替人类去完成那些单调、枯燥或危险的工作。④ 虽然用人工智能代替人类去完成部分工作将把人类从危险、枯燥和困难的任务中解放出来，并在很大程度上提高了工作效率，但与此同时，必然会使一部分从事劳动密集型、重复性、程序化等领域的人失去原来的工作，剥夺了人们劳动和就业的权利，进而影响了人们的收入和福利，产生新的贫富差距和社会分化，造成社会安全程度降低，引发社会动荡。很早就有学者反对将机器投入工作中，认为自动化技术将造成"人脑的贬值"。但智能化生产追求的不是简单的"机器换人"，而是采用机器进行柔性生产，重新回到以人为本的组织生产模式，重视人在社会价值创造中的主体作用，最终实现人机协同。⑤ 在这过程中，虽然原有的就业岗位会减少甚至消失，但技术进步带来的失业往往是良性失业，人工智能促进了市场分工精细化，创造了新生产业和新的发展模式，新的就业岗位会在各个领域内不断涌现，甚至数量更多。

## 9.2.4 人工智能技术或产品应当遵循的基本伦理

人工智能的伦理问题是数字时代商业伦理面临的一个重要课题。人工智能伦理原则的设定是这场商业变革的必经之路。在数字时代下，人工智能技术或产品应当遵循的基本伦理原则包括人的尊严和人权原则、预防伤害原则、公平性原则、可解释性原则和权责一致原则。

(1) 人的尊严和人权原则。人的尊严和人权原则是指根据政府承认的国际人权公约以及国际专业文件，国家必须通过规范、政策、研究和执法来确保人工智能产品或技术不侵犯人的尊严和人权，不侵犯企业经营管理者的自主决策权。

① 刘翔宇. 人工智能技术的伦理问题及对策研究 [D]. 武汉：武汉理工大学，2019.
② 陈超辉. 人工智能时代面临的伦理困境及对策 [D]. 延边：延边大学，2019.
③ 陈首珠. 人工智能技术的环境伦理问题及其对策 [J]. 科技传播，2019，11 (11)：138-140.
④ 吴恺. 当代人工智能技术发展中的伦理问题研究 [J]. 中共山西省委党校学报，2019，42 (3)：65-68.
⑤ 张爱丹. 人工智能时代就业问题的伦理思考 [D]. 武汉：华中科技大学，2019.

（2）预防伤害原则。预防伤害原则是指人工智能不应该引发、加重伤害，对人类以及企业经营管理产生不利影响。人工智能系统的运行环境必须是安全的，设计公司应预置伤害预防措施，确保人工智能产品设计在技术上具有鲁棒性，尤其要特别注意可能会恶意使用该技术的人以及可能会造成不良影响的应用场景。鲁棒是"robust"的音译，指系统在异常和危险情况下生存的能力。比如，计算机软件在输入错误、磁盘故障、网络过载或有意攻击的情况下，能否不死机、不崩溃，就体现了该软件的鲁棒性。

（3）公平性原则。公平性原则是指设计者在设计人工智能产品时，应嵌入社会伦理和商业伦理，在数据获取、算法设计、技术开发、产品研发和应用过程中消除偏见和歧视，以促进社会公平公正，保障利益相关者的权益等。

（4）可解释性原则。可解释性原则是指人工智能整个决策的过程、输入和输出的关系都应该是可解释的。它包括两个方面：一是故障可解释性。它是指如果一个人工智能系统造成了损害，那么造成损害的原因应能确定。二是司法可解释性。它是指任何自动系统参与的司法判决都应提供令人满意的司法解释以被相关领域的专家接受。故障可解释性和司法可解释性有利于树立社会公众对人工智能产品和设计的信心，促进人工智能的安全操作，进而得到社会的广泛认可。

（5）权责一致性原则。权责一致性原则是指对于设计者和使用者要明确相应的权责分配追究机制，避免相关人员借用技术推卸责任。

## 【工作示例】

### 老年人如何适应数字时代?

随着社会日益数字化、智能化，各种新科技迭出，驱动着人们不停学习，向前奔跑。其中，紧跟时代浪潮、眼明手快的年轻人越跑天地越大，越能享受到科技创新带来的便利生活，而那些被强行推上"智能化跑道"的老年人面对的却是数字鸿沟的尴尬，他们为"码"所困，不想、不会甚至不敢"触网"，蹒跚追随时代的脚步显得力不从心，与社会之间的联系也越来越边缘化。

看病手机挂号、外卖送餐到家、网购送货上门……这些在年轻人看来再平常不过的事情，但老年人由于不会操作智能手机或是出于对支付安全性的担忧，被排斥在了这种高效便捷的互联网生活之外。新冠疫情期间出行，"请佩戴口罩，主动出示健康码"成为我们最常看见、听见的一句话。健康码应疫情防控而出，对监测人员健康，精准防控疫情具有重要意义。然而不可否认的是，这种具有通行证意义的健康码，让很大一批没有智能手机、不懂申请方法的老年人因为无法自证其身体健康状况，出行变得更加举步维艰。

事实上，当我们探讨信息鸿沟下老人的低参与度时，我们谈论的既是现在的他们，也是未来的我们。因新冠疫情暴露出来的"健康码"矛盾只是老年人难以跟上智能化节奏的冰山一角。如何让信息技术发展适应老龄化社会步伐，让老年人跨越信息鸿沟，融入数字社会，是"互联网＋"宏观背景下经济社会持续健康发展所面临的必答题。2020 年 11 月国务院办公厅印发的《关于切实解决老年人运用智能技术困难的实施方案》聚焦老年人日常生活涉及的出行、就医、消费、文娱、办事等 7 类高频事项和服务场景，回应了许多社会关切问题。可以肯定，在一个大同的理想社会中，绝不会任由科技前进将那些相对弱势的老年人挤向孤岛，而是会用定向关爱与技术普惠，实现老年人与数字化产品的情感共鸣，为公共生活抹上一笔更亮眼的人性化底色。

资料来源：彭兰. "健康码"与老年人的数字化生存［J］. 现代视听，2020（6）：1；王言虎. 扫码走天下的时代别落下老年人［EB/OL］. https：//baijiahao. baidu. com/s？id = 1678156565632010772&wfr = spider&for = pc；陈瑶. 当老年人遇到数字鸿沟［J］. 中国纪检监察报，2020 - 11 - 27。

**讨论：**

随着大数据、云计算、人工智能等新一代数字技术与社会深度融合，人类已逐渐迈入数字社会。数字化在推动社会精细化管理的过程中，也对现有的社会规则和秩序带来深刻的挑战，特别给老年群体带来了极大的冲击，具体表现为代际数字鸿沟。代际数字鸿沟是数字鸿沟的一种，是指老年群体与年轻群体之间由于对数字技术的掌握、使用程度不同所导致的群体间的信息隔阂及资源分享差异，由此产生巨大的信息落差，使得老年人主动或被动地与数字化时代脱节，无法与年轻人享受均等的数字红利。当前，老龄化问题严重困扰着全球很多国家，中国也正在面临着这一社会问题。依据第七次全国人口普查数据显示，我国 65 岁及以上人口总数约为 1.91 亿人，占总人口的比重为 13.5%。随着老年群体的不断扩大，各大企业在推进数字化建设的过程中，需要综合思考、多举措积极消除代际数字鸿沟，为老年群体创造便捷、优质、高效的数字服务环境。

代际数字鸿沟形成因素主要表现是技术与年龄，其中数字技术变革作为外生因素，设计的主要面向对象是年轻群体，没有充分考虑到老年人的个性特点或进行"适老化"改造，导致老年群体无法有效掌握和使用数字技术。年龄是内因和核心因素。老年人随着年龄的增长，在生理、心理、认知、学习等各方面与年轻人相比有很大的差距。这种自然差异使得不同群体对新技能的掌握程度不一样，老年群体学习新技能的能力已经跟不上新技术变革的步伐，这也使得他们获取社会资源的能力减弱，无法与年轻群体展开有效的竞争。

积极消除代际数字鸿沟，满足老年群体对美好生活的向往，需要多方协作配合。第一，企业需要优化数字技术设计理念。在数字产品的设计、开发、生产、使用过程中，充分考虑老年群体生理特性及使用习惯，满足不同老年群体的个性化需求，简化业务流程，优化服务细节。利用人工智能、语音、图像识别等技术替代复杂的手写输入和烦琐的注册、登录、使用程序，为老年群体构建起信息无障碍服务环境，以智能化升级改造来提升产品和服务的便捷程度。第二，提升老年人的数字素养。鼓励老年群体树立终身学习理念，提高熟练应用和掌握数字化技术的能力。鼓励家庭"反哺"是帮助跨越"代际数字鸿沟"的重要方式。引导年轻群体鼓励老年人树立信心，帮助他们掌握数字技能，甄别虚假信息，让老年人在智慧社会享受更多数字红利。

## 【案例实践】

### 无人驾驶犯错，谁负责？

随着云计算、大数据、AI 人工智能等技术的飞速发展，越来越多的车企为了追求极致，开始在汽车智能领域发力，无人驾驶不再只是科幻电影中可望而不可即的场景。特斯拉正是其中的佼佼者，其旗下多款车型率先搭载了 Autopilot 自动辅助驾驶功能，让许多车主都感受到了无人驾驶带来的便利性和舒适性。

但无人驾驶真的安全吗？据美国国家公路交通安全管理局（NHTSA）透露，他们正在对 30 起特斯拉汽车车祸进行全面调查，至少 10 起事故中的特斯拉被怀疑启用了 Autopilot 自动辅助驾驶系统。其中一起全球首例"自动驾驶"致死车祸发生在 2016 年 1 月 20 日的中国河北邯郸。当时年仅 23 岁的小高驾驶特斯拉 Model S 在京港澳高速段开启自动驾驶时，撞上一辆正在作业的道路清扫车，导致小高当场死亡。一位特斯拉铁粉在美国 210 高速 Fontana 路段上驾车回家时，因使用自动驾驶功能撞上一辆大卡车，致使车主直接死亡。同样，发生在其他无人车品牌上的交通事故也是层出不穷。2017 年 3 月，Uber 的一辆沃尔沃自动驾驶汽车在美国亚利桑那州坦佩市发生车祸。事故现场异常惨烈，Uber 无人车直接侧翻在地。同年 7 月，由法国公司 Navya 研发的不带方向盘的 L4 级小型无人驾驶公交车在美国拉斯维加斯上路试运营，但不到 1 小时，其中一辆就与拖挂卡车发生碰撞。[①] 我们都希望无人驾驶"零失误"，但意外事件的频频发生又不得不让我们时刻保持警醒并承受由此引发的责任伦理问题。

就无人驾驶汽车事故而言，汽车制造商、设计人员、使用者和汽车本身的法律责任归属问题难以划分。如果是人工智能机器应当承担法律责任，那该如何处理？是像电影中那样将智能机器销毁吗？这显然不是解决问题的办法。如果是制造商应当承担法律责任，又该如何处置？或者说该处置什么人呢？这些都是人工智能技术研究不断深入、人工智能产品越来越被人类依赖后所暴露出来的责任伦理问题。就目前情况而言，无人驾驶汽车普及之路任重而道远。

### 评述：

无人车品牌公司要为受害者的死亡承担道德责任吗？云计算、大数据、AI 人工智能等技术的飞速发展使无人驾驶成为现实，不少车主都感受到了无人驾驶带来的便利性和舒适性。但是在无人驾驶走向大众的过程中，出现的一些由于该技术的应用所带来的交通惨剧，使人们不得不去反思其背后的伦理问题。首先，其中的利益相关者有哪些呢？汽车制造商、设计人员、使用者甚至汽车本身，都是其伦理问题主要的利益相关者。如果仅仅只是将其归咎于技术问题，认为改进技术就可以解决所有问题，那么这显然是一种逃避责任和舍本逐末的做法。因为在无人驾驶导致的交通事故背后，所暴露的是随着人工智能技术的不断深入，人工智能产品被人类依赖后所出现的责任伦理问题。

---

① 夏鸿飞. 人工智能技术及其伦理问题研究 [D]. 湘潭：湘潭大学，2020.

人类既然设计制造了人工智能并推动了其技术应用的发展，就有责任和义务为问题的产生负责。就目前的"人机交互"模式来看，机器还不具备完全的自动操作能力，人的因素从设计、生产到使用的全过程都在影响着机器的自动运行。那么就这些无人驾驶汽车事故而言，无人车品牌公司当然是难辞其咎的了。

然而继续以无人驾驶汽车领域的问题为例，根据国内现行的《道路交通安全法》和《道路交通安全法实施条例》，驾驶主体必须是具有驾驶资格和能力的自然人，而目前人工智能系统显然不具备"自然人"这个条件。那么当无人汽车处于自动驾驶模式时，无人汽车的使用便与现行的法律法规相悖了。除汽车行业外，其他应用人工智能技术的行业也都不同程度存在相应的潜在法律问题。由于人工智能技术的快速发展创造了巨大的经济效益和社会效益，人们忽略了关于规范或改善人工智能技术伦理问题的法律法规制定，至少目前相关法律条文的制定速度远远落后于人工智能技术的发展和应用速度。通常我们判断一个主体的行为是否违法，依据的便是法律条文中规定的行为范畴，但人工智能领域目前尚无法可依，法律"空档期"的出现，就必然导致了人工智能技术带来的法律责任伦理问题更加明显。

人工智能技术代表着先进和高效，甚至代表着未来，但是已有不少学者表示，在面对复杂的伦理问题时，人工智能技术可能会陷入不可预知的选择困境。人工智能不会取代人类，因为只有人类才具有创造力和目标以及反思的能力，而机器只关注如何解决眼前遇到的问题。要让人工智能避免犯下道德层面的错误，关键在于人类自己。人工智能技术自身的局限性、人类对人工智能的认识不足、相关法律法规的缺失、监督机制的不健全以及伦理原则和规则的缺失等是导致人工智能技术产生伦理问题的重要原因。因此，为有效规避人工智能技术引发的伦理问题，就需要在人工智能技术发展过程中不断融入正确的哲学伦理思想、提高公民认识、完善相关法律法规、提升人工智能技术水平以及加强监督管理等。研究现今人工智能技术引发的伦理问题，并在全面分析原因的基础上做出积极应对，有利于为以后的我们解决未来人工智能技术所引发的新伦理问题提供有益经验。

## 9.3 本章小结

隐私是指与公共利益、群体利益无关的私人生活安宁和当事人不愿他人知晓或他人不便知晓的私密信息，当事人不愿他人干涉或者他人不便干涉的私密活动，以及当事人不愿他人侵入或者他人不便侵入的私密空间。数字经济时代下的隐私与传统隐私的最大区别在于隐私的数据化。这些被记录的个人数据痕迹很容易被滥用，对隐私和个人信息构成严重威胁。

很多情况下，掌握数据的企业并不具备与所面临的安全风险相匹配的能力，容易出现数据泄露、伪造、失真等问题。随着大数据技术日益发展成熟，各种各样智能交互设备也逐渐成为泄露用户数据的重灾区。为此，不同国家和组织纷纷制定了一系列隐私保护规范来更好地保障用户隐私安全。

　　我国已经进入"数字生产力"新经济时代，数据正在成为市场主体谋取经济利益、获取竞争优势的重要资源。然而有些企业为了获取高额经济利润，将所有数据信息掌握在自己手中，造成市场垄断并带来一系列新的风险。如何提高反垄断执法效率，实现市场公平竞争是我国面临的新的时代课题，必须通过跨层面视角构建大数据治理的框架。

　　人工智能是研究、开发用于模拟、延伸和扩展人的智能的理论、方法、技术及应用系统的一门新的技术科学。其在社会经济各个领域引发的商业伦理问题越来越突出，具体表现在伦理道德、算法歧视、社会伦理三个方面。数字时代下，人工智能技术或产品应当遵循人的尊严和人权原则、预防伤害原则、公平性原则、可解释性原则和权责一致原则等基本伦理原则。

# 自 测 题

1. 数字经济时代下的隐私与传统隐私的最大区别体现在哪里？
2. 举例说明数字经济时代下的数据安全存在哪些问题。
3. 简述大数据垄断的概念。
4. 讨论权责一致原则在数字经济时代下的新内涵。
5. 你认为是否应该把人工智能纳入道德主体范围？
6. 人工智能技术或产品应当遵循的基本伦理原则包括什么？

案例分析

# 参考文献

[1] 阿尔布雷克特．舞弊检查 [M]．李爽，等译．北京：中国财政经济出版社，2005．

[2] 陈汉文，韩洪灵．商业伦理与会计职业道德 [M]．北京：中国人民大学出版社，2020：25–35．

[3] 菲利普·科特勒，加里·阿姆斯特朗．市场营销原理与实践（第16版）[M]．楼尊，译．北京：人民大学出版社，2018．

[4] 郭际．企业危机管理能力及其评判研究 [D]．南京：南京航空航天大学，2008．

[5] 劳拉·P．哈特曼，等．企业伦理学：中国版 [M]．北京：机械工业出版社，2015．

[6] 贺正楚．企业危机管理：组织与组织管理的视角 [D]．长沙：中南大学，2004．

[7] 卡罗尔，巴克霍尔茨．企业与社会：伦理与利益相关者管理 [M]．黄煜平，等译．北京：机械工业出版社，2004．

[8] 康德．道德行为上学原理 [M]．苗立田，译．上海：上海人民出版社，2005．

[9] 康宇．儒家美德与当代社会 [D]．哈尔滨：黑龙江大学，2007．

[10] 拉蒙·达斯，陈真．美德伦理学和正确的行动 [J]．求是学刊，2004（2）：15–24．

[11] 李义天．道德心理：美德伦理学的反思与诉求 [J]．道德与文明，2011（2）：40–45．

[12] 郦平．"《正义论》与社会正义观念之构建"学术讨论会综述 [J]．哲学动态，2009（10）：102–104．

[13] 梁东生．危机管理基本范畴与思潮研究 [J]．电子科技大学学报（社科版），2013（4）：25–30．

[14] 林肖惠，李建平，胡骁．环境中微塑料的污染现状及健康危害 [J]．中华劳动卫生职业病杂志，2020（02）：153–156．

[15] 林子雨．大数据导论：数据思维、数据能力和数据伦理 [M]．北京：高等教育出版社，2020．

[16] 刘爱军，钟尉．商业伦理学 [M]．北京：机械工业出版社，2016．

[17] 刘英为，刘可风．西方企业伦理决策研究的新动态 [J]．伦理学研究，2014（4）：65–71．

[18] 迈克尔·J．奎因．互联网伦理，信息时代的道德重构 [M]．王益民，译．北京：电子工业出版社，2016．

[19] 曼纽尔·G．贝拉斯克斯．商业伦理概念与案例（第7版）[M]．刘刚，程熙镕，译．北京：中国人民大学出版社，2013．

[20] 莫申江，王重鸣．国外商业伦理研究回顾与展望 [J]．外国经济与管理，2009（7）：16–22．

[21] 任丑．目的论还是义务论——伦理学的困境与出路 [J]．武汉大学学报（人文科学版），2008（4）：401–406．

[22] 斯蒂芬·罗宾斯，玛丽·库尔特．管理学（第13版）[M]．北京：中国人民大学出版

社，2017.

　　[23] 万俊人. 关于美德伦理学研究的几个理论问题 [J]. 道德与文明，2008 (3): 17-26.

　　[24] 万俊人. 论道德目的论与伦理道义论 [J]. 学术月刊，2003 (1): 75-84.

　　[25] 万俊人. 美德伦理如何复兴? [J]. 求是学刊，2011 (1): 44-49.

　　[26] 吴红梅，刘洪. 西方伦理决策研究述评 [J]. 外国经济与管理，2006 (12): 48-55.

　　[27] 杨杜，许艳芳. 企业伦理 [M]. 北京：中国人民大学出版社，2019.

　　[28] 约翰·密尔. 功用主义 [M]. 唐钺，译. 北京：商务印书馆，1957.

　　[29] 詹世友. 孟子道德学说的美德伦理特征及其现代省思 [J]. 道德与文明，2008 (3): 27-31.

　　[30] 周永生，蒋蓉华，赵瑞峰. 企业危机管理（ECM）的评述与展望 [J]. 系统工程，2003 (6): 20-23.

　　[31] 朱磊，朱峰. 企业危机管理预警系统的构建 [J]. 中国软科学，2004 (11): 75-80.

　　[32] 朱贻庭. 中国传统伦理思想史 [M]. 上海：华东师范大学出版社，2009.

　　[33] Anderson R C, Bizjak J M. An empirical examination of the role of the CEO and the compensation committee in structuring executive pay [J]. Journal of Banking & Finance, 2003, 27 (7): 1323-1348.

　　[34] Ausubel M. Insider trading in a rational expectations economy [J]. American Economic Review, 1990 (5): 122-41.

　　[35] Barry C, Brown S. Differential information and security market equilibrium [J]. Journal of Financial and Quantitative Analysis, 1985 (9): 407-422.

　　[36] Barton L. Crisis in Organizations: Managing and Communicating in the Heat of Chaos [M]. Cincinnati: South-Western Publishing Company, 1993.

　　[37] Beny L N. A comparative empirical investigation of agency and market theories of insider trading [R]. Boston: Harvard Law School, 1999.

　　[38] Berle A A, Means G C. The Modern Corporation and Private Property [M]. Hein: William S, 1932.

　　[39] Bharath S T, Sunder J, Suner S V. Accounting quality and debt contracting [J]. The Accounting Review, 2008, 83 (1): 1-28.

　　[40] Charkham J. Corporate governence: Lessons from abroad [J]. European Business Journal, 1992, 4 (2): 8-16.

　　[41] Coombs W T, Holladay S J. Helping crisis managers protect reputational assets initial tests of the situational crisis communicationtheory [J]. Management Communication Quarterly, 2002, 16 (2).

　　[42] Danald A. Crisis communication theory blended and extended [J]. Communication Quarterly, 1999, 47 (4): 347-348.

　　[43] Donaldson T, Dunfee T W. Integrative social contracts theory: A communitarian conception of economic ethics [J]. Economics and Philosophy, 1995, 11 (1): 85-112.

　　[44] Easterbrook F H. Insider trading, secret agents, evidentiary privileges and the production of information [J]. Supreme Court Review, 1981 (309).

　　[45] Francis J, LaFond R, Olsson P M, Schipper K. Costs of equity and earnings atributes [J]. The Accouting Review, 2004, 79 (4): 967-1010.

　　[46] Frederick W C. Business and Society, Corporate Strategy, Public Policy, Ethics (6th ed.) [M]. New York: McGraw-Hill Book Co, 1988.

　　[47] Freeman R E. Strategic Management: A Stakeholder Approach [M]. Boston: MA: Pitman, 1984.

［48］ French K, Roll R. Stock return variances: The arrival of information and the reaction of trades ［J］. Journal of Financial Economics, 1986 (17): 5 – 26.

［49］ Bologua G J, Lindquist R J, Wells J T. The Accountant's Handbook of Fraud and Commercial Crime ［M］. New York: John Wiley & Sons Inc, 1993.

［50］ Leland H E. Insider trading: should it be prohibited ［J］. Journal of Political Economics, 1992 (100): 859 – 887.

［51］ Hill C, Jones T M. Stakeholder-agency theory ［J］. Journal of Management Studies, 1992, 29 (2): 131 – 154.

［52］ Hogan T D, McPheters L R. Executive compensation: Performance versus personal characteristics ［J］. Southern Economic Journal, 1980, 46 (4): 1060 – 1068.

［53］ Hu Jie, Noe T. The insider trading debate ［J］. Economic Review of FRB-A, 1997 (4): 34 – 45.

［54］ Jacqueling A Suter. The Regulation of Insider Dealing in Britain Butterworths ［M］. London and Edinburgh , 1989.

［55］ Jeng L A, Metrick A, Zeckhauser R J. Estimating the returns to insider trading: A performance-evaluation perspective ［J］. Review of Economics and Statistics, 2003 (85): 453 – 471.

［56］ Kuwahara K. Historical development of the concept of stakeholder : On the Rhenman's view (general themes) ［J］. Journal of Japan Society for Business Ethics Study, 2010 (17): 147 – 157.

［57］ Kathlen F B. Crisis Communication: A Casebook Approach ［M］. New Jersey: Lawrence Erlubam Associates, 1996.

［58］ Klock M. Mainstream economics and the case for prohibiting insider trading ［J］. Georgia State University Law Review, 1994 (10): 297 – 335.

［59］ Glosten L R. Insider trading, liquidity and the role of the monopolist specialist ［J］. Journal of Business, 1989 (62): 211 – 236.

［60］ Fishman M J, Hagerty K M. Insider trading and the efficiency of stockprices ［J］. The Rand Journal of Economics, 1992, 23 (1): 106 – 122.

［61］ Manov M. The harm from insider trading and informed speculation ［J］. Quarterly Journal of Economics, 1989 (104): 823 – 845.

［62］ McGuire J W, Chiu J S Y, Elbing A O. Executive incomes, sales and profits ［J］. The American Economic Review, 1962: 753 – 761.

［63］ Mchran H. Executive compensation structure, ownership, and firm performance ［J］. Journal of Financial Economics, 1995, 38 (2): 163 – 184.

［64］ Michael B. Communicating Out of a Crisis ［M］. London: Macmillan Press Ltd, 1998.

［65］ Mitchell A, Wood D. Toward a theory of stakeholder identification and salience: Defining the principle of who and what really counts ［J］. Academy of Management Review, 1997, 22 (4): 853 – 886.

［66］ Mitroff I I, Pearson C M. Crisis Management: Diagnostic Guide for Improving Your Organization's Crisis-Prepareness ［M］. New York: Jossey-Bass Inc, 1993.

［67］ Murphy K J. Corporate performance and managerial remuneration—an empiricalanalysis ［J］. Journal of Accounting and Economics, 1985 (7): 11 – 42.

［68］ Otto Lerbinger. The Crisis Manager: Facing Risk and Responsibility ［M］. New Jersey: Lawrence Erlubam Associates, 1997.

［69］ Henslowe P. Public Relations: A Practical Guide to the Basics ［M］. London: The Institute of

Public Relations, 1999.

[70] Repullo R. Some remarks on Leland's model of insidertrading [J]. Economica, 1999 (66): 359 – 374.

[71] Shrivastava P, Mitroff I I. Strategic management of corporate crisis [J]. Columbia Journal of World Business, 1987, 22 (1): 24 – 32.

[72] Fink S. Crisis Management: Planning for the Invisible [M]. New York: American Management Association, 1986.

[73] Thompson J K, Wartick S L, Smith H L. Integrating corporate social performance and stakeholder management: Implications for a research agenda in small business [J]. Research in Corporate Social Performance and Policy, 1991 (12): 207 – 230.

[74] Bhattacharya U, Spiegel M. Insiders, outsiders and market breakdown [J]. Review of Financial Studies, 1991 (4).

[75] U. S. Environmental Protection Agency. Our Nation's Air : Status and Trends Through 2008 [R]. February 2010.

[76] Verdi R S. Financial Reporting Quality and Investment Efficiency [D]. Working Paper, 2006.

[77] Wheeler D, Maria S. Including the stakeholders: The business case [J]. Long Range Planning, 1998, 31 (2): 201 – 210.

[78] Rest J R. Moral Development: Advances in Research and Theory [M]. New York: Praeger, 1986.

[79] Treviño L K. Ethical decision making in organizations: A person-situation interactionist model [J]. Academy of Management Review, 1986 (11): 601 – 617.

[80] Ford R C, Richardson W D. Ethical decision making: A review of the empirical literature [J]. Journal of Business Ethics, 1994, 13 (3): 205 – 221.

[81] Loe T W, Ferrell L, Mansfield P. A review of empirical studies assessing ethical decision making in business [J]. Journal of Business Ethics, 2000, 25 (3): 185 – 204.

[82] O'Fallon M J, Butterfield K D. A review of the empirical ethical decision-making literature: 1996 ~ 2003 [J]. Citation Classics from the Journal of Business Ethics, 2013 (12): 213 – 263.

[83] Craft J L. A review of the empirical ethical decision-making literature: 2004 – 2011 [J]. Journal of Business Ethics, 2013, 117 (2): 221 – 259.

[84] Jones T M. Ethical decision making by individuals in organizations: An issue-contingent model [J]. Academy of Management Review, 1991, 16 (2): 366 – 395.

[85] Ferrell O C, Gresham L G. A contingency framework for understanding ethical decision making in marketing [J]. Journal of Marketing, 1985, 49 (3): 87 – 96.

[86] Hunt S D, Vitell S. A general theory of marketing ethics [J]. Journal of Macro-marketing, 1986, 6 (1): 5 – 16.

[87] Dubinsky A J, Loken B. Analyzing ethical decision making in marketing [J]. Journal of Business Research, 1989, 19 (2): 83 – 107.